Konrad Paul Liessmann

Alle Lust will Ewigkeit

Mitternächtliche Versuchungen

Paul Zsolnay Verlag

4. Auflage 2021

ISBN 978-3-552-07207-7
© 2021 Paul Zsolnay Verlag Ges. m. b. H., Wien
Satz: Nadine Clemens, München
Autorenfoto: © www.corn.at / Zsolnay Verlag
Umschlag: Anzinger und Rasp, München
Motiv: Sandro Botticelli, Die Geburt der Venus © Bridgeman Images
Druck und Bindung: CPI books GmbH, Leck
Printed in Germany

MIX
Papier aus verantwortungs-
vollen Quellen
FSC® C083411

Inhalt

Auftakt

WAS FÜR EIN Beginn! Langgezogene, aufsteigende Trompeten-stöße, wuchtige, vorwärtstreibende Paukenschläge, der raum-füllende Klang eines riesigen Orchesters, das pathetische Aus-schwingen in einem mächtigen Orgelton: Die Sonne geht auf. Der Tag beginnt. Licht ergießt sich über die Erde. Neues, Uner-hörtes wird geschehen. So viel Anfang war nie.

Dieser Auftakt hat nicht nur Musikgeschichte gemacht. Die anschwellenden Fanfaren, mit denen Richard Strauss seine Ton-dichtung *Also sprach Zarathustra,* »frei nach Friedrich Nietzsche für großes Orchester op. 30«, beginnen lässt, wurden mannig-fach zitiert, adaptiert und zogen ihre Kreise aus den elitären Konzertsälen weit hinaus in die Sphären der Unterhaltungs- und Popkultur. Elvis Presley intonierte mit diesem Motiv seine Auf-tritte, Stanley Kubrick unterlegte in seinem legendären Science-Fiction-Klassiker *2001: A Space Odyssey* aus dem Jahre 1968 die Menschwerdung des Affen mit dieser Musik, in den *Simpsons* begegnen wir diesen unverwechselbaren Klängen ebenso wie in einer Folge von *The Big Bang Theory,* Eumir Deodato bediente sich dieser Komposition, Deep Purple oder Die Ärzte konnten von Zarathustra ebenfalls nicht lassen. Man muss weder Fried-rich Nietzsche gelesen haben noch ein Liebhaber von Richard Strauss sein, um mit dieser Musik und ihrem Programm in Be-rührung zu kommen.

Die Faszination dieser überwältigenden Eingangstakte einer komplexen Partitur speist sich aus mehreren Quellen. Die Eingängigkeit des Themas und seine markante Intonation mögen dafür ebenso verantwortlich sein wie der Titel dieses Stückes und die damit verbundene assoziationsreiche Szenerie: *Also sprach Zarathustra*. Nietzsche hatte dieses vierteilige Werk zwischen 1882 und 1885 verfasst, die ersten drei Teile schrieb er wie im Rausch nieder, der abschließende vierte Teil kostete ihn mehr Zeit und weist einen anderen Charakter auf. Die vom persischen Religionsstifter Zoroaster inspirierte Figur des Zarathustra erscheint nicht nur als Verkünder großer Wahrheiten und Prediger, sondern auch als Philosoph, der sich radikal einer skeptischen Selbstvergewisserung aussetzt.[1] So wenig Nietzsches *Zarathustra* ein philosophisches Werk im traditionellen Sinne ist, so wenig handelt es sich nur um eine poetische Fiktion. Der eher an die Sprache der Evangelisten denn an orientalische Vorbilder gemahnende Stil ist von einer außerordentlichen Geschmeidigkeit, der Duktus oszilliert zwischen übersteigertem Pathos und nüchterner Selbstbefragung. Zwar darf man die Figur des Zarathustra nicht mit Nietzsche identifizieren, aber Nietzsches radikale Religions- und Moralkritik, seine Vision des Übermenschen, seine Bestimmung des Willens zur Macht als Grundtrieb des Menschen, seine Konzeption einer ewigen Wiederkunft des Gleichen finden sich, wenn auch mehrfach gebrochen und literarisch verdeckt, in diesem außergewöhnlichen und einzigartigen Text, dem Nietzsche die Widmung »Ein Buch für Alle und Keinen« vorangestellt hatte.

Friedrich Nietzsches vieldeutiges philosophisch-poetisches Hauptwerk hatte Ende des 19. Jahrhunderts seinen Siegeszug in der intellektuellen Welt angetreten und weniger die akademische Philosophie, sehr wohl aber Künstler, Musiker und Literaten nachhaltig beeindruckt und inspiriert. Nietzsche, der im Jahre 1889 in geistige Umnachtung gefallen war und bis zu seinem Tod am 25. August 1900 darin verharrte, hatte seinen steil ansteigenden Ruhm nicht mehr wahrnehmen können. Richard Strauss, der zu den führenden Avantgardisten seiner Zeit zählte, der vor allem mit Opern wie *Salome* und *Elektra* für Furore sorgen sollte, hatte Mitte der neunziger Jahre des 19. Jahrhunderts den Entschluss gefasst, sich mit Nietzsches *Zarathustra* musikalisch auseinanderzusetzen, 1896 wurde das Werk dann in Frankfurt am Main uraufgeführt, Strauss dirigierte selbst. Ohne dass es sich in einem strengen Sinn um Programmmusik handelte, tragen die Abschnitte dieser Tondichtung Titel aus Nietzsches *Zarathustra*, und die musikalische Sprache, die Strauss einsetzt, lässt sinnige Assoziationen zum philosophischen Gehalt von Nietzsches Hauptwerk zu. Die berühmten Eingangsfanfaren werden von Strauss nicht extra gekennzeichnet, musikalisch handelt es sich um eine schlichte Introduktion, für die sich die pathetische Bezeichnung »Sonnenaufgang« eingebürgert hat, was nicht ohne Witz ist. Am Beginn von Nietzsches *Also sprach Zarathustra* erhebt sich die titelgebende Hauptfigur, die sich in die Bergeinsamkeit zurückgezogen hatte, mit der Morgenröte und spricht zur aufgehenden Sonne: »Ich muss, gleich dir, *untergehen*, wie die Menschen es nennen, zu denen ich hinab will.« (KSA 4, 12)[2] Mit dem angebeteten Sonnenaufgang beginnt eigentlich Zarathustras Untergang. Und dies nicht nur in dem Sinne, dass der Prophet zu den Menschen hinabsteigt, um ihnen etwas zu verkünden, das sie weder hören wollen noch verstehen können, sondern durchaus in der Bedeutung eines großen Scheiterns. Zarathustras zentrale Erkenntnisse, seine Lehren vom Übermenschen und von der ewigen Wiederkunft des Gleichen, stoßen bei den Menschen auf taube Ohren. Das strahlende Naturmotiv der Trompeten bei Richard Strauss vermag diesen Untergang für einen lange anhaltenden, legendären Moment der Musikgeschichte zu übertönen, aufhalten kann es ihn nicht. Strauss, der später mit den Nationalsozialisten kooperieren

9

sollte und von 1933 bis 1935 auch Präsident der Reichsmusik-
kammer war, hatte an den Lehren von Nietzsches *Zarathustra*
wohl Gefallen gefunden. Dieses philosophische Buch als Vorlage
für eine Komposition zu nehmen, war dennoch nicht selbstverständlich. Zarathustra gab wenig her für ein Heldenleben, sein
geistiges Schicksal hat einen anderen Charakter als die Lebens-
linien eines Don Juan oder Till Eulenspiegel, denen Strauss
ebenfalls symphonische Fassungen gegeben hatte. Ohne dass
Strauss dies vielleicht bewusst war, drängt die formale Gestalt
des *Zarathustra* jedoch selbst zu einer musikalischen Umsetzung. Nietzsche, der wie kaum ein Philosoph seiner Zeit ein existentielles Nahverhältnis zur Musik hatte – auch seine tragische
Freundschaft zu Richard Wagner zeugt davon –, bezeichnete
den *Zarathustra* mehrmals als »meine Symphonie«.[3] Musikalität kennzeichnet Form und Sprache des *Zarathustra*, Gedichte,
Lieder, Rhythmen und Tänze spielen darin eine entscheidende
Rolle. In seiner vom nahen geistigen Zusammenbruch schon
gekennzeichneten intellektuellen Autobiographie *Ecce homo*
schreibt Nietzsche dann auch: »Man darf vielleicht den ganzen
Zarathustra unter die Musik rechnen.« (KSA 6, 335) Nietzsche
hatte immer schon ein Faible für lyrische und musikalische Formen gehabt, sein in jungen Jahren entworfenes Konzept des Dionysischen verstand sich als Ausdruck eines rauschhaft pulsie-
renden Lebens, und die von ihm gern verwendete antike Form
des Dithyrambus war als ekstatischer Hymnus auf den Gott des
Weines und ein rauschhaftes Leben gedacht. Ebenfalls in *Ecce
homo* konstatiert Nietzsche, dass der Dithyrambus die Sprache
Zarathustras sei, und er betont: »Zarathustra ist ein Tänzer.«
(KSA 6, 345) Und in einem seiner letzten wachen Momente
schrieb er an seinen Freund Heinrich Köselitz, den Nietzsche für
den bedeutendsten Komponisten seiner Zeit hielt: »Das Leben
ohne Musik ist einfach ein Irrthum, eine Strapatze, ein Exil.«

(KSB 8, 280) Dieser Gedanke gehört zu den meistzitierten Sentenzen Nietzsches, auch er selbst liebte diese Formulierung. In der *Götzen-Dämmerung* findet sie sich wieder, allerdings mit deutlich hörbarem ironischen Unterton, der gerne unterschlagen wird: »Ohne Musik wäre das Leben ein Irrthum. Der Deutsche denkt sich selbst Gott liedersingend.« (KSA 6, 64) Wie auch immer: Für Nietzsche bildeten Denken und Musik eine Einheit. An Hermann Levi, den Dirigenten der Uraufführung von Richard Wagners *Parsifal,* schreibt er: »Vielleicht hat es nie einen Philosophen gegeben, der in dem Grade au fond so sehr Musiker war, wie ich es bin.« (KSB 8, 172)

So viel Musikalität in philosophischen Texten mag einen Tonsetzer vom Rang eines Richard Strauss schon inspiriert haben. Zu den Kapiteln, die Strauss für seine Komposition auswählte, zählen unter anderem auch das »Tanzlied« aus dem zweiten und das »Nachtwanderlied« aus dem vierten und abschließenden Teil des *Zarathustra.* Vor allem Letzteres hat es philosophisch, literarisch und musikalisch in sich. Nach dem von der Sologeige berückend intonierten, stets aber in seiner Süße gefährdeten Walzer des »Tanzlieds« kündigen zwölf wuchtig ansetzende, dann sich allmählich abschwächende Glockenschläge das »Nachtwanderlied« an, das in das ruhige, geheimnisvolle, schwebende und leise Finale der Tondichtung mündet. Die zwölf Glockenschläge beziehen sich offenkundig auf den mysteriösen Kern des vorletzten Kapitels von *Also sprach Zarathustra,* dem Nietzsche die Überschrift »Das Nachtwandler-Lied« gegeben hatte. Was hat es mit diesem Lied, das während einer nächtlichen Wanderung gesungen wird, auf sich? Es handelt sich dabei um die eindringlichen und berühmten Verse, die Zarathustra angeblich von einer »Mitternachts-Glocke«, die »mehr erlebt hat als Ein Mensch«, zugetragen worden waren, von einer Glocke, die schon die »Herzens-Schmerzens-Schläge« der Väter abge-

11

zählt hatte, von einer Glocke, die sich in »nächtliche überwache Seelen« schleicht und im »Traume lacht«. (KSA 4, 399 f.)

Es wundert wenig, dass Richard Strauss das Finale seiner Tondichtung mit den Schlägen dieser Glocke einleitet. Das, was diese Glocke Zarathustra im vierten Teil dieses philosophischen Romans zuflüstert, ist allerdings eine Art Selbstzitat. Im dritten Teil von Nietzsches *Also sprach Zarathustra,* im sogenannten »Anderen Tanzlied«, waren diese zwölf markanten Glockenschläge erstmals erklungen, im Text durch Sperrdruck und Ausrufezeichen überdeutlich betont. Die Glockenschläge begleiten die später so berühmt gewordenen Verse (KSA 4, 285 f.), die nicht nur Richard Strauss zu einer intensiven Auseinandersetzung inspiriert haben:

Eins!
Oh Mensch! Gieb Acht!

Zwei!
Was spricht die tiefe Mitternacht?

Drei!
»Ich schlief, ich schlief –,

Vier!
»Aus tiefem Traum bin ich erwacht: –

Fünf!
»Die Welt ist tief,

Sechs!
»Und tiefer als der Tag gedacht.

Sieben!
»*Tief ist ihr Weh –,*

Acht!
»*Lust – tiefer noch als Herzeleid:*

Neun!
»*Weh spricht: Vergeh!*

Zehn!
»*Doch alle Lust will Ewigkeit –,*

Elf!
»*– will tiefe, tiefe Ewigkeit!*

Zwölf!

Der zwölfte Schlag bleibt leer. Kein Vers, kein Gedanke, keine Erkenntnis wird durch ihn eingeläutet, er verhallt, schwingt aus in das Nichts der Nacht. Dieses Nichts ist nicht stumm, sondern so beredt wie die Schläge davor. Der langsam abschwellende Klang hat das letzte Wort. Richard Strauss wird die einprägsamen Worte dieses Gedichts vor Augen gehabt haben, als er das Finale seiner Tondichtung komponierte, vertont im strengen Sinn eines Liedes hat er sie nicht. Das blieb anderen überlassen.

Nietzsches Gedicht »Oh Mensch! Gieb Acht!« gehört zu den bekanntesten Texten dieses Philosophen. Schon wenige Jahre nach dem Tod Nietzsches war dieses Lied so geläufig, dass eine Zeile daraus als Titel eines eher trivialen Liebes- und Abenteuerromans dienen konnte. Die längst vergessene Schriftstellerin Anna von Bonin, die unter dem Pseudonym Hans Werder zahlreiche historische Romane veröffentlichte, gab einem davon den

Titel *Tiefer als der Tag gedacht*[4]. Das Buch erschien im Jahre 1901. Ein Jahr nach Nietzsches Tod war diese Verszeile ins kulturelle Bewusstsein seiner Zeit abgesunken. An der Bekanntheit und Attraktivität dieser Verse hat sich bis heute wenig geändert. Das hat mit der zentralen Stellung dieses Gedichts in *Also sprach Zarathustra* und damit für Nietzsches Philosophie zu tun, aber auch mit der Musikalität und poetischen Qualität, die diese nur vordergründig schlichten und gemütvollen Verse auszeichnen.

Also sprach Zarathustra, diese rhythmisierte Philosophie, enthält zwar immer wieder lyrische Einschübe, Tanzlieder und Gedichte, aber nur dieses »Oh Mensch! Gieb Acht!« weist einen Endreim auf, der die Zeilen dieses Liedes in ungeheurer, überdeutlicher Weise aneinanderbindet und verdichtet. Mit den Schlägen der Mitternachtsglocke und den damit intonierten Versen sind die Themen unseres Buches umrissen. Jede Verszeile lädt uns zur sinnigen Betrachtung, zu einem Nachdenken, einer Meditation, zu einem Versuch und einer Versuchung ein. Dabei geht es nicht in erster Linie darum, dieses berühmt gewordene Lied in einem philologischen oder historischen Sinne aus Nietzsches Denken und Schreiben zu verstehen,[5] sondern wir geben der Versuchung nach, uns durch diese wenigen Verse assoziativ zu dem einen oder anderen Gedanken verleiten zu lassen. Die wenigen Begriffe dieses Liedes und die damit verbundenen existentiellen Konflikte, die in diesem einzigartigen Text umrissen werden, versuchen wir tastend zu umkreisen und suchend zu umspielen. Wir lassen uns von diesem Lied, seinen Worten, seinem dichten Klang willfährig, doch nicht ganz ohne Widerstand, verführen. Wir gehen dabei von der stillschweigenden, etwas gewagten Voraussetzung aus, dass in diesen elf Versen die Knotenpunkte des menschlichen Lebens komprimiert sind. Wir glauben, dass sich zwischen den Schlüsselwörtern dieses Liedes, zwischen Tag und Nacht, Oberfläche und Tiefe, Leid und

Lust, Zeit und Ewigkeit jene Erfahrungen aufspannen und verdichten, die mitunter tröstliche, mitunter verstörende Antworten auf die Frage aller Fragen bereithalten: Was heißt es, ein Mensch zu sein?

Schon Nietzsches Zeitgenossen müssen ähnlich empfunden haben. Im selben Jahr 1896, in dem Richard Strauss seine symphonische Dichtung *Also sprach Zarathustra* uraufführte, vollendete Gustav Mahler seine *Dritte Symphonie*. Dieses viel bewunderte und viel gescholtene monströse und zersplitterte Werk versucht in sechs disparaten und völlig unterschiedlich gearbeiteten Sätzen eine musikalische Neuschaffung der Welt. Mahler hat sogar damit kokettiert, dieser Symphonie den Titel »Die fröhliche Wissenschaft« zu geben. Das aber wäre doch zu missverständlich gewesen, denn an eine Vertonung von Friedrich Nietzsches gleichnamiger Aphorismensammlung aus dem Jahre 1882 war wirklich nicht gedacht gewesen. Aus Briefen an Freunde und Kollegen wissen wir, dass Mahler den einzelnen Teilen der Symphonie programmatische Bezeichnungen zugedacht hatte. Der jedes Maß sprengende erste Satz etwa sollte den Titel tragen »Pan erwacht / Der Sommer marschiert ein«, die folgenden Sätze hätten Überschriften tragen sollen wie »Was mir die Blumen auf der Wiese erzählen«, »Was mir die Tiere im Walde erzählen«, »Was mir die Engel erzählen«, »Was mir die Liebe erzählt«. Der vierte Satz hätte heißen können: »Was mir der Mensch erzählt« oder »Was mir die Nacht erzählt«. Und diesem vierten Satz legte Mahler das Lied der Mitternachtsglocke aus Nietzsches *Also sprach Zarathustra* zugrunde: »O Mensch! Gib acht!«. Die narrativ-poetischen Satzbeschreibungen sind schließlich doch weggefallen, Mahler begnügte sich mit charakteristischen Tempobezeichnungen. Der erste Satz sollte demnach »kräftig« und »entschieden« erklingen, die Symphonie in einem unorthodoxen »Adagio« ausklingen. Der vierte Satz jedoch, der Nietzsche-

Satz, der Zarathustra-Satz, der Satz, der nicht der Natur und nicht den Engeln, sondern der dem Menschen und seiner Nacht gewidmet sein sollte, trägt die Bezeichnung »Sehr langsam. Misterioso« und folgt der Spielanweisung »Durchaus pianissimo«. Über diese untergründige Stille erhebt sich dann die Altstimme mit dem unvergleichlichen »O Mensch«, und die Vorschrift, die Gustav Mahler dieser Stimme mitgegeben hat, lautet: »mit geheimnisvollem Ausdruck – durchaus leise!« Gustav Mahler hat durch diese Komposition nicht nur Friedrich Nietzsches Gedicht weltweit bekannt und berühmt gemacht, er hat durch seine musikalische Deutung auch das Verständnis dieses Nietzsche-Textes in hohem Maße beeinflusst. Über diesen Versen schwebt seitdem der geheimnisvolle Geist von Gustav Mahlers *Dritter Symphonie*.

Gustav Mahler war kein Verehrer Nietzsches. Im Gegensatz zu Richard Strauss stand er diesem Philosophen skeptisch gegenüber, seine große Liebe Alma Schindler soll er sogar aufgefordert haben, ihre Nietzsche-Ausgabe ins Feuer zu werfen. Aber offenbar war er von dem »Sprachmagier Nietzsche« doch so angezogen, dass er dessen Lied aus dem *Zarathustra* für die zentrale Botschaft seiner *Dritten Symphonie* verwendete.[6] Nicht zuletzt durch Gustav Mahler haben sich die Worte dieses Liedes tief in das kulturelle Gedächtnis der Menschheit eingeprägt. Seit mehr als einem Jahrhundert setzen sich bedeutende Orchester, große Dirigenten und grandiose Sängerinnen mit dieser Symphonie und ihrem vierten Satz auseinander. Trotz oder vielleicht auch wegen seiner paradigmatischen Vertonung durch Gustav Mahler hat dieser Text Nietzsches die Komponisten und Musiker nicht losgelassen. Das *Mitternachtslied* gehört zu den am häufigsten vertonten Gedichten deutscher Sprache, quer durch die Jahrhunderte, quer über die Kontinente und quer durch die musikalischen Stile ziehen sich die Versuche, diesem Gedicht durch seine Umsetzung in Klang immer wieder neue Nuancen und Bedeutungen abzugewinnen.[7] Sich mit diesem Text, seinem Sprachklang, seinen Begriffen, seinem Assoziationsreichtum auseinanderzusetzen, lohnte sich schon wegen der überragenden ästhetischen und emotionalen Bedeutung dieser Verse. Denn auch jenseits seiner musikalischen Anverwandlungen hat dieses Gedicht Furore gemacht, man höre sich nur einmal an, wie der Schauspieler Klaus Kinski, der Filmbösewicht schlechthin, dieses »trunkene Lied« rezitierte.[8]

»Das trunkene Lied«? War vorhin nicht von einem »Mitternachtslied« die Rede gewesen? Es gehört zu den Merkwürdigkeiten dieses einprägsamen Poems, dass es keinen wirklich verbindlichen Titel kennt. Wer heute etwa im Internet nach Deklamationen oder Vertonungen dieses Gedichtes von Friedrich Nietzsche sucht, wird mehrere Titelvarianten eingeben müssen, ansonsten werden die Ergebnisse der Recherche höchst unvollständig bleiben. Warum ist dies so? Und lässt sich aus der Geschichte dieser Unbestimmtheit nicht schon etwas über den Charakter dieses Textes und seiner Geheimnisse herausfinden?

Die gerne verwendete Formulierung »Das trunkene Lied« findet sich nicht in *Also sprach Zarathustra.* Aber Nietzsche hatte sich in seinem gedruckten Exemplar des *Zarathustra* an der Stelle, an der dieses Lied zum ersten Mal verzeichnet ist, diese Worte handschriftlich am Rand notiert. Man kann, wenn man will, diese Notiz Nietzsches als eine Entscheidung sehen, das bedeutsame Lied neu zu betiteln. An der Ursprungsstelle, im dritten Teil des *Zarathustra,* findet es sich schlicht als »Das andere Tanzlied«. Im vierten Teil wird es als »Nachtwandler-Lied« wieder aufgenommen, von diesem Titel hat sich Richard Strauss inspirieren lassen. Allerdings heißt so nur das Kapitel, in dem Zarathustra seinen Weggefährten, den seltsamen »höheren Menschen«, den Text erklärt und sie auffordert, es wieder und immer wieder zu singen. Diesen merkwürdigen Gestalten gegenüber gibt Zarathustra tatsächlich einen Namen kund, doch diese authentische Bezeichnung hat sich überhaupt nicht durchgesetzt: »Zarathustras Rundgesang«. Das ist, genau betrachtet, eine Gattungsbezeichnung, die berühmten Verse sind an dieser Stelle überschrieben mit: »Noch ein Mal«. Gut, das wäre der korrekte Titel – und er entbehrt fast jeder Aura. Um die Sache vollends zu verwirren, sprechen viele Interpreten, inspiriert von dem zentralen Vers dieses Liedes, auch von Nietzsches »Mitternachtslied«.

Wir fassen zusammen: Das Lied, das mit den Zeilen »Oh Mensch! Gieb Acht! Was spricht die tiefe Mitternacht?« beginnt, firmiert unter folgenden Bezeichnungen: *Das trunkene Lied, Das andere Tanzlied, Das Mitternachtslied, Das Nachtwandlerlied, Zarathustras Rundgesang* oder *Noch ein Mal.* Mit jeder Titelvariante ist schon eine veritable Deutung verbunden: Einmal steht das dionysische Moment, die entgrenzende Trunkenheit im Fokus, ein andermal der Tanzrhythmus und damit verbunden jene unausgesprochene Vernunft des Körpers, die Nietzsche zunehmend wichtiger geworden war, dann wieder rückt die Mitternacht, also das Dunkle und Abgründige des Menschseins, in den Mittelpunkt, und schließlich, wie könnte es anders sein, werden das Repetitive, der Kreislauf der Zeit, die Wiederholung und die Wiederkehr unterstrichen. Jede dieser Perspektiven lässt sich aus den Worten des Liedes und den Kontexten, in denen diese manifest werden, begründen, in keiner dieser Perspektiven geht aber die Bedeutungsvielfalt dieser Verse auf, wird ihr Geheimnis entschlüsselt. Wir gestehen, dass uns die von Nietzsche nicht beglaubigte Bezeichnung *Mitternachtslied* am besten gefällt. Sie trifft den Ton und die Sache. Es geht um Nachtgedanken, um jene unreinen, dennoch klaren, überzeichneten, verdichteten und quälenden Assoziationen, denen wir in schlaflosen

Nächten oft hilflos ausgeliefert sind, und es geht um die Mitternacht nicht nur als Zäsur im Ablauf der Zeit, sondern auch als poetisch-allegorischen Akteur eines inneren Geschehens.

Das *Mitternachtslied* findet sich in *Also sprach Zarathustra* an mehreren Stellen. Der erzählende Charakter des *Zarathustra* bringt es mit sich, dass die Umstände, unter denen dieses Lied erklingt, von entscheidender Bedeutung sind, obwohl sich dieses Lied verselbständigt hat und seit über einem Jahrhundert ohne diesen Kontext zitiert und verarbeitet wird. Ein genauerer Blick auf die ursprünglichen Zusammenhänge eröffnet vielleicht gerade deshalb einige interessante, ja überraschende Perspektiven. Wie kam Zarathustra eigentlich zu seinem Lied? Im dritten Teil begegnen wir Zarathustra in einer Phase der Reflexion und Selbstreflexion, er ist allein mit sich und verstrickt sich in ein stummes Zwiegespräch mit dem Leben, besser: mit der Allegorie des Lebens: »In deine Augen schaute ich jüngst, oh Leben!« So beginnt der Abschnitt »Das andere Tanzlied!«. (KSA 4, 282) Zarathustra deutet an, dass er des Lebens müde sei, dass er sich bald vom Leben verabschieden werde, aber dass er das Leben dafür zur Rechenschaft ziehen will: »Ich bin es wahrlich müde, immer dein schafichter Schäfer zu sein! Du Hexe, habe ich dir bisher gesungen, nun sollst *du* mir – schrein! Nach dem Takt meiner Peitsche sollst du mir tanzen und schrein! Ich vergass doch die Peitsche nicht? – Nein!« Und dann will Zarathustra heftig auf das Leben einschlagen. Dieses Wortspiel mit der Peitsche ist im *Zarathustra* von zentraler Bedeutung. Zuvor, in einer frühen Episode, begegnete Zarathustra einem »alten Weiblein«, dessen Weisheit er sich zunutze machen will. Er diskutiert mit der Greisin einige Fragen der Geschlechterdifferenz, am Ende gibt sie ihm noch eine »kleine Wahrheit« mit auf den Weg: »Du gehst zu Frauen? Vergiss die Peitsche nicht!« (KSA 4, 86) Wir kennen diese Bemerkung – wahrscheinlich einer der meistzitierten und meistkritisierten Sätze von Friedrich Nietzsche. Er stammt nicht von Zarathustra, Nietzsche legt ihn einer erfahrenen Frau in den Mund. Es wäre – obwohl naheliegend – etwas voreilig, aus diesem Satz zu folgern, dass Nietzsche sich damit als Frauenfeind und Sexist entpuppt, der offensichtlich das männliche Züchtigungsrecht, das übrigens dem Familienrecht des 19. Jahrhunderts durchaus bekannt war, propagiert. Das mag nicht falsch sein, aber Nietzsche selbst hat uns die Spur einer ganz anderen Lesart gelegt, die sogar plausibler sein mag als die platte Affirmation eines patriarchalen Rechtszustandes, der damals ohnehin noch geherrscht hatte. Das wäre eines Nietzsche doch unwürdig gewesen. Nein: Betrachten wir die Peitsche einmal aus einer anderen Perspektive. Nietzsche hatte sich 1882 während eines Aufenthalts in Rom in eine junge russische Intellektuelle, Lou von Salomé, die ihm sein Freund Paul Rée vorgestellt hatte, verliebt. Lou von Salomé war eine der bemerkenswertesten Persönlichkeiten ihrer Zeit, eine der ersten Frauen, die an einer Universität studierte und mit Friedrich Nietzsche, später mit Rainer Maria Rilke und zuletzt mit Sigmund Freud intensive Freundschaften gepflegt hatte. Geheiratet hat sie jedoch den Orientalisten Friedrich Carl Andreas.

Lou von Salomé schrieb nicht nur die erste Biographie Friedrich Nietzsches, sondern auch eine Reihe von heute noch lesenswerten Abhandlungen, etwa zur Erotik. Da Paul Rée, ein Psychologe, dem Nietzsche einige Anregungen verdankte, ebenfalls für diese außergewöhnliche Frau entflammt war, dachte man sogar an so etwas wie eine zumindest geistige *ménage à trois*. Daraus ist zwar nichts geworden, aber es ist uns ein verblüffendes Dokument aus dieser kurzen Phase überliefert: eine frühe Photographie. In einem Atelier hatte Nietzsche gemeinsam mit Lou von Salomé und Paul Rée ein eigenwilliges, seltsames Arrangement getroffen, das dann auf einer photographischen Plat-

Lou Salomé, Paul Rée, Nietzsche –Luzern, Mai 1882

te festgehalten wurde: Nietzsche selbst und Paul Rée posieren lässig vor einem Karren, in dem Lou Salomé kauert und – die Peitsche schwingt.

Du gehst zu Frauen? Vergiss nicht, dass das Weib die Peitsche schwingt! Man kann lange nachdenken: Was bedeutet die Peitsche in diesem Zusammenhang? Dieses Züchtigungsinstrument ist auf der einen Seite Ausdruck eines Gewaltverhältnisses, das gegen unseren ersten Impuls hier verkehrt wird: Die Gewalt geht von der Frau aus. Die Peitsche ist zum anderen Ausdruck eines Begehrens geworden, dem man sich willig oder unwillig unterwerfen muss. Die Peitsche ist die Peitsche der Begierde, der Triebe, denen man unterliegt, die den Verstand tendenziell außer

Kraft setzen. Und die Frau, die die Peitsche schwingt, ist, was Nietzsche, der Altphilologe und Philosoph, wusste, in der Geschichte der Philosophie ein seit der Antike tradiertes Sujet, das zeigt, dass auch der klügste Kopf nicht gefeit davor ist, seine Vernunft zugunsten der Begierden seines Leibes auszuschalten. Es gibt eine berühmte Anekdote, die man sich von Aristoteles erzählte: Der große Schüler Platons sei in eine seiner Sklavinnen so sehr verliebt gewesen, dass er sich ihr vollkommen ausgeliefert habe. Aristoteles, der Lehrer Alexander des Großen, des Beherrschers der Welt, unterwirft sich einer Sklavin aufgrund seiner Leidenschaft! Seit der Antike gibt es bildliche Darstellungen, die zeigen, wie Aristoteles als Reittier fungiert und von seiner Dienerin mit der Peitsche traktiert wird. Darauf spielt Nietzsche mit diesem Arrangement an, es geht weniger um den Geschlechterkonflikt als vielmehr um die Spannung von Geist und Körper, von Leib und Vernunft, von Philosophie und Sinnlichkeit.

Zarathustra – der nicht als Alter Ego Nietzsches missverstanden werden darf – will dieses triebdynamische Gewaltverhältnis umkehren, er will das Leben, die Sinnlichkeit, das Begehren, den Eros peitschen. Es bleibt bei einer leeren Geste. Das Leben hält sich angesichts des Geknalles seine zierlichen Ohren zu: »Oh Zarathustra! Klatsche doch nicht so fürchterlich mit deiner Peitsche! Du weisst es ja: Lärm mordet Gedanken.« (KSA 4, 285) Nietzsche paraphrasiert hier Arthur Schopenhauer, der in einem wunderbaren Traktat über den Lärm festgehalten hatte: »Der Lerm ist die impertinenteste aller Unterbrechungen, da er sogar unsere eigenen Gedanken unterbricht, ja, zerbricht.«[9] In diesem Zusammenhang empört sich Schopenhauer vor allem über den Lärm, den das Knallen von Peitschen verursacht, jener Peitschen, mit denen die Kutscher ihre Tiere antrieben und quälten, was Schopenhauer, der einer der ersten bedeutenden Tierethiker gewesen war, zutiefst verabscheute.

Welche Gedanken werden durch Zarathustras Peitschenknallen gestört? Es sind, bekundet das Leben, durchaus »zärtliche Gedanken«, die durch Zarathustras Geknalle irritiert werden. Und dann spricht das Leben wie eine Frau, die ihren Mann bei einem Seitensprung ertappt, zu Zarathustra: »Oh Zarathustra, du bist mir nicht treu genug! Du liebst mich lange nicht so sehr wie du redest; ich weiss, du denkst daran, dass du mich bald verlassen willst.« (KSA 4, 285) Der Betrug am Leben – das ist der Suizid. Zarathustra spielt mit Selbstmordgedanken. Er propagiert zwar das große Ja zum Leben, er propagiert den Übermenschen, in Wirklichkeit jedoch ist er verzagt, depressiv, er denkt daran, seinem Leben ein Ende zu setzen. Dann – jetzt wird es entscheidend für uns – sagt das Leben: »Es giebt eine alte schwere schwere Brumm-Glocke: die brummt Nachts bis zu deiner Höhle hinauf: hörst du diese Glocke Mitternachts die Stunde schlagen, so denkst du zwischen Eins und Zwölf daran.« (KSA 4, 285) Mitternachtsgedanken sind Selbstmordgedanken. Zarathustra beugt sich darauf zum Leben und flüstert ihm etwas ins Ohr. Was, das wissen wir nicht. Wir kennen nur die entsetzte Reaktion des Lebens: »Du weißt Das, Oh Zarathustra? Das weiss Niemand.« (KSA 4, 285) Auch wir kennen dieses Geheimnis nicht. Zarathustra gesteht, dass ihm in diesem Moment das Leben lieber war als alle seine Weisheit. Und dann folgen die Glockenschläge und mit ihnen unser Lied, unser mitternächtlicher Gesang, unsere taumelnd-trunkenen Verse, unser »Oh Mensch! Gieb Acht!«

So taucht dieses Lied auf. Enthält es den Schlüssel zu Zarathustras Geheimnis? Hat Zarathustra dem Leben zu verstehen gegeben, dass er weiß, dass es schwanger ist, schwanger von ihm, von Zarathustra? Manch eine Interpretation vermutet dieses.[10] Muss Zarathustra deshalb am Leben festhalten, weil er sich in diesem schon fortgezeugt hat, den Faden nicht abreißen lassen kann? Und liegt in dieser Dynamik nicht eine Macht, die sich alles, selbst den Geist, unterwirft? Enthält dieses Lied damit nicht nur den Schlüssel zu Nietzsche und seiner Philosophie, sondern zu den Mysterien des menschlichen Lebens, zu den Rätseln der Existenz? Verweist Gustav Mahlers Bezeichnung »Misterioso« bewusst-unbewusst auf diese Dimension des *Mitternachtsliedes*? Nicht genug damit: Nietzsche greift dieses Lied am Ende des vierten Teils des *Zarathustra* unter dem uns nun schon bekannten Titel »Das Nachtwandler-Lied« wieder auf. Allerdings in einem ganz anderen Zusammenhang. Der vierte Teil des *Zarathustra* gilt als satirische Persiflage der ersten Teile, Zarathustra hat sich mit seltsamen Anhängern, »höheren« Menschen umgeben. Diese sind nun keineswegs Antizipationen des Übermenschen, auch keine besseren Menschen, sondern eher verkommene Relikte einer vergangenen Zeit, Menschen, die sich überlebt haben, Funktionsträger ohne Funktionen, gescheiterte Existenzen, die wenigstens um ihr Scheitern wissen und Einsicht in die Unzulänglichkeit ihrer Tätigkeit gewonnen haben: ein alter Zauberer, der nicht mehr zaubern kann, ein Wahrsager, dem die Zukunft verborgen bleibt, der letzte Papst, der nichts mehr glaubt, zwei Könige, die längst abgedankt haben, der Gewissenhafte des Geistes, der nichts versteht, ein Bettler, dem nichts gegeben wird und – der hässlichste Mensch, der Gott getötet und wieder reanimiert haben will. Diesen tragikomischen Gestalten weist Zarathustra einen Weg zu seinem Lied, er erläutert ihnen, welche aufregend-wirren Gedanken und Gefühle in diesen Versen kulminieren und zu ihren Pointen finden. Zarathustra liefert damit selbst eine Interpretation dieses *Mitternachtsliedes*, die nicht weniger rätselhaft ist als das Gedicht selbst. Wir werden diese kryptische Eigendeutung nicht ignorieren, uns aber davon nicht einengen lassen. Die Glockenschläge spielen bei dieser Hinführung zum *Mitternachtslied* allerdings keine explizite Rolle mehr, aber sie sind mitzudenken und mitzuhören. Am Ende fordert Zarathustra seine Getreuen auf, dieses Lied, seinen Rundgesang, zu lernen und zu singen, immer wieder. Er gibt ihnen den Text dieses Liedes, seine Verse mit, wiederholt sie noch einmal, eindringlich. Das *Mitternachtslied* kann als das Vermächtnis Zarathustras aufgefasst werden, das er den fiktiven Gefährten ebenso übergibt wie den realen Lesern von *Also sprach Zarathustra*. Nimmt man es genau, taucht dieses Lied, und das unterstreicht seine herausragende Bedeutung, also drei Mal im *Zarathustra* auf – doch es gibt bei diesen drei Fassungen kleine, aber bedeutsame Unterschiede. Diese werden uns noch zu denken geben.

Nach dieser mitternächtlichen Einlage schlafen die höheren Menschen, erschöpft vom Tanz, in den Tag hinein, sie verstehen nicht, dass sie mit der Sonne aufstehen müssten, dass etwas Neues beginnt. Zarathustra bleibt allein: »›Dies ist mein Morgen, mein Tag hebt an: herauf nun, herauf, du grosser Mittag!‹ Also sprach Zarathustra und verliess seine Höhle, glühend und stark, wie eine Morgensonne, die aus dunklen Bergen kommt.« (KSA 4, 408) Das ist der letzte Satz von *Also sprach Zarathustra*. Erst mit dem Ende beginnt alles, der vermeintliche Beginn markierte einen Abstieg. Aber dieser glühende neue Anfang am Ende, den Richard Strauss bei seiner Tondichtung vor Augen gehabt haben mag, ist dadurch kontaminiert, dass er das Ende eines Satyr-Spiels markiert, den Schlusspunkt eines ironisch-komödiantischen Kommentars, bei dem wir nicht wissen, wer damit wem den Boden unter den Füßen hinwegzieht.

Wir wollen nun jeder Zeile dieses *Mitternachtsliedes* ein Kapitel widmen – das mag überzogen klingen, wir spüren jedoch, dass man eigentlich über jeden einzelnen dieser Verse ein ganzes Buch schreiben könnte. Das Ausloten und assoziative Umspielen dieser Zeilen, die Hingabe an diese, ist nicht nur und nicht in erster Linie eine Auseinandersetzung mit Nietzsche – so fruchtbar eine solche sein kann –, sondern die Versuchung und das Wagnis einer Selbstbegegnung. Ohne philologische Skrupel lassen wir uns ansprechen, ohne philosophischen Respekt fragen wir zurück. Mit einem Wort: Wir überlassen uns der Sogkraft dieser Verse, die gerade in ihrer Schlichtheit raffiniert, in ihrer Redundanz unvergleichlich und in ihrer Zerbrechlichkeit voller Kraft sind. Die Nacht beginnt.

Eins!

Oh Mensch! Gieb Acht!

FRIEDRICH NIETZSCHES »MITTERNACHTSLIED« aus *Also sprach Zarathustra* beginnt mit einer eindringlichen Anrufung, die ein Rätsel darstellt: Weder wissen wir, wer genau hier spricht, noch zu wem eigentlich gesprochen wird. »Oh Mensch! Gieb Acht!« Nach dem Kapitel »Das andere Tanzlied«, das wie nahezu alle Abschnitte dieses »Buches für Alle und Keinen« mit einem rituellen »Also sprach Zarathustra« beschlossen wird, hebt dieser Gesang an – unmittelbar, ohne Einleitung oder Vorwarnung, ohne epische Szenerie oder Erläuterung. Ist es Zarathustra selbst, der dieses Lied für sich intoniert? Ist es das allegorisierte Leben, das Zarathustra diese Worte als größtes Geheimnis ins Ohr flüstert? Sind es die Schläge der Mitternachtsglocke, die diese Verse mit sich hinaustragen in die Welt? Doch wer hat die Ohren, diese Worte in den Glockenschlägen zu vernehmen? Und auf wessen Ohr treffen diese Schläge und die damit verbundenen Botschaften? »Mensch« ist eine unspezifische Kategorie, ein Einzelner, der unmittelbar angesprochen werden soll, kann damit ebenso gemeint sein wie die Menschheit, ja das Menschsein schlechthin. Bei der Wiederaufnahme des Liedes im vierten Teil des *Zarathustra* arrangiert Nietzsche eine Szene, die den Schluss zulässt, dass Zarathustra das *Mitternachtslied* für seine Weggefährten singt und es ihnen erläutert. Seine Anhänger wären dann auch die Adressaten dieses ungeheuren »Oh Mensch«. Aber wir trauen Nietzsche nicht, zumal an der Stelle, an der dieses Lied zum ersten Mal eingeläutet wird, von diesen seltsamen Anhängern noch gar keine Rede sein kann. Halten wir also diese Glockenschläge und alles, was mit ihnen an Wortklang verbunden ist, vorerst einmal noch in Schwebe.

»Oh Mensch!« Ach, allein dieses »Oh«! In der deutschen Sprache können Interjektionen, so klein und knapp sie sein mögen, eine beeindruckende Bedeutungsvielfalt entbinden. Eines der berühmtesten und vielleicht auch schönsten Theaterstücke von Heinrich von Kleist, *Amphitryon*, endet mit einem legendären »Ach!«.[11] Alkmene fehlen alle anderen Worte, nachdem ihr offenbar wurde, welche Betrugsgeschichte mit ihr inszeniert worden war, und sie emotional völlig verwirrt zurückbleibt. Was alles kann in solch einem »Ach« stecken: Verwunderung, Verletzung, Schmerz, Enttäuschung, Verachtung, Staunen, Wut, Freude, Resignation. Und was alles kann sich in einem »Oh« ausdrücken?

Nietzsche selbst hat dieses »Oh« geliebt, es taucht immer wieder in seinen Texten und Briefen auf, in ganz unterschiedlichen Zusammenhängen. Diese kleine Interjektion umfasst ein verblüffend breites Bedeutungsspektrum, sie kann Ausdruck einer Überraschung, einer Verwunderung, einer Anerkennung, aber auch Bekundung einer Ablehnung oder harschen Zurückweisung sein. Zwischen einem »Oh, das finde ich schön!« und einem »Oh, nur das nicht!« liegen Welten. Nietzsche, der Altphilologe, kannte den pejorativen Unterton dieses Vokals auch aus der lateinischen Rhetorik: »O tempora, o mores«. Mit dieser Floskel beklagte Cicero den Verfall der Zeiten und Sitten, dieses »Oh« wird geradezu zur Signatur und Formel des Kulturpessimismus und der Zivilisationskritik. Nietzsche, der sich nach Martin Luther und Johann Wolfgang von Goethe als der dritte und letzte Großmeister der deutschen Sprache sah, hat auch die

Bedeutungsnuancen dieses »Oh« bis in ihre feinsten Verästelungen ausgekostet. So hebt der 35. Aphorismus in *Jenseits von Gut und Böse* mit einem dreifachen »Oh« an, das mit jeder Wiederholung seine Bedeutung verändert: »Oh Voltaire! Oh Humanität! Oh Blödsinn!« (KSA 5, 54)

»Oh Voltaire!« – Das kann noch ein Ausruf der Bewunderung sein, der dem scharfsinnigen und stilsicheren Aufklärer gilt; »Oh Humanität!« – Wer Nietzsche kennt, ahnt, dass sich in diesem Seufzer untergründig ein hämischer Ton bemerkbar macht: Aufklärung und Humanität müssen nicht deckungsgleich sein, es gibt eine Humanität, die sich der radikalen Erkenntnis aus Menschenliebe verweigert und zur Phrase verkommt; »Oh Blödsinn!« – Nun schlägt das Erstaunen endgültig in Verachtung um, und die Humanität ist durch dieses dritte »Oh« als veritable Selbsttäuschung entlarvt. Nietzsche spielt mit dem Stakkato sich zuspitzender und steigernder »Ohs« in diesem Aphorismus auf eine Haltung an, die bereit ist, die Wahrheit dem vermeintlich Guten zu opfern.

Nietzsche verwendete auch ein anredendes »Oh«, und er liebte es ebenfalls. »Oh, ihr armen Schelme in den großen Städten der Weltpolitik« – so beginnt der 177. Aphorismus der *Morgenröte* (KSA 3, 156), und er lässt dieses »Oh« zwischen Verweis, Erstaunen und gespieltem Mitleid oszillieren. Schließlich kannte der sprachbewusste Philosoph noch das substantivierte »Oh«, das »Oh«, das wie ein Urteil über eine Sache verhängt werden kann. Ebenfalls in *Morgenröte* findet sich ein Aphorismus, der vorgibt, sich in die Nöte eines christlichen Philosophen wie Blaise Pascal hineinzuversetzen, der alles, was sein Leib an Aktivitäten, Emotionen, Begierden und Ausscheidungen offenbart, in Hinblick auf ein theologisches Programm deuten muss: »Was nur immer von dem Magen, den Eingeweiden, dem Herzschlag, den Nerven, der Galle, dem Samen herkomme – all jene Verstimmungen, Entkräftungen, Überreizungen, die ganze Zufälligkeit der uns so unbekannten Maschine! – Alles das muss so ein Christ wie Pascal als ein moralisches und religiöses Phänomen nehmen, mit der Frage, ob Gott oder Teufel, ob Gut oder Böse, ob Heil oder Verdammnis darin ruhen!« Diese Reflexionen münden in einen herzzerreißenden Seufzer: »Oh über den unglücklichen Interpreten! Wie er sein System winden und quälen muss! Wie er sich selber winden und quälen muss, um Recht zu behalten!« (KSA 3, 80 f.) Dieses »Oh« ist das Weh, das sich über den überforderten Denker ergießt, das Erstaunen und Bedauern, das über diesen ausgebreitet wird. Es trifft die Bedürftigkeit eines Menschen, der der Wahrheit nicht ins Gesicht sehen kann, ebenso wie die Impotenz seiner aufgeblasenen theoretischen Konstruktionen. Dieses »Oh« ist damit zum knappsten Ausdruck einer kritischen Intervention geworden, die auch in anderen Zusammenhängen gut funktioniert: »Oh über diesen Kanzler!« In mancher politischen Debatte wäre damit schon alles gesagt.

Im anhebenden »Oh« des *Mitternachtsliedes* schwingen diese Konnotationen sehr wohl mit, aber es ist weder bewundernd noch verachtend konzipiert, kein missbilligender Laut, der über den Menschen verhängt würde. Eher tendiert dieses »Oh« zu einer Anrufung, die bei aller Zurückhaltung eine dezidierte Form der Zuwendung signalisiert, die allerdings in mehreren Farben schillern kann. Dieses »Oh Mensch« hat seine literarischen Vorbilder, die Nietzsche wahrscheinlich kannte, etwa das protestantische Kirchenlied »O Mensch, bewein dein Sünde groß«, das auch Johann Sebastian Bach bearbeitete und in seiner *Matthäuspassion* verwendete. Immerhin hatte Nietzsche den protestantischen Choral in seiner frühen Schrift *Die Geburt der Tragödie aus dem Geiste der Musik* den »ersten dionysischen Lockruf« genannt. (KSA 1, 147) Die christliche Botschaft des Kirchenliedes ist eindeutig: O Mensch, werde deiner Sündhaftigkeit, deiner Endlichkeit, deiner Erlösungsbedürftigkeit gewahr, die den Opfertod Christi notwendig machten. Auch dieser religiöse Kontext darf bei Nietzsches »Oh Mensch« mitgedacht werden, sodass sich in dieser Anrufung, in dieser ersten Silbe, ein Kosmos an Deutungsmöglichkeiten entdecken lässt.

Durchschreitet man diesen Kosmos, eröffnen sich mit den Nuancen dieses »Oh Mensch!« unterschiedliche Lesarten des *Mitternachtsliedes*. Denn wie der Mensch angerufen, in welcher Tonlage und mit welchen Untertönen er angesprochen wird, entscheidet darüber, ob und wie wir uns selbst durch dieses Gedicht konfrontieren lassen. Alles kann hier gemeint sein. Ein ungläubiges Erstaunen vermag damit ausgedrückt zu werden: Oh Mensch, was stellst du an? Oh Mensch, was bildest du dir ein? Oh Mensch, was glaubst du von dir selbst? Eine verächtliche, pejorative Unterstellung schwingt mitunter mit: Oh ihr Menschen, die ihr gar nicht wert seid, Mensch genannt zu werden! Auch eine nobilitierende, auszeichnende Anrede lässt sich darin verbergen: Oh Mensch, der du keine Pflanze und kein Tier bist! – Oh Mensch: Alles ist denkbar, und welche Deutung man intuitiv beim stillen Lesen, mehr noch durch die Art der Deklamation, der Intonation und der musikalischen Adaption bevorzugt, grundiert die Gestalt dessen, der damit angesprochen und aufgerufen ist. Wer ist dieser Mensch, der mit einem solch facettenreichen »Oh« begrüßt und gleichzeitig radikal auf sich selbst verwiesen und zurückgeworfen wird?

Was ist der Mensch? In dieser Frage laufen nach Immanuel Kant die Grundlinien der Philosophie, der Religion und der Moral zusammen, seit der Renaissance, seit Pico della Mirandolas nie gehaltener *Rede über die Würde des Menschen* versteht sich der Mensch als prinzipiell offenes Wesen, nicht nur tendenziell frei der Welt, sondern auch frei sich selbst gegenüber. Nietzsche steht, wenn auch kritisch, in dieser Tradition, er treibt sie weiter, spitzt sie zu, entkleidet sie jedoch vom Pathos der Würde. Der Mensch: Das ist, wie Nietzsche sich einmal notierte, »das noch nicht festgestellte Thier«. (KSA 11, 125) Und das bedeutet in erster Linie: Der Mensch ist ein Tier unter anderen Tieren. Im *Antichrist* resümierte Nietzsche seine Position: »Wir haben umgelernt. Wir sind in allen Stücken bescheidener geworden. Wir leiten den Menschen nicht mehr vom ›Geist‹, von der ›Gottheit‹ ab, wir haben ihn unter die Thiere zurückgestellt.« Wohl gilt uns, so Nietzsche, der Mensch als das stärkste Tier, »weil er das listigste ist«, und als eine Folge davon erscheint die »Geistigkeit« des Menschen. Aber, so Nietzsche weiter, das ist kein Grund für Eitelkeit: Der Mensch ist nämlich »durchaus keine Krone der Schöpfung, jedes Wesen ist, neben ihm, auf einer gleichen Stufe der Vollkommenheit«. Nicht nur das: »Der Mensch ist, relativ genommen, das missrathenste Thier, das krankhafteste, das von seinen Instinkten am gefährlichste[n] abgeirrte – freilich, mit alle dem, auch das interessanteste!« (KSA 6, 180)

Gegen die selbstgefällige Hybris, die den Menschen dazu verleitete, sich als Krone der Schöpfung zu denken, hatte schon der junge Nietzsche in seinem zu Lebzeiten nie veröffentlichten Essay *Über Wahrheit und Lüge im außermoralischen Sinn* heftig polemisiert. Der Mensch: Das ist die Geschichte von »klugen Thieren«, die an einem bedeutungslosen Punkt des Weltalls »das Erkennen« erfanden: »Es war die hochmüthigste und verlogenste Minute der Weltgeschichte: aber doch nur eine Minute. Nach wenigen Athemzügen der Natur erstarrte das Gestirn, und die klugen Thiere mussten sterben.« Wie kaum einer vor ihm unterstrich Nietzsche mit diesem Gedanken die Kontingenz und Bedeutungslosigkeit des menschlichen Daseins, die nicht zuletzt dessen gerühmte Geistigkeit traf. In der Natur nimmt sich der menschliche Intellekt »kläglich«, »schattenhaft und flüchtig«,

»zwecklos und beliebig« aus, »es gab Ewigkeiten, in denen er nicht war; wenn es wieder mit ihm vorbei ist, wird sich nichts begeben haben«. (KSA 1, 875)

Und dennoch: Der Mensch ist das noch nicht festgestellte Tier. Es liegt bei Nietzsche auch ein Akzent auf dem »noch«. Vielleicht ruft das »Oh Mensch!« genau dieses Noch in Erinnerung. Spätere Anthropologien wie die von Max Scheler und Helmuth Plessner haben die Weltoffenheit des Menschen, seine exzentrische Position der Natur gegenüber behauptet. Zwar haben diese Offenheit und Plastizität – pathetisch: seine Freiheit – dem Menschen nach Nietzsche durchaus »seinen Sieg« im Kampf mit den Tieren ermöglicht, zugleich aber erweist sich gerade darin die »schwierige und gefährliche krankhafte Entwicklung des Menschen«. Man muss sich das vor Augen halten: Oh Mensch, vergiss nicht, dass deine Freiheit Symptom einer Krankheit ist! Ein halbes Jahrhundert nach Nietzsche wird der Philosoph Günther Anders konsequent von der »Pathologie der Freiheit« sprechen, die den Menschen charakterisiert.[12] Es gibt – und das ist vorerst einmal die Erfahrung eines Mangels – keine Natur und kein unabänderliches Wesen des Menschen. Dem Menschen fehlt ein vorgegebener Weltbezug, er ist, wie Anders schrieb, durch eine fundamentale Weltfremdheit bestimmt. Damit aber ist der Mensch aufgefordert, sich selbst zum Gegenstand nicht nur der Reflexion, sondern der Gestaltung zu machen. Die fälschlicherweise oft Goethe zugeschriebene Maxime aus den Oden des Pindar, die Nietzsche liebte und mit »Werde der, der du bist« übersetzte, wäre eigentlich contre cœur zu verstehen – und Nietzsche hat dies auch in der *Fröhlichen Wissenschaft* mit großem Pathos formuliert: »Wir aber wollen Die werden, die wir sind, – die Neuen, die Einmaligen, die Unvergleichbaren, die Sich-selber-Gesetzgebenden, die Sich-selber-Schaffenden!« (KSA 3, 563)

Dass der Mensch ein disponibles Wesen sei, dass er der ist, der er werden kann, weil er imstande ist, sich selbst zu gestalten und zu überschreiten, deutet sich in diesen Sätzen mit Nachdruck an. Günther Anders wird diesen anthropologischen Befund später in einem prägnanten Satz bündeln: »Künstlichkeit ist die Natur des Menschen und sein Wesen ist Unbeständigkeit.«[13] Die Optimierungs- und Enhancementkonzepte der Gegenwart haben diesen Gedanken zur Voraussetzung: Dass der Mensch nichts Gegebenes sei, sondern als Aufgabe begriffen werden muss. In welche Richtung dieses Sich-selbst-Schaffen allerdings gehen soll, ist Gegenstand heftiger philosophischer, technologischer und ideologischer Kontroversen. Ob der Versuch lohnt, den Menschen und seine physischen, psychischen und kognitiven Anlagen zu verbessern und zu optimieren, oder ob es nicht gleich angebracht wäre, die Gattung Mensch aufzugeben und die Evolution durch künstliche Intelligenzen fortsetzen zu lassen, waren Fragen, die zumindest vor der Corona-Pandemie die trans- und posthumanistischen Debatten und Phantasien der jüngsten Vergangenheit dominierten.

Im Gegensatz zu den mitunter naiven technologisch inspirierten Konzepten der Biotechnologen und Softwaredesigner hat Nietzsche die Dimensionen und Konsequenzen einer fundamentalen Fraglichkeit des Menschen um einiges schärfer und radikaler erfasst. Obwohl gewissen biologisch angehauchten Züchtungsphantasien nicht abgeneigt, dachte er diese Selbstschaffung in hohem Maße aus der Perspektive des Künstlers. Die Aufgabe des Menschen wäre, sich ohne Vorbild, gleichsam aus dem Nichts, selbst zu entwerfen, zu gestalten, zu formen. Diese Ästhetisierung des Lebens ist jedoch eine Fluchtbewegung, die es erlaubt, den existentiellen Ekel vor einem Dasein, dessen Nichtigkeit nicht zu überwinden ist, wenigstens ins zeitweilig Erträgliche umzubiegen. Der Mensch ist aufgerufen, auf diese unhintergehbare Endlichkeits- und Nichtigkeitserfahrung acht-zugeben. Diese lauert im Hintergrund allen Tuns. Oh Mensch! Gib Acht!

Oh Mensch? Die Fraglichkeit des Menschen grundiert in einer mannigfachen Weise Nietzsches *Also sprach Zarathustra*. Zugespitzt formuliert: Der Mensch ist das problematische Objekt und der nicht minder problematische Adressat des *Zarathustra*. Wir erinnern uns: Am Beginn des Buches steigt Zarathustra nach einer Phase der Meditation und Selbstreinigung von seinem Berg herab, er erniedrigt sich im Wortsinn und geht zu den Menschen, um ihnen eine bis heute umstrittene Weisheit mitzugeben: »Ich lehre euch den Übermenschen.« Die Begründung für diese Lehre ist eindeutig: »Der Mensch ist Etwas, das überwunden werden soll.« Und dann, wie stets bei solchen Imperativen, die vorwurfsvolle Zusatzfrage: »Was habt ihr gethan, ihn zu überwinden?« (KSA 4, 14) Der Mensch in seiner rezenten Gestalt ist defizitär, ungenügend, etwas, das nicht sein soll. Die Provokation für alle Optimierer von Zarathustra bis zu den Jüngern der Künstlichen Intelligenz liegt im puren Dasein eines Menschen, der besser nicht wäre. Jeder Aufruf zur Überwindung des Menschen muss deshalb einhergehen mit einer fundamentalen Kritik der bislang noch gültigen Lebensformen.

Zarathustra beginnt sanft: »Seht, ich lehre euch den Übermenschen! Der Übermensch ist der Sinn der Erde. Euer Wille sage: der Übermensch sei der Sinn der Erde! Ich beschwöre euch, meine Brüder, bleibt der Erde treu und glaubt Denen nicht, welche euch von überirdischen Hoffnungen reden! Giftmischer sind es, ob sie es wissen oder nicht.« (KSA 4, 14 f.) Mensch sein heißt den Übermenschen wollen. Damit ist an dieser Stelle noch gar keine großartige Selbstübersteigerung gemeint, sondern eher eine Rückbesinnung. Der Erde treu bleiben: Das ist vielleicht kein ökologischer, aber dennoch ein veritabler Materialis-

mus. Übermensch sein heißt stark genug sein, um auf jene überirdischen Hoffnungen verzichten zu können, die die Giftmischer
aller Religionen bereithalten: Jenseits, Transzendenz, Paradies,
Himmel, Erlösung. Nur nebenbei: Hier trifft sich Nietzsche mit
Karl Marx, der in seiner berühmten und berüchtigten Abhandlung aus dem Jahre 1843 die Religion als das »Opium des Volkes«
bezeichnet hatte.[14] Während bei Marx allerdings die Religion als
eine Droge erscheint, die der Mensch selbst produziert, um seinem sozialen Elend etwas Betäubendes entgegenzusetzen, wird
bei Nietzsche das Gift den Menschen von jenen Priestern ver-
abreicht, die es selbst durchaus besser wissen. Während Marx in
der Religion den Keim eines Protestes gegen das Elend der Welt
erblickte, eines Protestes, der sich dann in der Revolution entfalten sollte, lähmt nach Nietzsche dieses Gift der Religion den
Menschen und macht ihn unfähig zur Selbstgewinnung. Um
diesem Gift zu widerstehen, beschwor Zarathustra die Stärke
des Starken, die Kraft desjenigen, der an sich glaubt – nicht den
kollektiven Aufstand gegen ein System, das für das Elend dieser Welt verantwortlich gemacht werden kann. Oh Mensch: Das
ist nicht das Marx'sche Gattungswesen, das ist auch nicht Sören
Kierkegaards verlorener Einzelner. Garantien für die Selbstermächtigung gibt es keine. Der Mensch, so Zarathustra mit einer
berühmt gewordenen Formulierung, »ist ein Seil, geknüpft zwischen Thier und Übermensch, – ein Seil über einem Abgrund«.
(KSA 4, 16)

Das Bild des Seils ist so eindringlich wie schief. Der Mensch
erscheint als »Brücke«, als »Übergang« zwischen den Existenz-
formen »Thier« und »Übermensch«, darunter lauert ein Abgrund. Der Mensch ist Mensch nur auf Abruf, etwas Vorläufiges,
das sich auf einem unsicheren Weg befindet, auf einem »gefährlichen Hinüber«, immer bedroht von einem »gefährlichen
Schaudern und Stehenbleiben«. (KSA 4, 16) In diesem Sinne ist

der Mensch zum Untergang bestimmt, denn er soll über sich hinaus-, genauer hinübergehen können. Mit anderen Worten: Was jetzt noch Mensch heißt, soll verschwinden.

Nietzsches Zarathustra, der allen religiös motivierten Transzendenzerwartungen eine Absage erteilt, befleißt sich selbst gerne einer ähnlichen Metaphorik. Transzendieren bedeutet das Überschreiten, das Hinübergehen. Bei Nietzsche gelangt man damit nicht mehr in eine religiös imaginierte Sphäre jenseits dieser Welt, sondern bleibt in dieser. Auch die Transzendenz kann sich nur in der Immanenz vollziehen, ein Gedanke, der sich bei Nietzsches Liebling Spinoza findet. Der Mensch soll sich als Bindeglied zwischen dem Tier und etwas Kommendem sehen, das er selbst entwirft und gestaltet. Damit antizipiert Nietzsche im Kern jenen Gedanken, der es in der Gegenwart zu einiger Prominenz gebracht hat, man denke an das populärwissenschaftliche Buch *Homo Deus* von Yuval Noah Harari.[15] Die Menschheit, so die These, befindet sich in der Phase, in der sie die Evolution in die eigenen Hände nehmen kann, in der sie sich selbst als göttlichen Kreator begreifen darf, der sich neu designen oder andere künstliche Entitäten, die den Menschen ablösen werden, schaffen kann. Die Debatte um die weitreichenden Folgen einer Künstlichen Intelligenz, die den Menschen in vielen Belangen überlegen sein wird, ist von diesen nietzscheanischen Gedanken getragen, auch dann, wenn sie sich dessen nicht bewusst sein sollte. Wer wird in dem anhebenden »Oh Mensch« angerufen? Der erste Befund lautet: Der Mensch, der sich als etwas Vorläufiges, das überwunden werden muss, begreift, der Mensch, der einsehen muss, dass er verschwinden wird, der weiß, dass er dazu da ist, damit nach ihm etwas anderes, ihn Überbietendes kommt.

Nietzsches Zarathustra kennt – im Gegensatz zu den technophilen Posthumanisten der Gegenwart – auch das Abgründige dieser Konzeption. Es ist kein linearer Weg der Entwicklung des Menschengeschlechts, der hier gezeichnet wird, keine optimistische Fortschrittsphilosophie, sondern eher eine nahezu verzweifelte Notwendigkeit, die mit einem hohen Risiko einhergeht. Der »Übermensch«, an den das andere Ende dieses Seils geknüpft ist, sollte nicht als heroischer Gigant, ausgestattet mit einem unbändigen Willen zur Macht, wie ihn prominent die russisch-amerikanische Philosophin Ayn Rand nachzeichnete, missverstanden werden. Der Übermensch ist vorab nur derjenige, der dieses Wagnis der Selbstüberschreitung auf sich nehmen will. Diese riskante Anstrengung kann zu einem Übergang in eine gesteigerte Daseinsform werden, die gleichzeitig in einen finalen Untergang führen kann. Bei Nietzsche ist die Zukunft der Menschheit nicht hell, weil die Katastrophe als Möglichkeit immer präsent bleibt. Nicht zuletzt darauf verweist dieses großartige »Oh Mensch!«

Oh Mensch! Die Versuchung liegt nahe, hier einen ermahnenden, drohenden, enttäuschten Anruf zu hören. Zumindest Zarathustra macht die Erfahrung, dass er tauben Ohren predigt. Die Menschen lassen es an Bereitschaft vermissen, über sich hinauszugehen. Sie wollen sich nicht nur als Übergang verstehen und ihren Untergang feiern: »Da stehen sie, da lachen sie: sie verstehen mich nicht, ich bin nicht der Mund für diese Ohren.« (KSA 4, 20) Damit ist die grandiose Lehre des Übermenschen auch schon gescheitert. Man könnte den Grundgedanken von Nietzsches berühmtestem Buch auch so zusammenfassen: Wie wird Zarathustra damit fertig, dass die Lehre vom Übermenschen verlacht wird? Was hilft es, den Menschen zu predigen, dass sie Übermenschen werden sollen, und diese verweigern sich einfach? Ohne die Analogie zu weit treiben zu wollen: Erinnert das nicht an aktuelle Optimierungsdebatten, in denen den Menschen ständig bedeutet wird, sie müssten intelligenter und leistungsfähiger werden, sie müssten ihre Körper und Hirne kurzschließen mit künstlicher Intelligenz, sie müssten sich digitale Gedächtnisspeicher implantieren lassen? Die Begeisterung der meisten Menschen für diese Segnungen hält sich offenbar in Grenzen, sonst müsste der pädagogisch-rhetorische Druck nicht ständig erhöht werden. Was wäre, wenn sich Menschen den Segnungen der Künstlichen Intelligenz und den Optimierungsgeboten einfach verweigerten? Kein Fortschritt generiert sich von selbst, jede Innovation muss durchgesetzt werden – und dies gilt umso mehr von Ansätzen, die versprechen, den Menschen überwinden zu wollen. »Oh Mensch!«: Damit ist der störrische Mensch angesprochen, der nicht hören will, vielleicht der Mensch, der tatsächlich das Potential zum Übermenschen in sich trägt und dieses vernachlässigt. Und darin verbirgt sich jene ignorante Ängstlichkeit, die Zarathustra diesem trägen Menschen zuschreibt, dem die Kraft zu fehlen scheint, sich zu zerstören, um sich neu zu gewinnen. Technikskeptiker gelten auch in unserer Zeit als Feiglinge.

Dieser Mensch, den Zarathustra am Horizont der Geschichte auftauchen sieht, wird im doppelten Sinn »der letzte Mensch« sein. Er ist der schwächste, damit der verachtenswerte Mensch – wirklich das Letzte. Und dann ist der letzte Mensch derjenige, der gerade noch da ist, obwohl die Zeit des Übermenschen schon gekommen wäre, ein Relikt aus einer vergangenen Zeit, nicht auf der Höhe der Zeit, ohne Daseinsberechtigung, ein dekadentes Wesen, das verstockt auf seinem Menschsein beharrt, aber keine Kraft mehr hat, dieses Menschsein in einem wirklich lebensbejahenden und das heißt überschreitenden Sinne, als »hyperbolische Erfahrung«[16] zu leben. »Ich sage euch: man muss noch Chaos in sich haben, um einen tanzenden Stern gebären zu können.« (KSA 4, 19) Mit diesem berühmt gewordenen Satz skizziert Zarathustra dieses Vermögen, das dem »letzten Menschen«

fehlen wird. Anbei: Diese Sentenz erfreut sich als Inbegriff unbändiger, rebellischer, jugendlich-anarchischer Kreativität solch einer Beliebtheit, dass sich sogar die T-Shirt-Industrie derselben bedient. Eine Pointe dabei ist, dass sich dieser Satz genau gegen jenen bequem gewordenen *homo consumens* richtet, der das Chaos nicht mehr *in sich*, sondern nur mehr als modisches Accessoire *mit sich* trägt.

Was aber hat es mit dem »letzten Menschen« auf sich? Zarathustra prognostizierte mit dieser Formel einen schwachen und müde gewordenen Charakter, der in vielem an die Life-Style-Figuren der Gegenwart und ihre Convenience-Kultur erinnert: »›Wir haben das Glück erfunden‹ sagen die letzten Menschen und blinzeln.«(KSA 4, 19) Nietzsche hat hellsichtig erkannt, dass das Glück als umfassende Konzeption und Zielvorstellung des Lebens eine relativ späte Erfindung ist – sieht man von den antiken Glückskonzepten etwa bei Aristoteles einmal ab. Das größtmögliche Glück für die größtmögliche Zahl: Diese bekannte Formel des angelsächsischen Utilitarismus markiert die Erfindung des Glücks ebenso wie der berühmte Passus in der amerikanischen Unabhängigkeitserklärung von 1776, nach dem jeder Mensch das Recht hat, nach seinem Glück zu suchen. Nietzsche inspirierte dies in der *Götzen-Dämmerung* zu dem bitterbösen Aphorismus: »Der Mensch strebt nicht nach Glück; nur der Engländer tut das.« (KSA 6, 61)

Tatsächlich erinnert Nietzsches hämische Skizze des letzten Menschen an zahlreiche Moden und Trends, die das moderne Leben und seine Ideologie ausmachen. Die letzten Menschen verlassen die Gegenden, wo es hart war zu leben, und suchen die »Wärme« der anderen Menschen; Krankwerden gilt ihnen als sündhaft, ebenso wie die Bekundung von Misstrauen; und dann steht da ein geradezu prophetischer Satz: »Man geht achtsam einher.« (KSA 4, 20) Man kann, wenn man will, darin tatsächlich eine Vorwegnahme des Gesundheitskultes und der Achtsamkeitstrainings unserer Tage sehen, die suggerieren, dass alle Gegensätze mit ein bisschen *Mindfulness* in Wohlgefallen aufgelöst werden könnten. Natürlich arbeitet man noch, aber auch die Arbeit muss wie alles zu einer »Unterhaltung« werden, die den Menschen nicht weiter angreift. *Gamification* und *Entertainment* als die bestimmenden Prinzipien von Arbeit, Lernen und Leben werden forciert und gefordert; dass alles »Spaß« machen muss und die Frustrationstoleranz gegen null sinkt, unterstreicht Nietzsches Hellsichtigkeit. Die moderne Gesellschaft ist auch eine des Ausgleichs, die Gegensätze von Reich und Arm sollen verschwinden, der Mittelstand dominieren, und für die Funktionsweise solch eines sozialen Systems hat Nietzsche eine zynische Formulierung gefunden: »Kein Hirt und Eine Heerde!« Jeder will das Gleiche, jeder fühlt sich als Gleicher, wer anders fühlen sollte, »geht freiwillig in's Irrenhaus«. Man muss das nicht so scharf formulieren, aber der längst zur Norm erhobene Trend, dass jede noch so marginale Form von Abweichung therapiebedürftig erscheint, könnte auch als jener Preis betrachtet werden, den Gleichheit unter anderem erfordert. Der letzte Mensch hält sich überdies für klug, er »weiß alles«. Ganz ohne Smartphone vermutete Nietzsche, dass die Demokratisierung des Wissens, die seit der Erfindung des Buchdrucks voranschreitet, eine Hybris zur Folge haben wird, die die Möglichkeit des Zugriffs auf Informationen mit jener Erkenntnis verwechselt, die sich ihrer Begrenztheit und Vorläufigkeit stets bewusst ist.

Das Leben des letzten Menschen wird dominiert von den Aspekten des Angenehmen, Nützlichen, Mittelmäßigen: »Man hat sein Lüstchen für den Tag und sein Lüstchen für die Nacht: aber man ehrt die Gesundheit.« (KSA 4, 20) Nicht nur in Zeiten einer Pandemie entfalten diese Sätze in ihrer Bissigkeit eine erstaunliche antizipatorische Kraft. Die Lüste selbst unterliegen seit geraumer Zeit dem Regime der Gesundheit, das trifft das Rauchen ebenso wie den Sex, das Essen ebenso wie das Trinken, und es trifft auch die rar gewordenen geistigen Genüsse: nur keine all-zu radikalen Gedanken, nur keine inkorrekten Formulierungen, nur keine Sprache, die irgendein Gleichstellungsprinzip verletzen könnte, nur kein Stil, der die Schönheit einer Formulierung über die Geschlechtergerechtigkeit stellte, nur keine Spitze, die jemandem wehtun, nur keine Hypothese, die in falsche Hände geraten könnte. Die Schere im Kopf sorgt dafür, dass man es sich auf der richtigen Seite der Geschichte behaglich einrichten kann und sich in seinem intellektuellen Wohlbefinden auch nicht weiter stören lassen muss.

Der letzte Mensch scheut deshalb den Konflikt und den Schmerz, er nimmt »ein wenig Gift ab und zu«, um angenehm zu träumen und »viel Gift zuletzt: das macht angenehmes Sterben«. (KSA 4, 20) Unmöglich, an dieser Stelle nicht an die Debatten um den assistierten Suizid erinnert zu werden, bei dem es ja längst nicht mehr nur um die selbstbestimmte Beendigung eines unheilbaren, schmerzhaften Leidens geht, sondern um ein angenehmes Sterben, das den Betroffenen ebenso zu Gute kommt wie den Angehörigen und den Sozialversicherungssystemen. Je mehr die Befürworter des assistierten Suizids unerträglich gewordene existentielle Nöte beschwören, die diesen als einen Akt der Menschenwürde erscheinen lassen, desto deutlicher zeigt die Praxis der Sterbeindustrie, dass der angenehme Tod, für den die helfende Hand eines anderen eingefordert wird, als immanente Konsequenz eines angenehmen Lebens aufgefasst wird. Ohne die tragischen Konflikte zu verkennen, in die Menschen verstrickt sein können und die einen Sterbewunsch legitim erscheinen lassen, wird dieser von Nietzsche angedeutete Aspekt meist verschämt verschwiegen: dass auch das Sterben jenem Prinzip der *Convenience* unterworfen werden soll, an dem sich die alltäglichen Lebensvollzüge schon lange orientieren.

Dieser Passus über den letzten Menschen endet, wie er begonnen hat: »›Wir haben das Glück erfunden‹ – sagen die letzten Menschen und blinzeln. –« (KSA 4, 20) Es sind die Facetten des modernen Glücks, die hier entfaltet werden, es ist das Glück des Konsums, der Bequemlichkeit, des Konsenses und des Mittelmaßes, das Glück der Achtsamkeit und der Empathie, das Glück der sanften Betäubungen und harmlosen Vergnügungen. Es ist das Glück, das von der empirischen Glücksforschung unserer Tage indiziert und gemessen wird, es ist das Glück, das mittlerweile als eigenes Unterrichtsfach Eingang in die Lehrpläne und Stundentafeln der Schulen gefunden hat. Und dennoch: Ist dieses Glück wirklich so verachtenswert, wie uns Zarathustra das suggerieren will? Ist dieses »Oh Mensch«, das mit herabgezogenen Mundwinkeln den letzten Menschen treffen soll, nicht auch ein wenig von Neid und Bewunderung durchzogen? Gehört nicht eine bestimmte Art von Heroismus dazu, von jedem Heroismus Abschied nehmen zu können?

»Oh Mensch!« Was, wenn dies ein Ausruf der Bewunderung wäre, der einer ganz anderen Dimension des Menschen gelten könnte, ein Stoßseufzer der Anerkennung, die selbst dem verachteten »letzten Menschen« zuerkannt werden müsste? Im vierten und letzten Teil des *Zarathustra*, gedacht wohl als Satyrspiel zu den vorangegangenen Abschnitten, hört der Prophet auf einer seiner Wanderungen ein Röcheln und Gurgeln, unartikulierte Laute, die sich in »Menschen-Stimme« und »Menschen-Rede« verwandeln: »Zarathustra! Zarathustra! Rathe mein Rätsel! Sprich, sprich! Was ist die Rache am Zeugen?« Eine mediokre Figur steht vor Zarathustra. Er erkennt sie und löst dieses Rätsel. Es ist der »hässlichste Mensch«, der »Mörder Gottes«, der Mensch, der Gott getötet hat, und dies aus einem ebenso einfachen wie überraschenden Grund: »Du ertrugst den nicht, der dich sah.« (KSA 4, 328) Zarathustra hat den hässlichsten Menschen durchschaut, und dieser bekennt sich freimütig zu seiner Tat. Gott, der Zeuge, der alles sah – »des Menschen Tiefen und Gründe, alle seine verhehlte Schmach und Hässlichkeit« –, musste sterben. Das »Mitleiden« dieses Gottes kannte nämlich keine Scham, doch: »Der Mensch erträgt es nicht, dass solch ein Zeuge lebt.« (KSA 4, 331)

Es ist nicht der legendäre »tolle Mensch« aus dem berühmten 125. Aphorismus der *Fröhlichen Wissenschaft*, der die Welt mit seinem »Gott ist todt! Gott bleibt todt! Und wir haben ihn getödtet!« erschüttern wollte (KSA 3, 480), sondern hier ist es der hässlichste Mensch, der diese merkwürdige Tat begangen haben will. Hässlichkeit ist zumindest in diesem Fall nicht nur ein physiognomisches, sondern auch ein moralisches Merkmal. Der Schatten dieser Tat fällt auf das Gesicht des Menschen, selbst dann, wenn es ein heroischer Akt der Selbstermächtigung gewesen sein sollte, der den Menschen zum Mörder Gottes werden ließ. Der »hässlichste Mensch« steht für den gottlos und damit orientierungslos gewordenen modernen Menschen, der nun ganz auf sich selbst zurückgeworfen ist und kein transzendentes Gegenüber mehr kennt. Die Begründung, warum dieser Mensch den Gedanken an die Existenz eines Gottes für unerträglich hielt, ist nicht nur für religiöse Menschen verstörend. Zwei Dinge erträgt der Mensch offenbar nicht: die göttliche Allwissenheit und grenzenloses Mitleid. Beides ist in hohem Maße demütigend. Für einen anderen vollkommen durchsichtig zu sein, grenzt an Obszönität. Wer keine Möglichkeit hat, etwas von sich zu verbergen, ist in seinem Selbstsein ständig bedroht. Wenn es nichts gibt, das nur für mich ist, gibt es mich nicht. Dass der allwissende Blick Gottes gleichzeitig ein verständnisvoller und mitleidiger Blick ist, stellt keinen Trost dar, sondern vollendet nur die Demütigung. Einem Gott gegenüber ist der Mensch im doppelten Sinne ausgeliefert: Er ist für diesen durchsichtig und auf sein Wohlwollen angewiesen. Nur wer solch einen Gott – in sich? – tötet, kann sich selbst gewinnen.

In allem beobachtet zu werden und für alles mitleidendes Verständnis zu finden – wer fühlte sich da nicht an bestimmende Tendenzen unserer Zeit erinnert? Zwar gibt es keinen Gott mehr, der alles sieht und uns sein Mitleid schenkt, aber die Aufhebung der Privatheit im Zuge der Digitalisierung gleicht der Situation, die der hässlichste Mensch Nietzsches beschreibt. Die Kehrseite der von vielen bejubelten Durchsichtigkeit unserer Welt und ihrer allgemeinen Zugänglichkeit wird nur allzu gerne ausgeblendet. Die Stimmen, die allmählich die Vorteile des in China praktizierten Systems der totalen sozialen Kontrolle durch digitale Überwachung und automatisierte Sanktionen erkennen, mehren sich auch in Westeuropa. Durch Überwachung nahezu aller Aktivitäten der Menschen in öffentlichen und privaten Räumen würden diese auch sichtbar gemacht und damit wieder in einen allgemeinen Zusammenhang eingegliedert, sie hören auf, bloß individuell und damit kontingent zu sein. Vermessung und Kontrolle werden zum Fundament einer »neuen großen Erzählung«, die jedes Moment unseres Daseins zu einem »Bestandteil einer höheren Ordnung« macht und ihm dadurch einen »tieferen Sinn« verleiht.[17] Anstelle des allwissenden Gottes und seines obszönen Blicks ist der mit unseren Daten gefütterte Algorithmus getreten, der unser Verhalten mit einer »höheren Ordnung« verrechnet. Immerhin: Der überlegen-mitleidige Blick Gottes bleibt uns erspart. Ein Algorithmus kennt keine Gefühle. Die Hässlichkeit von Nietzsches hässlichem Menschen bestand jedoch nicht zuletzt darin, sich diesen übergeordneten Sinnangeboten zu verweigern und den Zeugen, der alles sieht, zu beseitigen. Die Apologeten der digitalen Götter sollten nicht vergessen, dass es noch immer hässliche Menschen unter uns gibt. Wir werden in Hinkunft mit Akten der Auflehnung gegen das Transparenzgebot unserer Tage zu rechnen haben.

Oh Mensch! Das ist der Mensch, der verzweifelt versucht, sich aus dem Bannkreis Gottes zu entfernen, und zwar nicht aus Machtgründen, nicht weil er selbst an die Stelle Gottes treten will wie Zarathustras Übermensch, sondern um einen Rest von Selbstachtung zu retten. Der hässlichste Mensch ist kein Übermensch, er ist klein und unansehnlich, doch er hat eines erkannt: Wir halten auf Dauer niemanden aus, der alles von uns weiß. Internetgiganten, Eltern, Psychoanalytiker und Überwachungsfetischisten sollten mitunter an diese Episode aus Friedrich Nietzsches *Also sprach Zarathustra* denken. Wir ertragen es nicht, dass jemand das kennt, was uns in unserem Menschsein, in allen Höhen und in allen Tiefen, in aller Positivität und in aller Negativität bestimmt. Dieses »Oh Mensch« ruft jenen Menschen an, der in seiner Hässlichkeit das verkörpert, was Menschsein in aller Ambivalenz ausmacht: Auf der einen Seite müssen wir uns der Einsicht in die Fleischlichkeit, Bedingtheit, Hinfälligkeit, Triebhaftigkeit, Aggressivität unseres Daseins stellen; auf der anderen Seite erlaubt es unsere Selbstachtung nicht, dass diese Widrigkeit, diese Hässlichkeit und diese Schmach, der jeder von uns in seinem Leben ausgeliefert ist, von einem anderen beobachtet und einfühlend kommentiert wird. In dieser Haltung steckt, wie in jeder Abwehr von Mitleid, auch Größe! Doch Nietzsche wäre nicht Nietzsche, wenn er für diesen hässlichsten Menschen, der sich für den Mörder Gottes hält, nicht noch eine veritable Ernüchterung bereithielte. Wie das?

Gegen Ende seiner Wanderungen feiert Zarathustra mit seinen seltsamen Anhängern, diesen gescheiterten Existenzen, die ziemlich ironisch »höhere Menschen« genannt werden, das legendäre »Eselsfest«, offenkundig eine Parodie auf ein christlichmittelalterliches Ritual, in deren Verlauf sich der alte Papst, die abgedankten Könige, der kraftlose Zauberer, der hässlichste Mensch und alle anderen sinnlos betrinken und einen Esel anbeten, der sein »I-A« brüllt, in das schließlich auch Zarathustra einstimmt: Es ist sein großes JA zum Leben – der Schrei eines Esels. Unschwer ist hier zu erkennen, dass Nietzsche seinen eigenen großen Gedanken der unbedingten, bejahenden Liebe zum Leben, seinen berühmten »amor fati«,[18] grotesk verzerrt und dem Gespött preisgibt. Im Zuge dieser irren Feierlichkeit, in der sich alle den Gesten der Anbetung an ein höheres Wesen – dem Esel! – hingeben, fällt dann der wunderbare Satz: »Tod ist bei Göttern immer nur ein Vorurtheil.« (KSA 4, 391) – Oh Mensch! Gib Acht!

Wer also ist der Mensch, der nach dem ersten Schlag der Mitternachtsglocke angerufen wird? Ist es der letzte Mensch, der erwartete Übermensch, der hässlichste Mensch, sind es die »höheren Menschen«? Zarathustra fordert Letztere auf, mit ihm noch einmal dieses *Nachtwandlerlied*, seinen *Rundgesang*, unser *Mitternachtslied,* anzustimmen, und er stimmt die kleine Schar durch Erläuterungen und Hinweise auf die Verse dieses Liedes ein. Sie soll das hören und singen, was Zarathustra selbst vernommen hat. Die einzigen Adressaten sind diese seltsamen Karikaturen höherer Menschen allerdings nicht. Wir erinnern uns: Das Lied erklang, unterstrichen von den wuchtigen Glockenschlägen, schon lange davor, der Mensch, den es anspricht, ist Zarathustra so gut wie jeder andere, der letzte Mensch so gut wie der höhere, der einzelne so gut wie die Gattung. Die unterschiedlichen Facetten jedoch, in denen der Mensch im *Zarathustra* in Erscheinung tritt, markieren die zerfasernden Umrisse dieses Menschen. Es ist der Mensch in all seiner Fraglichkeit, in seiner Endlichkeit, in seiner Größe und in seinem Hochmut, in seiner Erbärmlichkeit und in seiner Kraft. Zu fassen ist dieses unbestimmte und unbestimmbare Wesen nicht, aber wer immer sich durch diesen Ruf »Oh Mensch« angesprochen fühlt, sollte erst einmal aufmerken, zuhören, Acht geben, sein Ohr dem Klang der Mitternachtsglocke zuwenden.

»Gieb Acht!« Dieser einfache Imperativ enthält eine Fülle unterschiedlicher, zumindest nuancierter Bedeutungen, die dem Blick auf die folgenden Zeilen unterschiedliche Perspektiven verleihen. Gib Acht! Das kann eine alltagssprachliche Warnung sein, besorgt oder verärgert ausgesprochen, der Hinweis auf ein Hindernis, ja eine Gefahr, aber auch eine Kritik an einer allzu sorglosen Bewegung oder Handlung, ein Vorwurf gegenüber Nachlässigkeit oder Rücksichtslosigkeit: Pass doch auf! – Gib Acht: Das kann im Ton einer Drohung artikuliert werden, pass auf, was geschehen wird, wenn du nicht dies oder jenes tust oder unterlässt. Gerade im pädagogischen Kontext sind uns diese sanften Androhungen von Konsequenzen, die sich unweigerlich einstellen werden, wenn man nicht Acht gibt, geläufig. – Gib Acht: Das kann eine Aufforderung sein, seine Aufmerksamkeit auf etwas zu richten, genauer hinzusehen oder hinzuhören, sich nicht ablenken zu lassen, sich ganz einer Sache zuzuwenden. Man muss nicht gleich auf die dem »letzten Menschen« zugeschriebene billige Attitüde der Achtsamkeit verweisen, um jenes Potential an Konzentration, vielleicht sogar Kontemplation zu spüren, das in einem sanften »Gib darauf Acht« zum Ausdruck kommen kann.

All das mag in Nietzsches »Oh Mensch! Gieb Acht!« mitschwingen, die Sorge um die prinzipielle Gefährdung und Ausgesetztheit des Menschen ebenso wie die Aufforderung, nun endlich zuzuhören. Da dieses »Gieb Acht!« nach dem ersten Schlag der Glocke zu vernehmen ist, steht wohl das akustische Moment im Vordergrund. Der Philosoph Günther Anders hat in einer musikphilosophischen Abhandlung, die erst vor kurzem, neun Jahrzehnte nach ihrer Entstehung, veröffentlicht wurde, in einer sinnfälligen Weise zwischen Hören und Lauschen unterschieden.[19] Wir hören alles, was an unser Ohr dringt, erwartet oder unerwartet, gewollt oder ungewollt. Lauschen hingegen bedeutet, gegenüber einem akustischen Reiz, einem Ton, einem Klang, einem Geräusch eine gezielte Erwartungshaltung einzunehmen. Lauschen kann nur das gerichtete Ohr, das sich in einer Spannung zur akustischen Umwelt verhält, weil es dieser etwas ablauschen will. Der Adressat des *Mitternachtsliedes* soll wohl auch so ein Lauschender sein; dass tiefe, laute Glockenschläge sich ohnehin aufdrängen, unüberhörbar sind, ist das eine; das andere sind die leisen Töne, die Worte, die Verse, die nun nach Aufmerksamkeit heischen, die nicht schreien, nicht brüllen, sondern allmählich in ein Bewusstsein dringen, das dafür offen und geneigt ist. Zumindest seinen Gefährten, den »höheren Menschen« gegenüber, lässt Zarathustra an dieser Konnotation des »Gieb Acht!« keinen Zweifel. Er fordert sie auf: »Lasst uns in die Nacht wandeln!« Nietzsche gab dem Abschnitt, in dem sich diese zentrale Szene ereignet, ja den Titel »Das Nachtwandler-Lied«. Und in der Nacht ist Achtsamkeit ratsam, um in der Dunkelheit keinen Fehltritt zu tun. Dann aber heißt es weiter: »[…] es geht gen Mitternacht: da will ich euch Etwas in die Ohren sagen, wie jene alte Glocke es mir in's Ohr sagt, – – so heimlich, so schrecklich, so herzlich […]«. (KSA 4, 397) Hier vollzieht sich eine unmerkliche Wandlung: Aus den Glockenschlägen wird eine leise Stimme. Eine Glocke flüstert nicht. Wohl aber kann die Geräuschkulisse einer fast stillen Mitternacht als solch ein Flüstern erfahren werden. Aus dem Dröhnen wird ein Lispeln. Wem etwas ins Ohr geflüstert wird, der kann gar nicht anders, als darauf achtzugeben. Die Stimme ist zu nah am Körper, um noch weghören zu können, sie ist fast im Körper, man ist ihr ausgeliefert, sie besetzt mit dem Ohr den ganzen Menschen. Das

»Gieb Acht!« wird zu einer Haltung der gespannten Aufmerksamkeit und Erwartung. Und was dringt ein in dieses Ohr, was offenbart sich diesem? »– [h]örst du's nicht, wie sie heimlich, schrecklich, herzlich zu dir redet, die alte tiefe tiefe Mitternacht?« (KSA 4, 398)

Die Glocke: Sie zählte einst die »Herzens-Schmerzens-Schläge« der Väter ab, sie schlug deren Stunde, sie misst mit der vergehenden Zeit auch das Schicksal der Generationen und reicht weit in die Vergangenheit zurück. Sie verwandelt sich nun in die Stimme der Mitternacht selbst. Diese ist es, die jetzt spricht. Doch nicht nur auf deren Worte muss Acht gegeben werden, sondern auf die Zwischentöne, auf die Modulation der Stimme, auf das, was dabei und darin mitschwingt. Denn die Stimme der Mitternacht redet nicht nur, sie schleicht sich in die schlaflosen Seelen, sie seufzt, sie lacht, sie weint. Was hat diese Mitternacht dem Menschen, der ganz Ohr sein will, tatsächlich zu sagen?

Zwei!
Was spricht die tiefe Mitternacht?

WIR SIND GANZ Ohr und lauschen den Klängen der Glocke, durch die die Mitternacht zu uns spricht. Wir richten unsere Aufmerksamkeit auf die geheimnisvolle, flüsternde Stimme der Mitternacht, die in den Glockenschlägen mitschwingt, aus diesen vielleicht erst herausgefiltert werden muss. Darauf geben wir Acht, das erfordert unsere unbedingte Hinwendung. Wir konzentrieren uns dabei auf das große »Was« der zweiten Zeile von Friedrich Nietzsches *Mitternachtslied:* »Was spricht die tiefe Mitternacht?« Der Mensch in all seiner Vielgestaltigkeit und Unbestimmtheit ist nicht nur der einfache Adressat dieses Anrufs, er ist auch in diesem »Was« unbedingt angesprochen. Die Stimme der Mitternacht verspricht Auskunft über die existentielle Befindlichkeit, über die individuellen Nöte des Menschen. Denn diese Mitternachtsglocke hat, wie Zarathustra seinen Gefährten erläutert, die »Herzens-Schmerzens-Schläge« im Hintergrund. (KSA 4, 398) Der Herzschlag synchronisiert sich mit dem Glockenschlag, und beide verdichten sich zu einem Schmerz, der sich weniger auf ein organisches Leiden als vielmehr auf eine fundamentale Grundbefindlichkeit des Menschen bezieht, in der sich das Herz als Metapher des Begehrens an den aus diesem Begehren erwachsenen Schmerz bindet. Die moderne Formulierung dieser Konstellation findet sich aktuell in der Frage: Warum tut Liebe weh?[20] Nebenbei: Man kann Herz auf Schmerz schon seit langem nicht mehr reimen, aber Nietzsche kann sich die »Herzens-Schmerzens-Schläge« durchaus noch erlauben. Es sind die Schläge, die den Binnenreim vor der Trivialität bewahren, indem sie diesen empfindlich treffen. Nicht nur die Liebe, auch die sprachliche Nähe von Herz und Schmerz tut weh.

Die Mitternachtsglocke präludiert die Doppeldeutigkeit von Herz und Schmerz, von Lust und Weh, die das Gedicht thematisch zentral durchzieht. Allerdings: Diese Schläge, auf die der Mensch jetzt Acht geben soll, diese Worte der Mitternacht sind heimlich, das heißt im Verborgenen, die Nacht ist der Zustand der Verborgenheit, sie ist schrecklich, die Zeit der aufsteigenden Ängste, doch sie offenbart unser Innerstes: unser Herz. Diese Dimensionen der Verborgenheit, des Erschreckenden, des Bedrohlichen, aber gleichzeitig des Herzlichen im Sinne eines erotisch getönten Begehrens und des emotional Innigen schwingen in dem anhebenden »Oh Mensch! Gieb Acht!« mit. Das, was zu vernehmen ist, ist eine innere Stimme. Es gibt eine Nacht in uns.

Doch vorerst spricht die Mitternacht zu uns. Was bedeutet dies? Wer ist es, der unser Ohr erreichen will? Es handelt sich hier wohl um keine zufällige Allegorie oder harmlose Personifizierung einer Zeitbestimmung. Nietzsche schreibt sich damit in eine reiche und vielfältige Tradition ein. »Mitternacht« ist einer der hochkonnotierten und bedeutungsschwangeren Begriffe in der europäischen Kultur, der spätestens seit der Romantik auch zu einer zentralen ästhetischen Konzeption mutierte. Nietzsches *Mitternachtslied* gab diesem eine folgenreiche Ausdeutung. Elisabeth Bronfen hat ihrer Kulturgeschichte der Nacht deshalb einen Vers dieses Liedes als Titel gegeben: *Tiefer als der Tag gedacht.*[21] Auch diese umfangreiche Studie kommt nicht umhin, Friedrich Nietzsches *Mitternachtslied* seine Reverenz zu erweisen, denn was ist tiefer, als der Tag gedacht? Die tiefe, tiefe

Mitternacht! Dieser Titel rechnet damit, dass Nietzsches Formulierung ins allgemeine kulturelle Bewusstsein abgesunken ist und der Komparativ »Tiefer als der Tag gedacht« problemlos als eindeutiger, stimmiger und konsequenter Verweis auf die Nacht dechiffriert werden kann. Damit wird unterstrichen, dass die Nacht vorzüglich in Hinblick auf den Tag thematisiert werden muss. Es ist der Gegensatz von Tag und Nacht, der ein breites metaphorisches Spektrum eröffnet. Blickt man genauer hin, enthält die Verszeile »Tiefer als der Tag gedacht« allerdings ihre Tücken. Die Nacht erscheint hier als eine doppelte Leerstelle. Der Titel setzt zwar eine zumindest diffuse Kenntnis von Nietzsches *Mitternachtslied* voraus; liest man dieses genau, weiß man, dass nicht die Nacht, wohl aber die »Welt« tiefer ist, als der Tag gedacht. Diese Tiefe erkennt jedoch nur die Nacht. In dieser Zeile wird eine Nacht mitgedacht, die mehr weiß als der Tag. Das ist in nuce eine provokante Theorie der Erkenntnis.

Unmittelbar verweist das Wechsel- und Widerspiel von Tag und Nacht, von Hell und Dunkel auf die tradierten Ambivalenzen unserer Formen von Erkenntnis und Erfahrung. Seit Platon erscheint die Wahrheit im Modus des Lichts, und noch der Begriff der Aufklärung zehrt von dieser Vorstellung: Die dunklen Wolken verziehen sich, der Himmel klärt sich auf, die Strahlen der Sonne brechen durch und zeigen die Dinge in ihrer wahren Gestalt. Erkennende sind immer auch Erleuchtete, Illuminierte, und die Formel »etwas bei Lichte besehen« unterstreicht den Anspruch, die Dinge den Unschärfen des finsteren Nichtwissens zu entheben. Umgekehrt können sinistre Ideologien die Wahrheit verschleiern und die Menschen im Diffusen tappen lassen. Wo Erkenntnisse auf dem Spiel stehen, herrscht Verdunkelungsgefahr. Das Licht des Tages als Synonym für die Wahrheit verbannt auch die Nacht selbst in die unbeleuchteten Bezirke des Unscharfen, Unklaren und Unvernünftigen. Wem sich aber das

Bewusstsein trübt, der verfällt – wie Nietzsche – in geistige Umnachtung.

Die Engführung der Nacht mit dem Wahnsinn erfreute und erfreut sich nicht zuletzt im trivialen Genre einer großen Beliebtheit. Karl May, Zeitgenosse und vielleicht sogar ein Geistesverwandter[22] von Friedrich Nietzsche, lässt in *Winnetou II* einen vom Wahnsinn bedrohten jungen Mann ein Gedicht über »Die fürchterlichste Nacht« verfassen,[23] dessen letzte Strophe folgendermaßen lautet:

> *Kennst du die Nacht, die auf den Geist dir sinkt,*
> *Daß er vergebens nach Erlösung schreit,*
> *Die schlangengleich sich um die Seele schlingt*
> *Und tausend Teufel ins Gehirn dir speit?*
> *O halte fern dich ihr in wachen Sorgen,*
> *Denn diese Nacht allein hat keinen Morgen!*

Die Nacht ist ein starkes Bild für den Verlust jener Bewusstseinsfunktionen, die uns Rationalität, Logik und Zurechnungsfähigkeit versprechen. Die Nacht verweist auf jene Verrückungen des Verstandes, die dessen erhellende Wirkungen abdunkeln und in die Gefahrenzone der Irrationalität abdriften lassen. Doch es gibt die Revolte der Nacht gegen die Zumutungen des Tages. Die Dunkelheit der Nacht und die Gedanken, die sich in dieser einstellen, berühren eine ganz andere Dimension der Erkenntnis, sie verweisen auf das, was der Helle des Tages verborgen bleiben muss. Das Sichtbare, das, was sich an der Oberfläche zeigt und ausgeleuchtet werden kann, erfasst bei weitem nicht alles, was es zu erkennen gälte. Der blinde Seher der Mythen, der in einer immerwährenden Nacht lebt, vermag mit einem anderen, inneren Auge umso schärfer zu sehen. Die Nacht wird auch zur Metapher für all das, was von einer Vernunft, die sich seit Descartes an den Maximen der Klarheit und Deutlichkeit orientiert, ausgeblendet werden muss. Die Dunkelheit verhüllt nicht nur, sie kann etwas schützen und verbergen, aber auch entbergen. Vor allem in der vernunftkritischen frühromantischen Bewegung gewinnt die Nacht als Bild einer beunruhigenden Erfahrung an Bedeutung, man denke an Novalis und seine *Hymnen an die Nacht,* an die *Nachtstücke* E. T. A. Hoffmanns, an die bis heute geheimnisumwitterten *Nachtwachen des Bonaventura,* deren Autorenschaft noch immer nicht restlos geklärt ist, oder an Joseph von Eichendorffs späte, sehnsüchtig-verträumte *Mondnacht.*

Bei diesen und ähnlichen poetischen Thematisierungen der Nacht müssen wir uns allerdings eine Tatsache vor Augen führen, die wir gerne vergessen: Wir wissen nicht mehr, was Nacht ist. Wir leben in einer Zeit, in der die globale Erleuchtung der Nacht Dimensionen angenommen hat, die Dunkelheitserfahrungen, wie sie für den Menschen des 19. Jahrhunderts alltäglich gewesen sein müssen, nur noch an ganz wenigen Orten dieser Erde zulassen. Die Lichtverschmutzung unserer Tage besagt, dass wir nicht mehr wissen, wie eine Finsternis erlebt wird, die nur spärlich und mühsam, wenn überhaupt, erhellt werden kann. Wir wissen nicht mehr, wie sich ein von Sternen übersäter Himmel, wie sich der Anblick der Milchstraße, wie sich die Konturen der Sternbilder, wie sich der ruhige Wandel der Planeten tatsächlich anfühlen. Fraglich, ob wir Kants berühmten Satz aus dem Ende der *Kritik der praktischen Vernunft,* nach dem uns zwei Dinge mit Ehrfurcht erfüllen sollten, »der bestirnte Himmel über mir und das Sittengesetz in mir«[24], überhaupt noch nachvollziehen können. Wir empfinden keine Ehrfurcht angesichts eines durch künstliches Licht taghell erleuchteten Nachthimmels, dessen Sterne wir nicht mehr sehen können.

Die intensive Erfahrung von Finsternis und die Erfahrung

eines Sternenhimmels, der das Gefühl der Größe, der Erhabenheit, der Unendlichkeit im Stande war zu erwecken, prädestinierte die Nacht auch zu einem Medium der Reflexion und Selbstreflexion. Gerade unter dem Aspekt der Schlaflosigkeit, also eines a-rhythmischen Wachzustandes, wird das innere Ohr schärfer: »Was spricht die tiefe Mitternacht?« Man hört genauer in dieser Nacht, in dieser hochsensitiven und vielleicht auch hypersensiblen Phase, in der die Sinne geschärft erscheinen bei gleichzeitiger Müdigkeit. Die Dunkelheit verlagert den Schwerpunkt der Wahrnehmung vom Auge auf das Ohr. Nicht mehr das Sehen wird zum bevorzugten Modus der Erkenntnis, sondern das Hören. Wenn die These des Philosophen Günther Anders stimmt, dass in der griechischen Kultur das Sehen das entscheidende Modell der Sinnesaufnahme war, in der jüdisch-christlichen jedoch das Hören,[25] dann werden wir in der Nacht zu Hebräern. Die nächtliche Blindheit des Auges wird von einem offenen Ohr konterkariert, und auch an die Stelle eines vergeistigten Sehens, einer platonischen Ideenschau, tritt ein überfeinerter Hörsinn, der ängstlich erwartungsvoll den inneren Stimmen lauscht.

Die Mitternacht: Das ist eine ganz besondere Stunde der Unruhe, in der Einsichten und Erfahrungen, Sehnsüchte und Ängste offenbar werden, die dem Tag in der Regel entzogen sind. Nietzsche waren diese Dimensionen der mitternächtlichen Stunde bewusst. An drei kleinen literarischen Beispielen sei dieses Bedeutungsfeld von Mitternacht demonstriert. Beginnen wir mit einem berühmten Mitternachtsgedicht, es stammt von Johann Wolfgang von Goethe, 1818 geschrieben – Goethe war damals knapp siebzig Jahre alt. Es ist konzipiert als poetischer Lebensrückblick. Und es heißt schlicht: *Um Mitternacht.*[26]

Um Mitternacht ging ich, nicht eben gerne,
Klein, kleiner Knabe, jenen Kirchhof hin
Zu Vaters Haus, des Pfarrers; Stern am Sterne
Sie leuchteten doch alle gar zu schön;
Um Mitternacht.

Wenn ich dann ferner in des Lebens Weite
Zur Liebsten mußte, mußte, weil sie zog,
Gestirn und Nordschein über mir im Streite,
Ich gehend, kommend Seligkeiten sog;
Um Mitternacht.

Bis dann zuletzt des vollen Mondes Helle
So klar und deutlich mir ins Finstre drang,
Auch der Gedanke willig, sinnig, schnelle
Sich ums Vergangne wie ums Künftige schlang;
Um Mitternacht.

Das ist zweifelsfrei ein autobiographischer Text, Goethe spannt hier sein ganzes Leben in drei Mitternachtsstrophen: die Kindheit, die Jugend, das reife Alter. Es ist aber eine gefälschte Autobiographie, die uns hier vorgestellt wird. Goethes Vater war kein Pfarrer, er ging als Kind nie zu einem Kirchhof hin – es ging dem Dichter wohl um atmosphärische Konnotationen. Stern am Sterne, Pfarrer, Kirchhof ist ein anderes Bedeutungsfeld als Stern am Sterne, Jurist, kleinbürgerliches Haus – das klingt wesentlich weniger stimmig. Es ist aber auch eine Autobiographie, die kokett mit dem eigenen Werk hantiert. In der zweiten Strophe spielt Goethe auf eines seiner frühesten, berühmtesten Liebesgedichte an, es trägt den Titel *Willkommen und Abschied* und schildert, wie das lyrische Ich, getrieben von der Gier und der Begierde, zu seiner Geliebten reitet, mitten in der Nacht, fort wie ein Held zur Schlacht, er vereinigt sich mit ihr, muss aber noch vor dem Morgengrauen Abschied nehmen. Im Kommen liegt schon das Weggehen, in diesem die Ankunft. Die dritte Strophe schließlich evoziert die Mitternachtserfahrung des reifen Mannes, das Einstimmen in das, was die Mitternacht letztlich bedeutet: in seinen Gedanken »ums Vergangne wie ums Künftige« zu kreisen. Die Mitternacht erscheint als die Zäsur, die Vergangenes, Vergessenes, Verdrängtes hervordringen, in der Erinnerung aufsteigen lässt. Wenn man nachts schlaflos im Bett liegt, gibt man sich den Assoziationen der vergangenen Tage hin, das, was lange verschüttet war, abgedrängt wurde, steigt auf, lässt sich nicht abschütteln, quält. Aber jede Mitternacht geht zu Ende, jeder Alptraum in der Nacht endet einmal, jede Erinnerung an die Vergangenheit wird überboten vom Morgengrauen, vom neuen Tag, von der Zukunft. Goethe richtet seine Gedanken auch in hohem Alter auf das Künftige, das Kommende, er lässt sich nicht von der Vergangenheit, von der Dunkelheit umfangen. Obgleich ihm die Mitternacht diese Neuorientierung eröffnet, geschieht dies nur durch des »vollen Mondes Helle«, die hier die Finsternis durch ein besonderes Leuchten durchbricht. Dieses Oszillieren zwischen Vergangenheit und Zukunft, zwischen Erinnerung und Hoffnung, zwischen hemmenden Traumata und einem neuen Tatendrang ist entscheidend für das Mitternachtskonzept Goethes, das Nietzsche, der große Goethe-Verehrer, wohl gekannt haben mag.

Ob Nietzsche den nächsten Text gelesen hatte, wissen wir nicht. Es handelt sich um eines der schönsten Gedichte der deutschen Sprache, verfasst von einem der begnadetsten Lyriker des 19. Jahrhunderts: Eduard Mörike. Nietzsche hat Eduard Mörike zwar mehrmals erwähnt, ihn als Dichter aber verachtet: Nichts als ein »süßliches-weichliches Schwimm-schwimm und Kling-kling«, »Gedanken nun hat er gar nicht«, und die Lyrik Mörikes gar über die Goethes zu stellen, sei ein »Verbrechen«. (KSA 8, 128) Wie auch immer: Mörike titelte sein Gedicht ebenfalls *Um Mitternacht*,[27] er hat es zirka zehn Jahre nach Goethe geschrieben, aber noch zu dessen Lebzeiten. Man vermutet, dass Goethe es zur Kenntnis genommen und als Resonanz auf sein eigenes Mitternachtsgedicht aufgefasst hat. Bei Mörike wird eine völlig andere Dimension der Mitternacht sichtbar.

> *Gelassen stieg die Nacht ans Land,*
> *Lehnt träumend an der Berge Wand,*
> *Ihr Auge sieht die goldne Waage nun*
> *Der Zeit in gleichen Schalen stille ruhn;*
> *Und kecker rauschen die Quellen hervor,*
> *Sie singen der Mutter, der Nacht, ins Ohr*
> *Vom Tage,*
> *Vom heute gewesenen Tage.*
>
> *Das uralt alte Schlummerlied,*
> *Sie achtet's nicht, sie ist es müd;*
> *Ihr klingt des Himmels Bläue süßer noch,*
> *Der flüchtgen Stunden gleichgeschwungnes Joch.*
> *Doch immer behalten die Quellen das Wort,*
> *Es singen die Wasser im Schlafe noch fort*
> *Vom Tage,*
> *Vom heute gewesenen Tage.*

Deutlicher als in anderen Kontexten wird hier die Mitternacht personifiziert. »Gelassen stieg die Nacht ans Land«: Die Nacht wird zu einer deutlich gezeichneten allegorischen und damit auch sprechenden Figur. Die Nacht steigt ans Land, sie kommt aus der Tiefe des Wassers, vielleicht aus dem Meer, vielleicht aus den Abgründen des Tages, die Dunkelheit senkt sich über das

Land »und kecker rauschen die Quellen hervor«. Sind das die sprudelnden Quellen des Lebens, die der Nacht etwas mitteilen? Oder sind es perlende Worte, die erst die Nacht selbst entbunden hat? Wie immer wir die Quellen deuten mögen: Sie singen der Nacht, der Mutter (!) etwas vor, und ganz im Gegensatz zu Goethe künden sie »vom heute gewesenen Tage«. Die Nacht erscheint hier als jene Dimension menschlicher Erfahrung, die durch die Erinnerung an den vergangenen Tag geprägt ist. Kein Schlafloser, dem sich nicht in der Nacht Szenen, Eindrücke, Gefühle des Tages aufgedrängt hätten.

Diese Mitternacht blickt in der Zeitachse zurück, diese Nacht ist die Nacht, die die Vergangenheit hervorruft, diese Nacht ist Erinnerung, diese Nacht ist Herkunft, diese Nacht kennt die Zukunft nicht. Die Mörike-Nacht ist die tiefenpsychologische Nacht, die das Vergangene, den Ursprung zum Sprechen bringt – das sprudelt, das singt, das klingt nach. Aber kein Tag vergeht ohne Widersprüche, und manches, das in der Rastlosigkeit des Tagesgeschäftes übersehen, vergessen oder missachtet wurde, tritt erst in der Nacht in all seiner Klarheit hervor.

Mörike lässt die Nacht poetisch ans Land steigen – als wäre sie eine Frau. In der griechischen Mythologie war die Nacht tatsächlich eine Göttin: *Nyx,* lateinisch *Nox.* Wir kennen »Nyx« noch von gleichnamigen Kosmetikprodukten, zu denen Nachtcremen zählen, die man auflegt, um am Tag wieder schön zu sein. Nyx war eine bedeutsame mythologische Figur, eine frühe Göttin, je nach mythologischer Tradition sind sowohl Amor als auch die Erinnyen, also die Liebe und die Rachegöttinnen, Kinder der Nacht. Nicht nur der unbändige Eros, auch die wüstesten Vergeltungsphantasien feiern in der Nacht exzessive Triumphe. Wenn Mörike auf die Nacht als Mutter anspielt, schwingen diese extremen Filiationen in den sanften Rhythmen mit. Liebe und Hass erweisen sich gleichermaßen als Ingredienzen der spru-

William Adolphe Bouguereau: Abendstimmung, 1882

delnden Quellen des Lebens, die ihrer Mutter, der Nacht, ins Ohr singen. Nietzsche wird diese Konstellation – das Leben flüstert der Nacht etwas ins Ohr – in mehrfacher Weise anspielen und umkehren: Das Leben zischelt nun Zarathustra ein Lied ins Ohr, das den Menschen auffordert, darauf zu achten, was ihm die Mitternacht zu sagen haben wird.

Die Mitternacht war darüber hinaus eine wirkmächtige Metapher, ein verbürgtes Symbol für eine spezifische Form intensivster Selbstreflexion: den inneren Kampf. Das lässt sich an einem dritten Gedicht zeigen, dessen Titel wiederum schlicht *Um Mitternacht* lautet. Es stammt von Friedrich Rückert, einem bedeutenden Autor des 19. Jahrhunderts. Rückert hat im kulturellen Gedächtnis jedoch nur überlebt, weil Gustav Mahler einige seiner Gedichte vertont hat – zum Beispiel aus dem umfangreichen Zyklus der *Kindertotenlieder*.[28] Der Hintergrund dieser künstlerischen Anstrengung des Poeten und Philologen war tragisch gewesen. Friedrich Rückerts Kinder starben sehr früh, und er schrieb dann ergreifende Klagelieder auf deren Tod. Mahler vertonte gegen den Widerstand seiner Frau Alma, mit der er zwei Kinder hatte, einige dieser Gedichte – seine Tochter Maria Anna ist wenig später im Alter von vier Jahren verstorben.

Anbei: Friedrich Rückert galt neben Wilhelm von Humboldt als der bedeutendste deutsche Linguist, angeblich beherrschte er 44 Sprachen aktiv und passiv, vor allem hat er sich intensiv mit orientalischen Sprachen beschäftigt und fließend Persisch, Arabisch, Türkisch, Hebräisch gesprochen und aus diesen Sprachen übersetzt. Rückert war einer der Mitbegründer der Orientalistik als Wissenschaft und ihm verdanken wir auch die erste Übersetzung des *Koran* ins Deutsche. Das Interesse am Islam und am Koran war im Deutschland des 19. Jahrhunderts wohl viel offener, als mitunter angenommen wird. Doch nun zu *Um Mitternacht*,[29] das um 1835 entstand und 1901 ebenfalls von Gustav

Mahler vertont und in den Zyklus seiner *Rückert-Lieder* aufgenommen wurde:

Um Mitternacht
Hab' ich gewacht
Und aufgeblickt zum Himmel;
Kein Stern vom Sterngewimmel
Hat mir gelacht
Um Mitternacht.

Um Mitternacht
Hab' ich gedacht
Hinaus in dunkle Schranken;
Es hat kein Lichtgedanken
Mir Trost gebracht
Um Mitternacht.

Um Mitternacht
Nahm ich in Acht
Die Schläge meines Herzens;
Ein einz'ger Puls des Schmerzens
War angefacht
Um Mitternacht.

Um Mitternacht
Kämpft' ich die Schlacht
O Menschheit deiner Leiden;
Nicht konnt' ich sie entscheiden
Mit meiner Macht
Um Mitternacht.

Um Mitternacht
Hab' ich die Macht
In deine Hand gegeben:
Herr über Tod und Leben,
Du hältst die Wacht
Um Mitternacht.

Die Mitternacht wird nicht nur zum Bild einer entscheidenden Stunde, sie ist die entscheidende Stunde. Rückerts Mitternacht wird von keinem Stern erhellt, es herrscht absolute Finsternis, außen und innen. Es geht in einem emphatischen Sinn um die Frage von Leben und Tod. In dieser Nacht, in der das lyrische Subjekt den Bezug zur Realität des Tages vollständig verliert, ist es einerseits ganz auf sich selbst zurückgeworfen und erfährt gerade darin ein Moment kollektiver Verbundenheit. Es hört auf das Klopfen seines Herzens und kämpft die Schlacht um ein existentielles Leiden, einen Kampf, den ein einzelner nur um den Preis des Lebens entscheiden könnte. »O Menschheit«: Dieser An- und Ausruf umfasst ein trostlos verlorenes Menschsein, das sich der Macht des Schicksals überantworten muss. Die Mitternacht wird zur Stunde einer radikalen Ohnmachts- und Endlichkeitserfahrung des Menschen, die zu suizidalen Gedanken führt, ohne dass diese in die Tat umgesetzt werden. In Nietzsches *Also sprach Zarathustra*, in der Szene, in der das Leben Zarathustra ein Geheimnis ins Ohr flüstert, trug sich auch Zarathustra mit nächtlichen Selbstmordgedanken. Die depressive, melancholische, suizidale Dimension der Mitternacht tritt in den Versen Friedrich Rückerts unmittelbar in Erscheinung.

Es gibt noch eine auffällige Koinzidenz zwischen Friedrich Nietzsches *Mitternachtslied* und Friedrich Rückerts *Um Mitternacht*: »Um Mitternacht nahm ich in Acht.« Abgewandelt findet sich hier wieder dieses »Gib Acht«, diese Hinwendung, dieses

Aufmerken. Bei Rückert wird deutlich, worauf sich diese ängstlich-bangende Achtsamkeit bezieht: auf die Schläge des Herzens – »ein einz'ger Puls des Schmerzens«. Dies erinnert unweigerlich an die Herzens-Schmerzens-Schläge der Mitternachtsglocke, von denen Nietzsche spricht, sie markieren jenen Puls des Schmerzes, der als Herzschlag zu vernehmen und zu spüren ist. Der Herzschlag: Das ist das Leben. Aber Leben heißt Leiden – um Mitternacht! Nietzsche hätte dieses Gedicht kennen können. Er wusste von Friedrich Rückert, er erwähnt ihn mehrmals, allerdings immer nur als Philologen, als Sprachforscher, als Sprachwissenschaftler, als Übersetzer, nicht als Lyriker. Aber die Parallelen sind verblüffend.

Was spricht die tiefe Mitternacht? Die Mitternacht spricht als Allegorie, als Nyx, als Göttin der Nacht, als jene Nacht, die aufsteigt und herankommt und dem Menschen in einem Selbstgespräch Auskunft gibt über seine Situation, sie erlaubt eine Intensivierung von Nachtgedanken, von nächtlichen Reflexionen, wie sie am Tag so nicht möglich sind. Der Geist arbeitet weiter und generiert eine eigene Systematik: »Nachtwissenschaft«.[30] Die Helle des Tages spricht für das wache Bewusstsein, für den Wirklichkeitssinn, freudianisch gesprochen für das Realitätsprinzip. Die Nacht ist ein Symbol für das Dunkle, für das Triebhafte, für das, was unter Verschluss gehalten werden muss, für das, was nicht ans Tageslicht darf. Die Tiefe der Mitternacht verweist einerseits auf die dunkelste, vielleicht mond- und sternenlose Stunde, die keinen Ausweg mehr kennt, andererseits auf die Unergründlichkeit von Gedanken und Gefühlen, die in dieser Stunde quälend aufsteigen. Diese Nachtbilder gelten noch immer, und wenn wir den Menschen in seinen Tiefendimensionen erforschen wollen, müssen wir uns in seine Nachtgedanken einschleichen, dann ist es das Nächtliche, das ihn kennzeichnet und auszeichnet. Darin liegt aber auch die Versuchung der Mitternacht. Sie erlaubt Gedanken, Gefühle, Assoziationen, Stimmungen, die sich das wache Bewusstsein kaum je gestatten könnte. Und doch erlaubt die Mitternacht eine Unordnung des Geistes, die im Halbschlaf zu einer seltenen Mischung aus vermeintlicher Klarheit und größter Verwirrnis findet. Mitternächtliche Versuchungen: Das bedeutet, inneren Impulsen nachzugeben und als Vorstellungen aufsteigen zu lassen, die der Tag nicht gestatten könnte. Die Nacht ist für die Seele des Menschen wie die dunkle Seite des Mondes.

Die Nacht. Wie vielfältig sind doch ihre Bedeutungen! Vieles kann überhaupt nur im Schutz der Dunkelheit geschehen. Die Nacht hat eine umhüllende, schützende, bewahrende Funktion, sie hütet Geheimnisse und lässt Dinge zu, die das Tageslicht scheuen. Das trifft nicht nur auf jene kriminellen Akte zu, die statistisch gesehen in der Dunkelheit zunehmen, sondern auch auf Handlungen, die sich aus anderen Gründen des Schutzes der Nacht versichern müssen. Die Nacht ist die Zeit der erotischen Versuchungen und Verführungen, die verhüllende Dunkelheit erlaubt ganz andere Formen der Entblößung als das Licht des Tages, die Nacht lockert moralische Normen ebenso wie das individuelle Gewissen, die unscharfen Konturen in der Dunkelheit lassen gnädig physische und ästhetische Mängel verschwimmen, manches nicht genau sehen zu können, wirkt als erotisches Stimulans, und die Angewiesenheit auf den Tastsinn in der Finsternis eröffnet mitunter völlig neue Dimensionen der sinnlichen Erfahrung.

Umhüllt von der Nacht, erfährt der Mensch etwas von und über sich, was sich der Tag nie erträumt hätte. Nicht nur im Bereich der Sexualität fungieren *dark rooms* als Orte einer Freiheit, die im hellen Licht nur schwer möglich wäre und überdies in diesem alle Faszination verlöre. Dass es in der Dunkelheit nichts zu sehen gibt, eröffnet erst das Spiel von und mit anderen Wahrnehmungsformen. Die Nacht ist deshalb immer eine Gefahr für Stabilitäten und Gewissheiten aller Art.

Elisabeth Bronfen hat in ihrer Kulturgeschichte der Nacht darauf aufmerksam gemacht,[31] dass es eine auffallende Parallelität zwischen dem *Mitternachtslied* Friedrich Nietzsches und einer ganz anders gearteten Mitternachtsszene im Werk eines Autors und Komponisten gibt, dem Nietzsche in einer lebenslangen Hassliebe verbunden gewesen war: Richard Wagner. Im zweiten Aufzug von *Tristan und Isolde* kommt es zu einer berühmten ehebrecherischen Liebesszene zwischen Tristan und Isolde, sie vollzieht sich im Schutz der Nacht, während Isoldes Zofe, Brangäne, wacht, um das Paar zu warnen, falls Isoldes Gatte, König Marke, wider Erwarten früher von der Jagd zurückkommen sollte[32]:

Brangänes Stimme
von der Zinne her

Einsam wachend
in der Nacht,
wem der Traum
der Liebe lacht,
hab der Einen
Ruf in acht,
die den Schläfern
Schlimmes ahnt,
bange zum
Erwachen mahnt.
Habet acht!
Habet acht!
Bald entweicht die Nacht.

Hier finden sich alle Ingredienzien, die wir auch von Nietzsche kennen, und dennoch anders konnotiert. Eine Nacht, ein Traum, ein verbotener Liebesakt und eine Stimme: Habet acht! Hier also ist das »Gib Acht« ein eindeutiger Mahn- und Weckruf, der Hinweis, einer Gefahr gewärtig zu sein, ein Hinweis allerdings, der die Angerufenen nicht erreicht, denn diese haben kein Ohr für die Warnungen, da sie in jeder Hinsicht ineinander vertieft sind. Der Warnruf verhallt ungehört, das »Habet acht« ist vergebens, die Liebenden haben Besseres zu tun. Noch schützt die Nacht, aber der Anbruch des Tages bedeutet die Rückkehr der Normativität, der Moral, der offiziellen Beziehungen, der verbrieften Macht. Die verbotene Leidenschaft benötigt die Nacht, nichts ist schlimmer für diese als der Anbruch des Tages, der Einbruch des Lichts, das Strahlen der Vernunft. Mit der Morgendämmerung nimmt die Tragödie ihren Lauf, am Ende »wütet der Tod«.[33]

Wie aber nähert sich Nietzsche selbst dieser dunklen Stunde, in der Zarathustra mit seinen »höheren Menschen« dieses *Mitternachtslied* »Oh Mensch! Gieb Acht!« anstimmen möchte? Der Weisheitslehrer lässt keinen Zweifel daran, dass es in einem eminenten Sinn um eine lauschende Mitternachtserfahrung geht: Die Gefährten sollen auf die Glocke hören. Diese Glockenschläge könnten aber auch der eigene Herzschlag sein. Das Hören nach außen ist gleichzeitig ein Hören nach innen. »Hörst du's nicht, wie sie heimlich, schrecklich, herzlich zu dir redet, die alte tiefe tiefe Mitternacht?« (KSA 4, 398) Über das »tief« werden wir noch nachdenken müssen, »tief« ist ja das Wort, das unser *Mitternachtslied* dominiert, acht Mal taucht es in diesen wenigen Zeilen auf. Warum aber alt, warum die alte Nacht? Ist das eine Bezeichnung, die darauf verweist, dass diese nächtlichen Erfahrungen älter sind als wir, dass die Mitternachtsglocke schon der Väter »Herzens-Schmerzens-Schläge« abgezählt hatte? Spürt der Mensch in der Mitternacht stärker den Druck einer Vergangenheit, die weit vor sein eigenes Leben zurückreicht? Oder ist es die alte Nacht, weil diese Stunde das Ende der Nacht und den Aufbruch in einen neuen Morgen ankündigt? Oder ist das Alte dasjenige, das in dem Gedicht von Eduard Mörike zum Ausdruck kam: die subjektive Vergangenheit, der verflossene Tag, von dem immer wieder geredet wird und der nicht vergessen werden kann? Oder ist Mitternacht alt im Sinne von vertraut, immer wieder da, immer wiederkehrend? Wir kennen diese Nacht, wir kennen dieses Gefühl und mitunter, wenn uns mitternächtliche Schlaflosigkeit quält, fürchten wir diese Wiederkehr, und das Alte, Vertraute dieser Nacht wird zu einer bangen Angst vor dieser.

Zarathustra selbst lässt eine eigenwillige Gedankenflut in dieses »Was spricht die tiefe Mitternacht?« münden: Er beginnt mit einer Klage, deren melancholisch-depressiver Ton unüberhörbar ist: »Wehe mir! Wo ist die Zeit hin? Sank ich nicht in tiefe Brunnen? Die Welt schläft –.« (KSA 4, 398) Die Mitternacht erweist sich als intensiver Modus der Erfahrung der eigenen Vergänglichkeit, die als »tiefer Brunnen« firmiert. Thomas Manns Tetralogie *Joseph und seine Brüder* beginnt mit dem vielleicht von Nietzsches Formulierung inspirierten berühmten Satz: »Tief ist der Brunnen der Vergangenheit.«[34] Diese Brunnen der Vergangenheit reichen weit zurück in die eigene Lebensgeschichte – da erweist sich Nietzsche wieder einmal als Proto-Freudianer. Die Historie unseres inneren Lebens, die bis in den Mutterleib zurückführen mag, ist tiefer, als wir es bei wachem Bewusstsein wissen. Nach Freud ist das Bewusstsein, das »Ich«, nur die Spitze eines Eisberges, und was sich darunter befindet, das »Es«, die Summe unserer Begierden und Triebe, unserer Ängste und Verdrängungen, ist größer, ist tiefer, als wir es je erahnen: Tiefenpsychologie! Die Vergangenheit ist ein Indikator für das Verschwinden, das Vergehen des Menschen in der Zeit. Wo ist die Zeit hin?

Das bedeutet: Die Vergangenheit wird in der subjektiven Zeitachse länger, mit jedem gelebten Tag wächst das Konto der Vergangenheit, und die Möglichkeiten der Investitionen in die Zukunft werden kleiner und geringer. Sich dessen nicht immer bewusst zu sein – davor rettet nur ein gnädiges Vergessen: »Sank ich nicht in tiefe Brunnen?« Aber: Es sind Brunnen! Die Vergangenheit ist kein alles verschlingendes schwarzes Loch, sondern sie ist auch Reservoir, ein Speicher unserer Erinnerungen, aus dem wir uns bedienen und der selbst zu einer Quelle des Lebens werden kann. Ganz ohne Erinnerung, Nietzsche wusste es, wären wir Tiere. Vollständig dominiert von der Erinnerung ersticken wir daran und werden unfähig zu leben – so die Grundthese seiner frühen »unzeitgemäßen Betrachtung« *Vom Nutzen und Nachteil der Historie für das Leben.* (KSA 1, 250) Auch aus dem Brunnen der Vergangenheit muss sorgsam, sparsam und mit Bedacht geschöpft werden.

Vielleicht ist an dieser Stelle noch eine etwas freizügige Assoziation gestattet: Karl Marx – den man im Zusammenhang mit Zarathustras mitternächtlichen Versuchungen ja nicht unbedingt zitiert – bemühte in einer berühmt gewordenen Passage ein ähnliches Bild: »Die Tradition aller toten Geschlechter lastet wie ein Alp auf dem Gehirne der Lebenden. Und wenn sie eben damit beschäftigt scheinen, sich und die Dinge umzuwälzen, noch nicht Dagewesenes zu schaffen, gerade in solchen Epochen revolutionärer Krise beschwören sie ängstlich die Geister der Vergangenheit zu ihrem Dienste herauf, entlehnen ihnen Namen, Schlachtparole, Kostüm, um in dieser altehrwürdigen Verkleidung und mit dieser erborgten Sprache die neue Weltgeschichtsszene aufzuführen.«[35] Die zentrale Frage bei Marx lautete allerdings: Wie wird man mit diesem Alpdruck der Vergangenheit fertig? Kein Mensch handelt losgebunden von der Geschichte, sondern sie lastet auf uns, wir sind hineingeworfen in eine Geschichte, die wir nicht gemacht haben, mit der wir aber in irgendeiner Weise zurande kommen müssen. Revolutionen hätten nach Marx auch die Aufgabe gehabt, diese Last der Vergangenheit, wenn nicht schon abzuschütteln, so doch zu minimieren und den Blick frei zu machen für das Morgen. Genau dazu aber wühlen die Menschen im Fundus der Vergangenheit und suchen darin nach passenden Kostümen: Die Französische Revolution verkleidet sich als Römische Republik. Das ist keine nietzscheanische Wiederkehr des Gleichen, wohl aber eine Rückversicherung, ein Zitat, eine Geborgenheit im von alters her Vertrauten, gerade dann, wenn das radikal Neue am Horizont erscheint. Die Befreiung von diesem Alpdruck der Vergangenheit ist aber auch eine Befreiung von der Nacht, von der reaktionären Finsternis, von den dunklen Machenschaften der Herrschenden. Die Lichtmetapher ist deshalb für revolutionäre Bewegungen von zentraler Bedeutung: Weg vom Alptraum der Vergangenheit, weg vom Joch der Tradition, hin ins Licht, in die Freiheit, zur Sonne. Auch bei Nietzsche ist am Ende die glühende Morgensonne das alles beschwörende Bild eines möglichen Neubeginns – begleitet aber vom Verdacht, dass in diesem Morgen nur das Alte wiederkehrt. Aber noch sind wir nicht so weit, noch sind wir in der tiefen Mitternacht.

Nacht. Ein einsam Wachender. Und die Welt schläft. Solche exklusiven Mitternachtserfahrungen können wir wahrscheinlich kaum mehr nachvollziehen. Fast niemand schläft mehr zu Mitternacht, wir sind zu nachtaktiven Wesen geworden: Es ist hell, die öffentlichen Verkehrsmittel fahren, die Menschen sind unterwegs. Kaum jemand hat in einer modernen Metropole das Gefühl, dass um Mitternacht alles schläft und er der Einzige ist, der wacht. Was bleibt, ist mitunter eine nächtliche Einsamkeit, die durch keine Beleuchtungsorgien gemildert wird. *Nightline – Das Zuhörtelefon für Studierende* erfreut sich unter jungen Men-

schen, die keine Ruhe und keinen Ansprechpartner finden, sehr
großer Beliebtheit.[36] Aus dieser Spannung – die Welt schläft, die
Welt ruht, die Welt ruht sich aus, es ist still, es ist finster, aber ich
bin wach, ich kann nicht schlafen, ich setze mich jetzt mit mir
auseinander, ich kann nicht anders – erhebt sich bei Nietzsche
ein stöhnendes »Ach! Ach! Der Hund heult.« Auch das gehört
zum romantischen Bild der Mitternacht: Die einzigen Lebewe-
sen, die vielleicht noch wach sind, sind die Hunde, die heulen –
Erinnerung an die bangen Zeiten, als in den Nächten die Wölfe
zu hören waren: »Der Hund heult, der Mond scheint. Lieber will
ich sterben, sterben, als euch sagen, was mein Mitternachts-Herz
eben denkt.« (KSA 4, 398) Das Mitternachts-Herz denkt Dinge,
die nicht sagbar sind und die in das Tiefste, in das Unbewusste-
te, auch das Erschreckendste menschlicher Existenz hineinrei-
chen und die man nicht preisgeben will: »Lieber will ich sterben.« Allerdings ist Sterben bei Zarathustra ein ambivalenter
Begriff, berühmt wurden die drei Verwandlungen aus dem ersten Band des *Zarathustra:* Sterben kann auch ein Bild für eine
dramatische Metamorphose sein – etwas Altes wird abgelegt, etwas Neues kommt. Zarathustra assoziiert weiter: »Nun starb ich
schon.« Denn er glaubt, solche Verwandlungen schon durchge-
macht zu haben. Und er räsoniert weiter: »Es ist dahin. Spinne,
was spinnst du um mich? Willst du Blut? Ach! Ach! der Thau
fällt, die Stunde kommt – die Stunde, wo mich fröstelt und friert,
die fragt und fragt und fragt: ›Wer hat Herz genug dazu? – Wer
soll der Erde Herr sein? Wer will sagen: so sollt ihr laufen, ihr
großen und kleinen Ströme!‹« (KSA 4, 398)

Es ist erstaunlich, wie sich hier die Metaphern, die poetischen Bilder wiederholen: dieses Gefühl, um Mitternacht einen
entscheidenden Kampf zu führen, auch einen Kampf, der als
Kampf der Menschheit um ihre Existenz gedeutet werden kann.
Nietzsche legt seinem Zarathustra in dieser Stunde eine Frage in

den Mund, die als die größte dieser mitternächtlichen Versuchungen gewertet werden könnte: »Wer soll der Erde Herr sein?« Die Mitternacht ist die Stunde, in der diese verbotene Frage gestellt werden darf, und Zarathustra fröstelt und friert dabei. Ja, die Mitternacht ist auch die Zeit, in der es kühl, in der es kalt sein kann. Das korrespondiert auf negative Art und Weise mit dem Herz, denn das Herz ist das Symbol und das Organ der Wärme, der Emotionalität, der Empathie – Herzensbildung! –, aber sich ein Herz nehmen, um eine Frage zu stellen, die das Blut in den Adern gefrieren lässt, erfordert einen Mut, der diese Empathie wieder durchstreicht. Und hier noch einmal: »Wer will sagen: so sollt ihr laufen, ihr großen und kleinen Ströme!« Das erinnert an die Quellen bei Eduard Mörike, die immer vor sich hin sprudeln und flüstern. Wer bestimmt tatsächlich die Geschicke dieses Lebens, wer bestimmt die Geschicke dieser Erde? Mit anderen Worten: Zarathustra stellt die Machtfrage. Herr der Erde: Im Zeitalter der Globalisierung bekommt diese Formulierung einen eigenen Klang, es geht ja nicht um Einzelne, die sich zu kindischer imperialer Herrschaft aufschwingen wollen, sondern um die Frage, welche Instanzen, Systeme, Konzepte, Ordnungen das Geschick der Erde prägen. Erde ist aber nicht nur politisch zu deuten. Der Mensch greift auch geophysikalisch ein, Nietzsche könnte durchaus als Vordenker des Anthropozäns gelesen werden. Und angesichts der Klimaveränderungen bekommt diese Frage noch eine andere Bedeutung: Um welche Erde soll es sich überhaupt handeln? Und inwiefern können dieser gegenüber überhaupt noch Gestaltungsansprüche angemeldet werden?

Löst Zarathustra dieses Rätsel? Beantwortet er diese Frage? Er wendet sich an seine Gefährten und könnte doch – wieder einmal – alle und keinen meinen: »Oh Mensch, du höherer Mensch, gieb Acht! Diese Rede ist für feine Ohren, für deine Ohren.« (KSA 4, 399) Um die Stimme der Mitternacht, um das, was die

Mitternacht zu sagen hat, um das, was die Mitternacht uns offenbaren kann, um den mitternächtlichen Versuchungen nachgeben zu können, um all das zu vernehmen, sind »feine Ohren« vonnöten.

Die feinen Ohren waren für Nietzsche immer schon eine wichtige Bestimmung gewesen, aus mehreren Gründen. Man könnte jetzt eine kleine Phänomenologie des Ohrs skizzieren. Auch im Alltagssprachgebrauch ist das »feine Ohr« ein geschultes Ohr, ein Ohr, das imstande ist, Nuancen, Differenzen, Akzente und Zwischentöne wahrzunehmen, ein Ohr, das gelernt hat zu hören. Nietzsche war ein zutiefst musikalischer Mensch, das Hören war für ihn auch ein Hören der Töne, war die Fähigkeit des Hörens von dem, was die Musik imstande ist auszudrücken. Nietzsches erstes Werk, *Die Geburt der Tragödie aus dem Geiste der Musik,* hatte die Musik zum Urgrund der griechischen Tragödie erklärt. Die Musik erweist sich als jenes Medium, in dem das ästhetische Prinzip des Dionysischen, das für Nietzsche bestimmend geworden war, am besten zum Ausdruck gebracht werden kann: das Rauschhafte, das Ekstatische, das Triebhafte, das Übersteigernde, das Überschreitende, das Orgiastische, das den Menschen selbst Transzendierende.

Musik hatte für Nietzsche eine rezeptive und eine aktive Dimension. Musik muss gehört werden, sie benötigt ein offenes Ohr. Musik ist darüber hinaus ein Moment des Lebensvollzugs. Wir wiegen und bewegen uns in Rhythmen, man hört nicht nur musikalisch, man schreibt musikalisch, an manchen Stellen betont Nietzsche, seine Texte seien eigentlich Musik. Das Ohr wird damit zu einem Zentralorgan, das den ganzen Leib – um jetzt einen modernen Begriff von Hartmut Rosa zu verwenden – als Resonanzkörper auffasst.[37] Resonanz wird dabei als Prozess des Aufnehmens, Mitschwingens und Zurückgeben-Könnens aufgefasst. Das Ohr ist nicht nur ein passives Organ. Es löst etwas in uns aus, bewegt uns im Wortsinn. Keine Kunst kann so unmittelbar innere Bewegtheit, Emotionen, Gefühle und Stimmungen hervorrufen wie die Musik, deren Medium das Ohr ist.

Nietzsche hat noch einen anderen Aspekt des Hörens unterstrichen, der uns weniger sympathisch sein mag: den Zusammenhang von Hören und Gehorchen. Der Gehorchende ist der, der hört, durchaus mit feinen Ohren zuhört und weiß, was er zu tun hat. Er gehorcht einem Befehl. Der Befehlende ist derjenige, der spricht und dem zugehört werden muss, dessen Worte zur Tat des Hörenden werden. Das Imperativische im Befehl korrespondiert mit dem passiv-aktiven Vollzug des Gehorchens. Bei Nietzsche taucht jedoch der Gedanke auf, dass nur derjenige gehorchen kann, der auch imstande ist zu befehlen – und umgekehrt. Die feinen Ohren, dieses Gehör, dieses Gehorchen korrespondiert mit einer wachen Aufmerksamkeit, die in der Lage ist, das, was gesagt wird, was gesprochen wird, was vorgegeben wird, angemessen zu dechiffrieren. Der Befehl markiert immer die Stimme des Anderen, die in mich dringt und formiert, aber auch der »Stachel« des Befehls, um ein gelungenes Bild von Elias Canetti zu zitieren,[38] ist nicht ohne Ambivalenz. Befehle, die, weil gebrüllt, keine feinen Ohren benötigen, sind deshalb immer schon als Ausdruck der Schwäche interpretiert worden.

Das schlichte »Oh Mensch! Gieb Acht!«, mit dem Nietzsches *Mitternachtslied* ansetzt, enthält auch eine facettenreiche Anthropologie des Zuhörens. Wir brauchen feine Ohren, um das zu hören, was die tiefe Mitternacht spricht. Wenn wir diese Allegorie der Mitternacht so lesen, dass die Glockenschläge, die diese Verse begleiten, die »Herzens-Schmerzens-Schläge« des Menschen sind, dann bedeutet dieses »Gib Acht«: Gib Acht auf dich! Was spricht in dir? Achte darauf, was im tiefsten Inneren dein Herzschlag, dein pochender Puls, der sich mit dieser Mitternachtsglocke synchronisiert, dir signalisiert. Das allerdings ist keine oberflächliche Achtsamkeit sich selbst gegenüber, sondern wie jedes »Gib Acht« ein Aufruf zur Vorsicht. Wer auf sich hört, hört, was er nicht hören will. Wer auf sich hört, kann, entgegen einer trivialen Aufmerksamkeitspsychologie, auch stolpern. Verglichen mit dem eigenen Inneren ist nahezu alles andere auf dieser Welt harmlos.

Um Mitternacht verdichtet sich die Atmosphäre einer intensiven Selbsterfahrung, gerade deshalb, weil Nacht bedeutet, dass alle sinnliche Außenwelterfahrung reduziert ist. Wenn ich nichts mehr sehe außer den bestirnten Himmel über mir, weil es dunkel ist, wenn ich nichts mehr höre, weil alle Welt schläft, wenn gerade noch das Heulen eines Hundes diese Stille durchbricht, dann steigt die Vergangenheit auf – schemenhaft, assoziativ, quälend. Wenn jemand oder etwas zu mir spricht in dieser mitternächtlichen existentiellen Situation, ist das die eigene Stimme. Die »feinen Ohren« – und damit kommen wir zu einer ganz anderen Deutung – sind diejenigen Organe, die imstande sind, die imaginären Schallwellen des Inneren aufzunehmen, die fähig und willens sind, das zu vernehmen, was in uns zu uns spricht.

Möglich, dass uns die Erfahrung solch einer Mitternacht verloren gegangen ist. Wir wollen uns vielleicht gar nicht mehr einer Versuchung aussetzen, in der unsere Wahrnehmungsmöglichkeiten drastisch eingeschränkt sind. Ein Mensch, der sich um Mitternacht durch eine hell erleuchtete Stadt bewegt, mit Kopfhörern im Ohr, und der sich von welcher Musik auch immer zudröhnen lässt, schottet sich nicht nur von seiner Umgebung ab. Er hat noch ein anderes Interesse: nichts von dem, was in ihm ist, je hören zu müssen. Das sind keine feinen Ohren mehr.

Drei!
Ich schlief, ich schlief –,

ENTBIRGT SICH DAS letzte Geheimnis der Mitternacht, wenn wir ihrer Stimme folgen, ihr unser Ohr neigen, ihren Klängen lauschen? Was hören wir? »Ich schlief, ich schlief.« Und wieder stellt sich die Frage: Wer spricht hier eigentlich? Nietzsche setzt diese und die folgenden Verszeilen in der ersten Version des *Mitternachtsliedes* unter Anführungszeichen, es klingt im ersten Moment so, als spräche hier die personifizierte Mitternacht. Das »Ich schlief« könnte als eine erklärende Einleitung in das Folgende verstanden werden, der Schlaf als Voraussetzung und Bedingung für das, was die Mitternacht mitzuteilen hat. Aber es könnte auch der Adressat des »Oh Mensch« sein, der vielleicht gerade nicht Acht gegeben hat, hinweggedämmert war, nun durch einen Warnruf geweckt wird und sein entschuldigendes »Ich schlief« stammelt – so, als wäre dieses »Ich« zu Unrecht in den Schlaf gefallen, wie eine Wache, die ihren Dienst nicht versieht. Denkbar aber auch, dass mit dieser Konstellation überhaupt eine Situation beschrieben wird, in der jemand, aus dem Schlaf aufgeschreckt, zu sich selbst spricht. Wie immer wir die Rollen verteilen wollen: Der mitternächtliche Wachzustand, der damit dokumentiert wird, erweist sich als Zäsur in einer Nacht, die eben nicht schlaflos verbracht wird, sondern eine radikale, hellsichtige Unterbrechung erfährt. Auffallend immerhin, dass Zarathustra, als er seinen Gefährten, den »höheren Menschen«, das

Mitternachtslied ausdeutend nahebringt, die Zeilen »Ich schlief, ich schlief / Aus tiefem Traum bin ich erwacht« auslässt – so, als hätten diese Verse nur eine dramaturgische Funktion, die keine besondere Aufmerksamkeit, schon gar keine philosophische Reflexion verdienten. Zarathustra geht es offenbar um die Mitteilung einer Erkenntnis, nicht um die Umstände, wie diese zustande kam. Ohne Nietzsches Weisheitslehrer allzu nahe treten zu wollen – damit hat er auch die Chance vertan, Schlaf und Traum als existentielle Grundbefindlichkeiten in all ihrer Vertracktheit zu thematisieren. Dieses Versäumnis holen wir gerne nach.

»Ich schlief, ich schlief.« Ist der Schlaf überhaupt ein philosophisches Problem? Die Philosophie hat es grundlegend mit dem Wachbewusstsein zu tun, nicht mit dessen Abwesenheit. In der modernen Anthropologie spielt das Phänomen des Schlafes eine untergeordnete Rolle, was verwundern könnte, verbringen wir durchschnittlich doch etwa ein Drittel unseres Lebens schlafend. Doch der Schlaf wird in der Regel vom Wachzustand her interpretiert, und es stellt sich eher das Problem, ob der schlafende Mensch im vollen Sinn des Wortes noch Mensch ist, fehlen ihm doch im Schlaf jene Merkmale, die das Menschliche am Menschen markieren: Bewusstsein, Reflexivität, Artikulationsvermögen, Ansprechbarkeit, Kommunikationsfähigkeit und vor allem Aktivität. Es ist, wie Günther Anders, dem wir eine der seltenen philosophisch-anthropologischen Reflexionen über den Schlaf verdanken, schrieb, »in der Tat der wache Mensch, der auch schläft, und nicht der schlafende, der auch wacht«.[39] Dies wird schon deutlich, wenn wir den oben erwähnten Befund ein wenig anders formulieren: Wir *verschlafen* fast ein Drittel unseres Lebens. Etwas verschlafen, das bedeutet ja: Man hätte an irgendetwas teilhaben sollen, man hätte ein Verhältnis zur Welt gestalten sollen, man hätte wach sein sollen und hat es nun eben verschlafen, versäumt, war nicht zur Stelle. Darin steckt schon eine Form von Kritik: »He! Ho! Waldhüter ihr, / Schlafhüter mitsammen, / so wacht doch mindest am Morgen!« Mit diesem Mahnruf eröffnet der nimmermüde Gurnemanz Richard Wagners *Parsifal*.[40] Verschlafen reiben sich die Knappen dann wohl die Augen und richten sich auf zum Morgengebet. Besser wäre es gewesen, erst gar nicht zu schlafen. Bis heute gilt eine möglichst geringe Zahl von Stunden, die man zum Schlafen benötigt, als Ausweis besonderer Tüchtigkeit. Nur den Seinen gibt's der Herr im Schlafe,[41] alle anderen müssen munter, aktiv, wenigstens bereit sein. Substanzen und Stoffe, die den Schlaf vertreiben und es erlauben, sich wach zu halten, gehören deshalb zu jeder Kultur einer rastlosen Aktivität.

Auch aus ethischen Diskursen kennen wir eine Thematisierung des Schlafes, die nicht an diesem, sondern nur an den Konsequenzen einer Abwesenheit des Wachzustandes interessiert ist. Bei Konzepten, die den moralisch relevanten Status des Menschen an die Vernünftigkeit binden, seine Personalität und Würde mit der Fähigkeit der bewussten Wahrnehmung und der Artikulation von Interessen assoziieren, stellt sich sofort die Frage, ob diese Bestimmungen überhaupt für Schlafende gelten können. Der Schlaf wird hier als Folie gedeutet, vor der sich eigentliches Menschsein, das durch Selbstbewusstheit, Vernünftigkeit und Wachheit bestimmt ist, abzeichnet. Pointiert formuliert: Die Menschenrechte sind für Schlafende nur zu retten, weil man diese als noch nicht ganz Wache interpretiert. Der Schlaf schließlich, aus dem es kein Erwachen mehr gibt, erweist sich nicht als eine Form des menschlichen Lebens, sondern als dessen auf Dauer gestellte Schwundstufe. Das Koma wird von manchen Ethikern als nichtmenschlicher Zustand definiert, dies mündet in der Empfehlung, komatöse Patienten nicht länger am Leben zu erhalten. Der allnächtliche Schlaf erscheint aus dieser

Perspektive als eine gerade noch geduldete Unterbrechung des Menschseins. Und jenseits dieser ethischen Fragestellungen interessiert der Schlaf bestenfalls noch als Grenzfall eines psychologischen Phänomens, etwa wenn es um den Halbschlaf geht, um Tagträumerei, Versunkenheit, somnambule Zustände, auch um rauschhafte Erfahrungen der Entgrenzung, die an Formen der Bewusstseinstrübung gemahnen, wie man sie in schlafähnlichen Zuständen erleben kann. Der Schlaf als Schlaf aber rückt selten in den Fokus des philosophischen Blicks.

Der antiken Mythologie galt Hypnos, der Schlaf, als Bruder des Thanatos, des Todes. Der Schlaf konnte als Vorgriff auf den Zustand des Nichtseins begriffen werden, der Schlafende lebt zwar noch, aber in einem reduzierten Zustand, in einer »tödlichen Bedrohung«, in einer ständigen Gefahr, aus der ihn allein das Aufwachen befreien kann.[42] »Wer schläft«, so belehrt Elektra ihre Schwester Chrysothemis, die sie zum Doppelmord an Mutter und Stiefvater überreden will, »ist ein gebundnes Opfer.«[43] Der Schlaf wirkt wie eine Fessel, die jeden Menschen wehrlos macht, seiner Umgebung ausliefert. Der Mensch ist im Schlaf nicht der, der er im Wachzustand ist. Schon antike Autoren wie Heraklit haben die paradoxale Struktur des Schlafes beschrieben, es handelt sich um eine »anwesende Abwesenheit«, der »Schlafende und der Wachende gehören jeweils zu einer anderen Welt«.[44] Entscheidend an diesem Befund ist die von Plutarch formulierte Einsicht, dass die Wachenden »eine gemeinsame Welt haben«, von den Schlafenden jedoch »wendet sich jeder der eigenen zu«.[45] Diese eigene Welt bleibt jedem verschlossen, dem Schlafenden so gut wie den Munteren, die ihn beobachten mögen.

Blickt man genauer auf dieses »Ich schlief, ich schlief«, können wir dem Schlaf zumindest eine interessante sprachphilosophische Pointe abgewinnen. Die Thematisierung des Aktes des

Schlafens ist hier nämlich in der sprachlich korrekten Form formuliert: im Imperfekt. Möglich wäre auch noch das Perfekt: Ich habe geschlafen. Unmöglich ist die Artikulation dieser Aktivität im Präsens: Ich schlafe. Dieses »Ich, das schläft, kann das genauso wenig sagen, wie es zu sagen wüsste, dass es tot ist«.[46] Die Konsequenz, die der französische Philosoph Jean-Luc Nancy aus dieser Beobachtung zieht, ist radikal: »Es ist also ein anderer, der an meiner Stelle schläft. Aber so exakt, so vollkommen an dieser meiner Stelle, meinem Platz, dass er ihn ganz und gar besetzt [...].«[47] Das Ich, das schläft, ist ununterscheidbar von seinem Nicht-Ich.

Der Satz »Ich schlafe« kann von niemandem ausgesprochen werden. Wer spricht, schläft nicht, und wer schläft, spricht nicht. Die Worte, die jemand im Schaf murmelt, haben nicht die Evidenz eines »Ich schlafe«. Deshalb gibt es auf die Frage »Schläfst du?« nur eine mögliche Antwort: nein. Diese Frage lässt sich nicht bejahen. Wer schläft, bleibt die Antwort schuldig, denn er hat die Frage nicht gehört. Dies verstärkt mitunter allerdings den Reiz, den Schlafenden dennoch zu erreichen. »Schläfst du, Hagen, mein Sohn?« Mit dieser Frage schleicht sich Alberich in Richard Wagners *Götterdämmerung* an Hagen heran, der »immerfort zu schlafen scheint, obwohl er die Augen offen hat«, wie es in der Regieanweisung heißt. Hagen befindet sich in einem somnambulen, vielleicht auch hypnoseähnlichen Zustand, er antwortet wohl auf diese Frage, aber als Schlafender: »Ich höre dich, schlimmer Albe: / was hast du meinem Schlaf zu sagen?«[48] Tatsächlich versucht der böse Zwerg seinem Sohn einen posthypnotischen Befehl ins Unbewusste einzupflanzen, der Schlaf wird in dieser Szene als existentieller Zustand, der das Innerste des Menschen ausmacht, gedeutet: Wem es gelingt, in diesen einzudringen, der gewinnt die Macht über die Seele des anderen und kann deren tiefste Geheimnisse ergründen. Jenseits aller medizinischen Plausibilitäten liegt darin der Reiz der Hypnose und deren Bedeutung für psychotherapeutische, aber auch kriminelle und literarische Arrangements. Dass es mitunter klüger sein kann, die Möglichkeiten der Hypnose nicht auszureizen und die entscheidende Frage, ob sie ihm denn treu sei, an die hypnotisierte Geliebte nicht zu stellen, demonstriert uns allerdings Arthur Schnitzlers Anatol in der wunderbaren Szene *Frage an das Schicksal*.[49] Die Unsicherheit des Wachzustandes wird einer vermeintlichen, aus dem Schlaf geborenen, aber womöglich verletzenden Wahrheit vorgezogen. Diese Szene korrespondiert prächtig mit Nietzsches Einsicht aus der *Götzen-Dämmerung*: »Ich will, ein für alle Mal, Vieles nicht wissen. – Die Weisheit zieht auch der Erkenntniss Grenzen.« (KSA 6, 59)

Unserem eigenen Bewusstsein bleibt der Schlaf jedoch verborgen. Er ist die andere Seite unseres Ichs, die wir nicht erblicken können. Die Erfahrung des Schlafens können wir dann auch nur im Nachhinein machen: Wir wissen, genauer: wir glauben nach dem Aufwachen zu wissen, dass wir geschlafen haben; während des Schlafens wissen wir nichts von unserem Schlaf. Sollte der Schlaf eine Lust sein, erfahren wir von dieser nur in ihrer Negation: wenn wir schlecht, also mit Unterbrechungen, geschlafen haben. Über den tiefen, traumlosen, nicht unterbrochenen Schlaf jedoch können wir nachträglich nicht verfügen. Was in diesen Stunden mit und um uns geschehen ist, wissen wir nicht. Ein Drittel unseres Lebens bleibt für immer ein blinder Fleck, wir klammern uns einfach an die Hoffnung, dass zwischen der Phase des Einschlafens und der des Aufwachens schon nichts Besonderes mit uns geschehen sein wird, und wir nach dem Aufwachen dieselben sind wie vor dem Einschlafen.

Es ist paradox: Wir können uns den Schlaf nur in der Vergangenheitsform vergegenwärtigen, aber wir können uns daran nicht erinnern. Im Gegensatz zu allen anderen Formen der Erfahrung der Vergangenheit, die schon Augustinus klassisch als Erinnerungen klassifiziert hat, bedeutet der Schlaf ein Gewesen-sein ohne die Rückversicherung des Gedächtnisses – die mögliche Erinnerung an ein Traumgeschehen wollen wir einmal ausklammern, geht es uns doch um den Schlaf als Schlaf. Die Paradoxie des Schlafes erweist sich darin, dass er das Erinnerungsvermögen sabotiert und wir nach dem Erwachen auf externe Behelfe zurückgreifen müssen, um uns unseres eigenen Schlafes zu vergewissern, etwa durch einen Blick auf die Uhr: Was, so lange habe ich geschlafen? Oder, in aparten Situationen, durch einen Blick in den Raum: Wie bin ich eigentlich hierhergekommen? Wer ist das, der neben mir noch schläft?

Der Schlaf markiert so in erster Linie eine interpretationsbedürftige Leerstelle. Wohl können wir uns an ein Vorher erinnern und ein Jetzt konstatieren, unser eigener Schlaf jedoch erschließt sich uns nicht. Und auch wenn wir uns anstrengen, den Prozess des Einschlafens bewusst zu erleben, beendet der eigentliche Schlaf dieses Bemühen. Ich verliere im Schlaf die Kontrolle über mich.

Das »Ich schlief, ich schlief« des *Mitternachtsliedes* markiert so auch schon alles, was wir über unseren Schlaf sagen können. Was aber ist mit dem Schlaf des anderen? Erfahren wir mehr über dieses Existential, wenn wir einen Schlafenden beobachten, seinen Schlaf behüten? Oder ist es nicht eine besondere Form der Indiskretion, einen Schlafenden ohne dessen Wissen im Auge zu behalten und ihn dadurch wehrlos einem fremden Blick auszuliefern? Wer im Schlaf, von wem oder was auch immer, überrascht wird, erlebt den Einbruch einer Wirklichkeit, die ausgeklammert bleiben sollte, wenigstens noch für eine gewisse Zeit. Wer es sich leisten kann, stellt sich manchmal auch schlafend – entweder, um sich die Realität vom Leibe zu halten, oder um etwas über diese zu erfahren: Der Anblick eines Schlafenden verleitet mitunter auch die Wachsamen zu Unvorsichtig-keiten aller Art.

Systematische Entwürfe zu einer Philosophie des Schlafes in einem engeren Sinn gibt es also aus guten Gründen nicht allzu viele. Doch einige interessante Befunde finden sich dennoch. In seinen frühen anthropologischen Entwürfen skizzierte Günther Anders aus einer phänomenologisch inspirierten Perspektive Schlafen und Wachen als die beiden grundsätzlichen »Positio-nen«, die der Mensch in der Welt einnehmen kann.[50] Anders argumentiert vor dem Hintergrund einer Anthropologie, der es vor allem um die Bestimmung des gebrochenen Verhältnis-ses des Menschen zur Welt geht. Das Weltverhältnis im Schlaf ist dabei eine besonders deutungsbedürftige Konstellation. Der Mensch existiert grundsätzlich in zwei Modi des Daseins: als Schlafender und als Wachender. Über unsere Existenz im Wach-zustand können wir viel sagen, nicht alles ist uns zugänglich, aber im Wesentlichen wissen wir, wenn wir wach sind, wie es jetzt um uns, um unser Verhältnis zur Welt bestellt ist. Der Schlaf hingegen ist durch eine prinzipielle, wie Anders es nennt, »Un-aussagbarkeit« gekennzeichnet.[51] Man kann über seinen eige-nen Schlaf nichts sagen – auch der Satz »Ich habe tief geschla-fen« ist eine nachträgliche Vermutung, und dass man manchmal schlecht geschlafen hat, ahnt man nur deshalb, weil man im Schlaf aufgewacht ist, eben nicht mehr geschlafen hat, dahin-dämmerte, im Halbschlaf war und sich unruhig hin und her wälzte. Diese Unaussagbarkeit des Schlafes macht diesen zu ei-nem rätselhaften Phänomen, zumindest was unser Weltverhält-nis betrifft. Dass wir überhaupt geschlafen haben, wissen wir dann, wenn wir aufwachen – das Aufwachen ist das Kriterium des Schlafens. Würden wir aus einem Schlaf nicht erwachen, wüssten wir nicht, dass wir geschlafen haben – man kann im Schlaf sterben. Beim Einschlafen weiß ich allerdings nie, ob ich aufwachen werde. Jedes Aufwachen ist eine dramatische Bestätigung, dass ich noch in dieser oder auf dieser Welt bin. Auch wenn ich weiß, dass zwischen dem Zeitpunkt des Einschlafens und des Aufwachens mehrere Stunden vergangen sind, kann ich über diese Zeit nichts sagen, ein Teil meines Lebens und ein Teil dieser Welt war mir entzogen. Nach dem Aufwachen bin ich aber wieder da. Das bedeutet, ich muss mich in diese Welt erst wieder einfinden – und das ist manchmal gar nicht so einfach. Wo bin ich? Was steht heute an? Was erwartet mich? Das können schockhafte Weltbegegnungserfahrungen im Zustand des Aufwachens sein.

In dieser Phase des Aufwachens wird aber auch klar, dass der Schlaf einen existentiellen Zustand bedeutet, in dem man an der Welt nicht teilhatte: »Im Schlaf ist der Mensch der Welt entsunken, er gehört ihrer Sozialität, ihrer Geschichtlichkeit nicht mehr an.«[52] Nur im Schlaf ist der Mensch – wie es in einem, von Gustav Mahler kongenial vertonten Gedicht Friedrich Rückerts heißt – der Welt im Wortsinn »abhanden gekommen«.[53] Der Schlaf stellt so nicht nur eine Form von Weltfremdheit dar, auch nicht nur eine Variante der Weltentfremdung, der Schlaf ist die Erscheinungsweise eines radikalen Weltverlustes. Warum? Die Weltfremdheit, die für Günther Anders eine anthropologische Voraussetzung war, ist ein traditionsreicher romantischer Topos. Man denke etwa an die *Winterreise* von Franz Schubert, diese wunderbare Komposition nach einem Gedichtzyklus von Wilhelm Müller, dessen erstes Lied *Gute Nacht* mit der paradigmatischen Zeile anhebt: »Fremd bin ich eingezogen, / Fremd zieh' ich wieder aus.«[54] Das Subjekt fühlt sich fremd in dieser Welt, es kann sich in dieser nicht heimisch machen, jede Liebe, die solches verspricht, erweist sich als Verrat, dem Menschen bleibt nur der Gestus des Wanderns, die unbefriedigte Sehnsucht, die Unbehaustheit. Die Welt ist zwar als Gegenstand, als Objekt, als

Möglichkeit der Auseinandersetzung und der Deutung vorhanden, aber sie verhält sich dem Fremdling gegenüber abweisend. Seine Ruhe, sein Zuhause findet der Heimatlose wohl erst im Grab. Von dieser Form der Weltfremdheit des existentiell Unbehausten ist der Schlaf streng zu unterscheiden. In diesem wird die Welt weder zum Sehnsuchtsort noch zum verhängnisvoll abweisenden Gegenüber, sondern zur reinen Negation. Für den Schlafenden existiert die Welt nicht. Der Schlaf ist die allnächtliche »Weltlosigkeit«,[55] im Schlaf haben wir keinen Bezug zur Welt. Im Schlaf spüren wir die Welt nicht, wir machen in und mit ihr keine Erfahrungen, wir bearbeiten sie nicht, wir werden im Schlaf von der Gegenständlichkeit der Welt, ihren Aufgaben und Problemen nicht weiter provoziert. Wer demonstrativ einschläft, wenn Wichtiges auf der Tagesordnung steht, gerät deshalb leicht in den Verdacht der Ignoranz. Günther Anders schreibt zu Recht: »Mit der Tageswelt verliert der Schlafende auch die Menschenwelt: in der Tat ist der Schlafende das unsoziale Wesen κατ᾽ εξοχην [schlechthin].«[56] Keine Frage: Wer in einer Gemeinschaft einschläft, hat sich aus dieser Gemeinschaft ausgeschlossen. Die Legitimität des Schlafes erfordert Orte dafür, Schlafräume oder Schlafnischen, die diesem asozialen Charakter des Schlafes seine Schärfe nehmen. Wer sich an solch einen Ort zurückzieht, signalisiert damit seinen temporären Abschied von der Menschenwelt. In der Regel wird dies ohne Widerrede akzeptiert.

Allerdings ist der Schlafende nicht nur aus jedem sozialen Zusammenhang entbunden, sondern er ist sich auch selbst fremd geworden. Das Gesicht eines Schlafenden als Ausdruck der Entrückung, die Somnambule als eine ästhetisierte Form der geheimnisvollen Ferne sind zu einem Topos in der Kunst, in der Literatur, in der Musik geworden. Im Aufwachen muss der Mensch erst wieder zu sich kommen, sich neu orientieren, sich seines Selbst versichern. Die Phase des Schlafens war der Zustand einer »Ichlosigkeit«, die der »Weltlosigkeit« entspricht.[57] Alle Identitätskonstruktionen, an welchen Parametern sie sich immer orientieren – Geschlecht, Ethnie, Sprache, Religion –, zielen auf den wachen Menschen. Der Schlaf kennt keine Identität. Man muss sich erst nach dem Aufwachen daran erinnern, wer man eigentlich ist oder zumindest zu sein glaubt. Im Schlaf sind alle diese Bestimmungen, die das Leben so beschweren, bedeutungslos. Aufwachen kann etwas Bedrohliches und Bedrohendes sein. Dass potentielle Terroristen, die jahrelang ein normales Leben simulieren, bevor sie eines Tages zur Tat schreiten, »Schläfer« genannt werden, ist kein Zufall. Der Schlaf wird dann zu einem täuschenden Vorschein eines Friedens, der durch ein Aufwachen jäh und brutal gestört wird. Hölderlins Wort von den Himmlischen, die »schicksallos wie der schlafende Säugling« atmen, weiß etwas von dem Zusammenhang von Schlaf und Glück.[58] Vielleicht sollte man diese Ichlosigkeit des schlafenden Menschen als eine Chance zur Entschärfung der Identitätsbestimmungen aller Arten begreifen.

Günther Anders hat darauf aufmerksam gemacht, dass der Schlaf den Menschen in einen zutiefst a-historischen Zustand versetzt. Er ist nicht mehr in den Zusammenhang von Erinnerung, Geschichte und Gedächtnis eingebettet, im Schlaf sind alle diese Verbindungen gekappt. Im Schlaf fällt der Mensch in einen unmittelbaren Naturzustand zurück, ein geschichtsloses Wesen, das erst durch das Aufwachen und durch das Mobilisieren von Erinnerung sich seiner eigenen Identität sowie der Welt und der Vergangenheit wieder gewiss werden kann. Es gibt Unfälle, nach denen man aus einer Ohnmacht erwacht und nicht mehr weiß, wer man ist – das muss zum Schrecklichsten gehören, das Menschen zustoßen kann: eine Amnesie, durch die das eigene Ich und die gewohnte soziale Umgebung einfach durchgestrichen sind, ein Weltverlust, der sich im Wachzustand als Katastrophe erweist. Vor dem Einschlafen müssen wir darauf vertrauen, dass wir nach dem Aufwachen unser Ich und die soziale Welt wiederfinden und unser soziales Leben reaktivieren und auch in den Strom der Zeit einordnen, uns also erinnern können. Durch das Phänomen des Schlafes macht der Mensch die Erfahrung einer existentiellen Diskontinuität. Sein Leben gleicht nicht einem fließenden Strom bewusster Erfahrungen, sondern es gibt Unterbrechungen, Leerstellen, ein Nichtsein, das nur durch die Absicherung der Schlafstätten und den Glauben an das Aufwachen jeden Morgen wieder in ein Sein transformiert werden kann. Aber jeder Aufwachende kann über die vergangenen Stunden das sagen, was wir auch im Alltag als Entschuldigung für bestimmte Formen des Weltverlustes angeben: Ich war noch nicht ganz da!

Der Schlafende ist so nicht nur ein Wesen, das seine Geschichtlichkeit verloren hat, das sich ins Unhistorische transzendiert, sondern der schlafende Mensch ist auch ein Wesen, das sein Ich verloren hat. Im Schlaf können wir über uns keine Auskunft geben, im Schlaf können wir uns nicht zu uns selbst verhalten. Damit fehlt dem Schlafenden aber die Grundvoraussetzung, um überhaupt von einem Selbst sprechen zu können. Sören Kierkegaard hat das Selbst einmal folgendermaßen definiert: »Das Selbst ist ein Verhältnis, das sich zu sich selbst verhält.«[59] Das Selbst ist keine ontologische Entität in uns, die gesucht werden könnte: Selbstfindung ist eine Illusion. Das Selbst ist nichts, das wie eine Knospe in uns angelegt wäre und darauf wartet, entfaltet zu werden: Selbstverwirklichung ist ein falsches Versprechen. Das Selbst ist immer in actu, das Selbst ist ein Verhältnis zu sich selbst. Die Gewissheit eines Selbst erfordert die Fähigkeit, sich in ein Verhältnis zu sich selbst setzen zu können. Das kann aber nur im Wachzustand geschehen, nicht im Schlaf. Im Schlaf lässt sich kein Verhältnis zu sich selbst gestalten, im

Schlaf hat der Mensch nicht nur die Welt, sondern auch sein Selbst verloren.

Unter dieser Perspektive erweist sich der Schlaf als radikaler Bruch unseres Weltverhältnisses. Wenn man Schlaf und Nacht parallelisiert und die große metaphorische Bedeutung von Nacht mitschwingen lässt, haben wir alles an Weltverlust, Selbstvergessenheit und Identitätsschwund im Bedeutungsumfeld des Schlafes und der Nacht aufbewahrt. »Ich schlief, ich schlief!« So kann nur ein Ich sprechen, das den Tiefen der Nacht und ihrer existentiellen Leerstellen schon entronnen ist. »Der Schlaf«, schreibt Jean-Luc Nancy, »ist die Anerkennung der Nacht: Er grüßt sie und erweist ihr Ehre. Er lässt sich von ihr adoptieren. Er geht in ihr auf. Der Schlaf wird zur Nacht selbst. Er wird selber zur Rückkehr in die unvordenkliche Welt, in die Welt unterhalb der Welt, in die Welt der dunklen Götter, die kein schöpferisches Wort sprechen.«[60]

Verglichen mit diesen düsteren Exkursen zur Weltlosigkeit des Schlafenden wirken Nietzsches Thematisierungen des Schlafes manchmal geradezu heiter. Kulturkritische, mitunter zynische Reflexionen des Schlafes im Kontext einer Gesellschaft, die Wachheit zu einer Ideologie erhoben hat, sind dabei unübersehbar. Der 376. Aphorismus aus *Morgenröthe* trägt den Titel *Viel schlafen.* (KSA 3, 246) Nietzsche greift in diesem ironisch ein Grundproblem des modernen Menschen auf: »Was thun, um sich anzuregen, wenn man müde und seiner selbst satt ist?« (KSA 3, 246) Antworten darauf gibt es viele, und der Spott darüber ist bei Nietzsche deutlich spürbar: »Der Eine empfiehlt die Spielbank, der Andere das Christenthum, der Dritte die Electricität.« (KSA 3, 246) Man muss wieder einmal die prognostische Kraft des umstrittenen Denkers bewundern. Der Nervenkitzel in einem Spielcasino vermag abgestumpfte Gemüter ebenso wach zu halten wie diverse religiöse und moralisch-ideologische

Ekstasen und Erwartungen. Der frühe Hinweis auf die Elektrizität erinnert nicht nur an die künstliche Erhellung der Städte, sondern auch an die technisch induzierten Spannungen, durch die uns die elektronischen Begleiter manche Nacht durchwachen lassen. Hatte Nietzsche schon den Nerd im Auge, der sich von seinem Screen nicht losreißen kann? Wohl kaum. Und doch möchte man die Empfehlung, die Nietzsche dann gibt, gerne an so manchen Zeitgenossen weitergeben: »Das Beste aber, mein lieber Melancholiker, ist und bleibt: viel schlafen, eigentlich und uneigentlich!« (KSA 3, 246) So schlicht diese Zeilen auch klingen, so hintergründig sind sie. Sie treffen nämlich den physiologischen Schlaf ebenso wie einen »uneigentlichen« Schlaf, bei dem man die Augen wohl nur metaphorisch geschlossen hält, aber in einen ähnlichen Modus der Weltverlorenheit gerät wie im Schlaf. Warum dies für einen abgestumpften und deshalb unter dem Druck der ständigen Reizsteigerung stehenden Menschen entlastend sein kann, liegt nahezu auf der Hand: Wer schläft, ist vor dem Vorwurf gefeit, nicht ständig präsent, wach und aktiv zu sein. Schlaf ist auch eine Form der Ignoranz, die wenig mit Gleichgültigkeit, viel aber mit der Wiedergewinnung einer Distanz zur Welt zu tun hat, die manchmal notwendig sein mag, um die Dinge wieder ins rechte Lot zu bringen. Es kann in manchen Situationen falsch sein zu schlafen, aber wenn man einmal schläft, macht man nichts falsch. Zumindest im Kriminalroman gilt das allerdings nur dann, wenn dieser Schlaf auch verifiziert werden kann. Lediglich darauf zu verweisen, dass man geschlafen habe, ist für einen Verdächtigen bekanntlich ein schlechtes Alibi – außer man hat zur Tatzeit nachweislich mit jemandem geschlafen.

Nietzsches »uneigentlicher Schlaf« wäre so auch eine probate Strategie, um der Erregungsgesellschaft unserer Tage wenigstens hin und wieder zu entkommen: Seien wir von Zeit zu Zeit so in der Welt, als würden wir schlafen. Denn nur dann gilt die vielversprechende Schlussfolgerung: »So wird man auch seinen Morgen wieder haben!« (KSA 3, 246) Wachsein, Bewusstheit, Reflexionsfähigkeit, Aktivität, Aufmerksamkeit: Das sind Fähigkeiten, die an die Möglichkeit eines Erwachens gebunden sind, die also die große Zäsur des Schlafes zur Voraussetzung haben. Etwas Neues zu beginnen, anderes hinter sich zu lassen, mit frischen Kräften an ein Werk zu gehen, sich Perspektiven für die Zukunft zu eröffnen: All das, was wir auch in einem übertragenen Sinn mit dem Morgen verbinden, setzt nicht nur ein Heute oder ein Gestern voraus, sondern eine Nacht und den Schlaf. Auch die Erkenntnisansprüche, die mit einem klaren morgendlichen Bewusstsein verbunden sind, mit dem Licht der Aufklärung, gründen in einem vorausliegenden Schlaf, einer Ruhe, einer Leere, einem Nichtwissen, dessen epistemologische Bedeutung über die heute gerne eingemahnten Phasen der Entschleunigung oder des Innehaltens weit hinausreichen: Es geht um den Wechsel von Tag und Nacht, von Anwesenheit und Abwesenheit, von Weltzugewandtheit und Weltverlorenheit selbst, der Neuanfänge aller Art erst möglich macht. Die existentielle Erfahrung von Diskontinuität, die den Schlaf auszeichnet, beschreibt dessen produktive Dimension, nicht ein Defizit, das durch die künstliche Erzeugung einer Kontinuität des Wachzustandes behoben werden müsste. Die Pointe, mit der Nietzsche diesen knappen Aphorismus schließt, lautet dann auch: »Das Kunststück der Lebensweisheit ist, den Schlaf jeder Art zur rechten Zeit einzuschieben wissen.« (KSA 3, 246)

Nicht der richtige, entspannende, regenerative Schlaf, den uns Coaches, Lebensberater und digitale Überwachungssysteme nahelegen, ist die große Kunst, sondern das Wissen, wann man wie schlafen kann und soll. Es stimmt: Schlafen versteht sich nicht von selbst, und vor allem unter gesundheitspolitischen und ökonomischen Aspekten wird mittlerweile gerne über den richtigen Schlaf nachgedacht. Schlafpausen, Power-Napping, Schlafbehelfe aller Art sind nur einige Indikatoren, die darauf verweisen, dass der Schlaf gerade in einer atemlos durch die Nacht rasenden Gesellschaft als knappe Ressource verstanden wird, die möglichst effizient verwaltet und optimiert werden muss. Der moderne Zeitgenosse lässt ja mittlerweile seinen Schlafrhythmus, seine Schlafintensität, seine Schlafdauer und den regenerativen Schlaffaktor von einem digitalen Assistenten überwachen, um sich wenigstens im Nachhinein seines Schlafes gewiss zu sein und diesen nach den Erfordernissen der Wachzustände zu optimieren. Dass dafür die im Schlaf gesammelten Daten von den Anbietern dieser Assistenten an Kooperationspartner weitergegeben werden, die uns dann jene Produkte offerieren, die unseren Schlaf verbessern sollen, versteht sich nahezu von selbst. Doch es geht noch besser: In China wird an einer Gesundheitsapplikation gearbeitet, die es erlauben soll, neben den Rauch- und Trinkgewohnheiten auch den Schlaf jedes Bürgers zu überwachen und daraus zentral verwaltete Schlussfolgerungen über das Verhalten, die Gesundheit und den erwünschten oder unerwünschten Lebensrhythmus der Menschen abzuleiten und bei Bedarf zu sanktionieren.[61] Die Kontrolle über den Schlaf erweist sich als wesentliches Moment im Konzept einer umfassenden Steuerung des sozialen Lebens. Nietzsches Lebenskunst würde allerdings eine Souveränität beanspruchen, die gerade diesem normierten Schlaf zuwiderliefe. Nietzsche, der schon in der *Fröhlichen Wissenschaft* vermutet hatte, dass es bald so weit kommen könnte, dass man »mit der Uhr in der Hand« denkt und »einem Hange zur vita contemplativa (das heisst zum Spazierengehen mit Gedanken und Freunden) nicht ohne Selbstverachtung und schlechtes Gewissen« nachgeben kann (KSA 3, 557), hätte sich über diese effizienz- und gesundheitspolitischen Zugriffe auf den Schlaf wahrscheinlich wenig gewundert. Dass das Recht auf die eigene Nacht und einen unbeobachteten Schlaf vor allem durch jene gefährdet ist, die glauben, sich unseres Schlafes annehmen zu müssen, lässt sich zumindest einigen Passagen des *Zarathustra* entnehmen.

Im ersten Buch von *Also sprach Zarathustra* wird Zarathustra von einem Weisen erzählt, »der gut vom Schlafe und von der Tugend zu reden wisse«. (KSA 4, 32) Schon mit dieser Konstellation ist eine Spannung aufgebaut, die den Schlaf in die Nähe moralisch-normativer Ansprüche bringt. Zarathustra sucht diesen Weisen auf und mischt sich unter all die Jünglinge, die vor dessen Lehrstuhl sitzen und zuhören. Die Szene erinnert an jene Dialoge Platons, in denen Sokrates sich unter die Zuhörer eines Weisheitslehrers, eines Sophisten wie Hippias oder Protagoras, mischt, um diesen nach seinem akklamierten Vortrag durch einfache Fragen seiner Denkfehler zu überführen. Auch Zarathustra wird sich nicht ohne ironische Hintergedanken belehren lassen; aber Nietzsche kennt keine Eindeutigkeiten. Es lohnt sich deshalb, diesem ominösen Weisen, der manche Interpreten auch an Buddha erinnert, auf den im *Zarathustra* an mehreren Stellen angespielt wird, ein wenig zuzuhören. Was wird uns verkündet? »Ehre und Scham vor dem Schlafe! Das ist das Erste!« (KSA 4, 32) Damit beginnt der Weise seine moralphilosophische Reflexion des Schlafes. Diesen soll man achten, ihm aber gleichzeitig mit einem Gefühl der Zurückhaltung, der Scham begegnen. Der Schlaf ist auch ein Zustand, der geehrt und respektiert werden sollte, und Scham könnte hier durchaus als jenes Gebot der Zurückhaltung gedeutet werden, das es bis heute verbietet, jemanden im Schlaf zu entblößen. Des Weiteren gibt der Weise seiner aufmerksam lauschenden Gefolgschaft eine bemerkenswerte Empfehlung: »Allen aus dem Wege gehn, die schlecht schlafen und Nachts wachen!« (KSA 4, 32) Welch herrlicher Imperativ!

Der gute Schlaf wird zum Kriterium des Umgangs mit Menschen. Warum? »Schamhaft«, so erläutert der Lehrer, »ist noch der Dieb vor dem Schlafe: stets stiehlt er sich leise durch die Nacht. Schamlos aber ist der Wächter der Nacht, schamlos trägt er sein Horn.« (KSA 4, 32) Das ist eine interessante Beobachtung. Denken wir an Richard Wagners Brangäne, die Tristan und Isoldes Liebesnacht bewacht, dann spüren wir etwas von dieser Schamlosigkeit: Das ineinander versunkene Paar ist dem wachsamen Auge der Dienerin ausgeliefert. Es ist dies – ein gewagter Sprung, vielleicht – dieselbe Schamlosigkeit, die wir in Form von Überwachungsapplikationen auf unseren Smartphones installiert haben, und die wir nur deshalb tolerieren, weil die Omnipräsenz eines kontrollierenden Algorithmus uns weniger irritiert als das Auge eines Menschen.

Der Wächter der Nacht, der sein Horn trägt: Damit ist in einem ganz nüchternen Sinn auch der mittelalterliche Nachtwächter gemeint, der nicht nur über die Ruhe der Bürger wacht, sondern diese auch einfordert und zu gebotener Stunde beendet – sich selbst aber als Wachender dieser Ruhe entzieht und dabei durchaus beunruhigende Erkenntnisse gewinnen kann. So schildern die legendären und berüchtigten *Nachtwachen* des Bonaventura die abenteuerlichen Rundgänge eines dubiosen Nachtwächters, der sich Kreuzgang nennt, durch eine schlafende Stadt. Der frühromantische, als skandalös empfundene Text erschien pseudonym im Jahre 1805, und sofort rankten sich wilde Gerüchte um die Verfasserschaft. Unter anderem kamen E. T. A. Hoffmann, Caroline Schelling und Clemens Brentano in Verdacht, ganz geklärt ist das Rätsel noch immer nicht, von den meisten Forschern wird mittlerweile der ansonsten eher zweitrangige Theaterdichter August Klingemann als Autor vermutet. Die Nacht und der nur vermeintlich ruhige Schlaf der Bürger wird diesem Wächter zu einem Medium der Erkenntnis, seine

Rundgänge werden zu einem Durchschreiten der dunklen Zonen der menschlichen Existenz, er kommt zu für seine Zeit ganz erstaunlichen proto-nietzscheanischen und proto-psychoanalytischen Einsichten, die auf einem nächtlichen Friedhof in einer frühen poetischen Apotheose des Nihilismus schließen: »Ich streue diese Handvoll väterlichen Staub in die Lüfte und es bleibt – Nichts! Drüben auf dem Grabe steht noch der Geisterseher und umarmt Nichts! Und der Widerhall im Gebeinhause ruft zum letzten Male – *Nichts!* –«[62]

Der Nachtwächter antizipiert das Prinzip des modernen digitalisierten Sozialwesens: Ruhe und Beruhigung, also Sicherheit durch Kontrolle und Überwachung. Denn eines scheint mittlerweile klar: Man kann den Schlaf nicht einfach der Natur überlassen. Das allerdings wusste schon unser buddhistisch angehauchter Weiser aus Nietzsches *Zarathustra*: »Keine geringe Kunst ist schlafen: es thut schon Noth, den ganzen Tag darauf hin zu wachen.« (KSA 4, 32) Im Wachzustand sorgen wir uns auf mannigfaltige Art um einen guten Schlaf, der Wachzustand selbst ist aber das entscheidende Kriterium dafür: Wie muss man den Tag verbracht haben, um gut zu schlafen? Wie aktiv muss man gewesen sein, um mit einer vielversprechenden Müdigkeit in den Schlaf sinken zu können? Wie erfolgreich muss gewacht worden sein, um befriedigend schlafen zu können?

Der Weise, dem Zarathustra wohl nur noch mit einem abgründigen Lächeln zuhören wird, weiß auch auf diese Fragen eine Antwort – und ganz ohne Ironie könnte diese jederzeit Eingang in einen modernen Schlafratgeber finden: »Zehn Mal musst du des Tages dich selber überwinden: das macht eine gute Müdigkeit und ist Mohn der Seele.« (KSA 4, 32) Keine Frage: Selbstüberwindung macht müde, aber auch süchtig. Jeder Ausdauersportler weiß davon ein Lied zu singen, und die physische und mentale Selbstüberwindung wird in einer modernen Fitness- und Optimierungskultur tatsächlich zu einem Opium der Seele, das als Ausdruck eines universal gewordenen Gesundheitskultes sogar an Marxens Beschreibung der Religion als Opium des Volkes erinnert. In diesem Sinn erscheint der Schlaf – wie es das Sprichwort formuliert – als Resultat eines »guten Gewissens«. Doch das ist nicht alles: »Zehn Mal musst du dich wieder mit dir selber versöhnen; denn Überwindung ist Bitterniss, und schlecht schläft der Unversöhnte.« (KSA 4, 32) Man sollte, legt man sich nieder, mit sich im Reinen sein, man sollte, modisch formuliert, auch jene Dimensionen des Ich, die sich der Selbstüberwindung aus Trägheit entgegensetzen, akzeptieren. Und so geht es mit diesem halbernsten Schlafratgeber weiter: »Zehn Wahrheiten musst du des Tages finden: sonst suchst du noch des Nachts nach Wahrheit, und deine Seele blieb hungrig.« (KSA 4, 32) In der Tat: Mit ungelösten Problemen schläft man schlecht, das nagt, das will weiterverfolgt werden, das setzt sich im Halbschlaf fort. Man schläft ein in der Hoffnung, dass vielleicht im Schlaf die Lösung des Problems kommt, doch da kommt sie selten, am Morgen ist man in der Regel nicht klüger, hat aber schlecht geschlafen. Besser ist es, so Nietzsches Weiser, die Wahrheiten am Tage zu finden, um in Ruhe schlafen zu können. Und dann, wie könnte es anders sein – und das rührt nun wirklich an die Trivialpsychologie nicht nur unserer Tage: »Zehn Mal musst du lachen am Tage und heiter sein: sonst stört dich der Magen in der Nacht, dieser Vater der Trübsal.« (KSA 4, 32) Ach ja, Lachen ist gesund, und wenn etwas im Magen liegen bleibt, sowohl im materiellen Sinne als auch im übertragenen Sinne, werden wir nicht nur schlecht schlafen, sondern auch trübsinnig werden. In Summe lässt uns der Weise wissen: »Man muss alle Tugenden haben, um gut zu schlafen.« (KSA 4, 32) Nun wird es ernst. Bei der Aufzählung der Tugenden, die einen guten Schlaf garantieren, wechselt der Weise zum alttestamentarischen Sündenkatalog, den es zu vermeiden gilt: Nicht falsch Zeugnis reden, nicht ehebrechen, nicht des Nächsten Magd begehren – und der Schlaf wird ruhig sein, der biblische Schlaf der Gerechten.

Doch ohne Pointe kann der Weise seinen schlaffördernden Tugendkatalog nicht beenden: Auch wenn man alle Tugenden hat und maßvoll lebt, auch wenn man – um die Tugenden ein wenig zu aktualisieren – weiß, was das Gute ist, wo der Böse sitzt, wofür man sich engagieren, wogegen man sich empören, über wen man sich erregen muss, auch wenn man seinen ökologischen Fußabdruck reduziert und sein Engagement für eine bessere Welt steigert, wird man trotzdem schlecht schlafen, wenn man sich dazu nicht noch auf eines versteht: »Selber die Tugenden zur rechten Zeit schlafen schicken.« (KSA 4, 33) Einen wirklich guten Schlaf hat nur der, der im Schlaf auch seine Tugendhaftigkeit vergessen kann. Im Schutz der nächtlichen Dunkelheit lassen sich schon auch die Tugenden schlafen schicken, und der im doppelten Sinn Schlaflose kann sich derweil jenen Leidenschaften hingeben, die vielleicht nicht ganz so tugendhaft sind, aber dann den tiefen Schlaf einer späteren Nacht erlauben.

Den sublimen Zusammenhang von Schlaf und Tugend hatte Nietzsche auch an anderer Stelle thematisiert. Der 83. Aphorismus von *Menschliches, Allzumenschliches* trägt den Titel *Schlaf der Tugend,* ist ganz kurz und lautet: »Wenn die Tugend geschlafen hat, wird sie frischer aufstehen.« (KSA 2, 87) Wie ist das zu verstehen? Auch ein tugendhafter Mensch kann seine Tugend nicht pausenlos durchhalten, so wie der Mensch nicht ununterbrochen wach sein kann. Auch die Tugend muss ruhen, um sich zu erholen. Wann aber schläft die Tugend? Wenn man sich dem Laster hingibt! Aus dieser Hingabe an das Laster kann dann die Tugend frischer erwachen, erst vor der Folie des Lasters schärfen sich die Konturen und Vorteile der Tugend. Oder, mit anderen Worten: Menschen, die wie Robespierre in Georg Büchners

Drama *Dantons Tod* von sich behaupten, stets tugendhaft zu sein und immer ein reines Gewissen zu haben, sollte man mit Vorsicht begegnen. Sie sind, wie Danton es formuliert, »empörend rechtschaffen«.[63] Eine Tugend, die nie in den Schlaf geschickt wird, ist nicht nur gereizt und gefährlich wie ein unausgeschlafener Mensch, sondern sie wirkt auch verbraucht, reduziert auf Formeln, Rituale und leere Bekenntnisse – und dies gilt für selbstgerechte Tugendritter aller Zeiten. Die Versuchung liegt nahe, auch in den modernen digitalisierten Überwachungsanstrengungen einen Automatismus der Schlaflosigkeit zu erkennen, der bei aller vorgeschobenen Moral den Keim blanker Inhumanität in sich trägt. Augen, die sich nie schließen, sind furchtbar.

Doch zurück zu Zarathustra. Wie reagiert er auf die Schlafphilosophie dieses Weisen, der offenbar auf einem Lehrstuhl der Tugend sitzt? »Als Zarathustra den Weisen also sprechen hörte, lachte er bei sich im Herzen: denn ihm war dabei ein Licht aufgegangen.« (KSA 4, 34) Zarathustra kommentiert nun den Weisen in einem Selbstgespräch, er lässt sich nicht auf einen Dialog oder gar ein Streitgespräch ein. »Ein Narr ist mir dieser Weise da mit seinen vierzig Gedanken: aber ich glaube, dass er sich wohl auf das Schlafen versteht. […] Seine Weisheit heisst: wachen, um gut zu schlafen. Und wahrlich, hätte das Leben keinen Sinn und müsste ich Unsinn wählen, so wäre auch mir diess der wählenswürdigste Unsinn.« (KSA 4, 34)

Damit berührt Zarathustra eine neue, überraschende Dimension des Schlafes. Die Frage nach dem Sinn des Lebens erfährt hier eine verblüffende Antwort. Wenn alle Sinn-Angebote, sei es von Religionen, sei es von Ideologien, sei es von Moralvorstellungen, ihre Anziehungskraft verloren haben und wir uns einem radikalen Nihilismus verschreiben wollten, bliebe als letzte Konsequenz nur die Wahl eines Unsinns – also einer Absurdität. Auf die Frage nach dem Sinn des Lebens gäbe es nur eine Antwort: Der Sinn des Lebens besteht darin, gut zu schlafen. Wozu leben? Wozu wachen? Wozu essen? Wozu trinken? Wozu kommunizieren? Um gut zu schlafen!

Das traditionelle Verhältnis von Wachen und Schlafen wird hier auf eine pikante Art und Weise umgedreht. Während wir in der Regel von der regenerativen Funktion des Schlafes ausgehen, die es uns erlaubt, wieder aktiv und erfolgreich am Leben teilzuhaben, wird diese wache Aktivität zu einem Mittel, um den Zweck allen Daseins, den Schlaf, zu erreichen. Von ferne erinnert das – wenn wir den Schlaf tatsächlich als kleinen Bruder des Todes apostrophieren wollen – an Sigmund Freuds spätere Theorie des Todestriebes, wie sie der Begründer der Psychoanalyse in *Jenseits des Lustprinzips* entwickelt hatte: »Wenn wir es als ausnahmslose Erfahrung annehmen dürfen, dass alles Lebende aus *inneren* Gründen stirbt, ins Anorganische zurückkehrt, so können wir nur sagen: *Das Ziel alles Lebens ist der Tod,* und zurückgreifend: *Das Leblose war früher da als das Lebende.*«[64] Wenn der Sinn, also das Ziel des Lebens überhaupt, im Tod liegt, dann ruht der Sinn des Wachzustandes im Schlaf: Erst dieser entscheidet darüber, ob wir am Tage munter genug gewesen sind.

Allerdings – und hier war Nietzsche wieder einmal einen Schritt weiter als sein Nachfahre Freud – ist sich Zarathustra darüber im Klaren, dass dieser Sinn des Lebens eigentlich ein Unsinn ist. Aber solch ein Unsinn ist besser als ein Sinn, der auf einen gütigen Gott angewiesen wäre. Die Paraphrase eines Jesus-Wortes, mit der Zarathustra diese Begegnung mit dem seltsamen Weisheitslehrer und seinen Jüngern beschließt, ironisiert in einem die Tüchtigkeitspostulate der Moderne, die Apotheose des Schlafes und den Sinnhorizont der Religionen: »Selig sind diese Schläfrigen: denn sie sollen bald einnicken.« (KSA 4, 34) Diese

Seligkeit besteht in einer anderen Art der Bescheidung. Schön, wenn wir gut schlafen können; wer allein darin seine Seligkeit fände, wäre von jedem Aufwachen überfordert. Zarathustras Spott ist unübersehbar. Am Ende des vierten Teils des *Zarathustra* bietet Zarathustra seinen Anhängern, seinen »höheren Menschen« – den zwei abgedankten Königen, dem letzten Papst, dem Bettler, dem hässlichsten Menschen, der Gott getötet und dann wieder reanimiert hat, dem Zauberer, der nicht mehr zaubern kann, dem Wahrsager, dem nichts mehr einfällt – unser *Mitternachtslied* als Rundgesang an, und diese höheren Menschen tanzen und machen mit, so als hätten sie alles begriffen – und dann versinken sie in tiefem Schlaf. Des Morgens wacht Zarathustra auf, springt von seinem Lager, geht der aufgehenden Sonne entgegen, schaut sich um und ist entsetzt: »Wohlan! sie schlafen noch, diese höheren Menschen, während *ich* wach bin: *das* sind nicht meine rechten Gefährten!« (KSA 4, 405) Diese vermeintlichen Anhänger sind offenbar Schläfer, die nicht rechtzeitig aufstehen und die nicht erkennen, worum es Zarathustra tatsächlich geht: »Zu meinem Werke will ich, zu meinem Tage.« (KSA 4, 405) Vielleicht rächt es sich, dass Zarathustra es verabsäumt hatte, seinen höheren Menschen aus dem *Mitternachtslied* auch die Zeile »Ich schlief, ich schlief« zu erläutern. Nun verstehen sie die Zeichen des Morgens nicht, verstehen nicht, dass auf diesen Schlaf ein Tag folgen muss, der sie fordern könnte, denn es geht um ein Werk! Nun schlafen sie, sind für Zarathustra und seine Stimme, für seinen Weckruf nicht mehr erreichbar: »Sie schlafen noch in meiner Höhle, ihr Traum käut noch an meinen Mitternächten. Das Ohr, das nach *mir* horcht, – das *gehorchende* Ohr fehlt in ihren Gliedern.« (KSA 4, 405) Das ärgert Zarathustra. Er verlässt seine Gefährten, steigt hinunter und geht seinen Weg. Lassen wir Zarathustra ziehen.

Aber diese Stelle macht uns noch auf ein weiteres interessantes Phänomen des Schlafes aufmerksam: Wer schläft, hört nicht, und wer nicht hört, kann auch nicht gehorchen. Wer nicht hört, kann sich auch nicht einem Befehl unterwerfen. Im Schlaf steckt etwas von der Kraft der Rebellion, geschlossene Augen können eine subversive Geste sein.

Deshalb ärgern sich Lehrer und Professoren über schlafende Schüler und vor sich hin dämmernde Studenten, denn die Position des Schlafenden ist auch eine physiologisch zum Ausdruck gebrachte Kritik, ein Akt der Verweigerung. Wir empfinden es als Affront, wenn jemand einschläft, während wir doch gerade etwas Wichtiges zu sagen haben. Wer schläft, ist weg, wer schläft, ist woanders, er ist nicht in dieser Welt. Schlafen heißt, sich der Welt und ihren Anforderungen zu verweigern. Deshalb beginnen die ambitionierten Reformvorhaben unserer Zeit, unabhängig von ihrer politischen Ausrichtung, so gerne mit einem lauten Weckruf, mit der Aufforderung, endlich aufzuwachen und die drohenden Zeichen der Zeit zu erkennen: Klimaveränderung, schleichende Radikalisierung, Bedrohungen der Freiheit, gesundheitspolitische Katastrophen. Wem es gelingt, seine Umgebung, den politischen Gegner, die Gewerkschaft oder gleich die Gesellschaft als »schlafend« darzustellen, hat als vermeintlicher Mahner und Rufer in der Wüste immer schon gewonnen. Zarathustra war noch so vornehm gewesen, seine tauben Gefährten schlafen zu lassen und seines eigenen Weges zu gehen. Davon sind heute die Verfasser von Weckrufen aller Art leider weit entfernt.

Vier!
Aus tiefem Traum bin ich erwacht: –

DER TRAUM, SCHRIEB Sigmund Freud in einer berühmt gewordenen Wendung, ist der »Hüter des Schlafes«.[65] Mögliche Störungen der Nachtruhe durch Reize der Außenwelt und eine durch seelische Erregungen bedingte innere Unruhe werden in ein Traumgeschehen umgewandelt und in dieses integriert, sodass wir so lange wie möglich weiterschlafen können. Der Schlaf weiß sich Mittel und Wege zu finden, um jene Weltverlorenheit durchzusetzen, die ihn essentiell bestimmt. Im Traum ist jedoch immer etwas von dieser Welt präsent, seien es Tagesreste, Erinnerungen, Wünsche, Ängste oder auch nur die Geräusche des anbrechenden Morgens, die noch für ein paar Minuten in einen Traum umgewandelt werden, bevor der Tag anbricht und es zum Erwachen keine Alternative mehr gibt. Umgekehrt könnte man sagen, dass der Traum jenes Geschehen ist, das die bedrohliche Leere der Zeit des Schlafes mit Bildern und Geschichten ein wenig abmildert. So wenig wir uns an den Schlaf und was in diesem mit und um uns geschehen ist, erinnern können, so sehr scheint uns der Traum, aus dem wir aufwachen, eine Bewusstseinskontinuität zu suggerieren, die uns vor einem vollkommenen Ich-Verlust in der Nacht bewahrt. Diese trügerische Sicherheit hat ihren Preis. Das Traumgeschehen kann eine Intensität annehmen, die wie ein Alp auf unsere Seele drückt oder uns in Sphären hebt, die die Welt, die sich uns nach dem Erwachen präsentiert, als defizitäres Ungenügen erscheinen lässt. Kein Begriff schwankt deshalb so sehr zwischen Euphorie und Depression wie der Traum. Aus einem Traum zu erwachen, kann im Extremfall bedeuten, endlich aufatmen zu können, weil man einem Alpdruck gerade noch entkam und weiß: Es war nur ein Traum. Der morgendliche Augenaufschlag kann uns aber auch signalisieren, dass wir aus einer Welt der schwerelosen Wunscherfüllung aufwachen und mit einer unbestimmten und unerfüllbaren Sehnsucht weiterleben müssen. Friedrich Nietzsches lyrisches Mitternachts-Ich versieht durch sein Erwachen das Traumgeschehen mit neuen Akzenten.

Wollen wir diesem Erwachen nachspüren, lohnt es sich, jene metaphorische Verwendung des Schlafes ins Gedächtnis zu rufen, die es Nietzsche erlaubt hatte, von einem Schlaf der Tugend zu sprechen. Diese Formulierung erinnert nicht von ungefähr an den Titel eines der berühmtesten Bilder der europäischen Kunst: Francisco de Goyas Radierung mit dem Titel *El sueño de la razón produce monstruos – Der Schlaf der Vernunft gebiert Ungeheuer.* Da allerdings »sueño« im Spanischen nicht nur Schlaf, sondern auch Traum bedeuten kann, lässt sich dieser Titel genauso gut mit *Der Traum der Vernunft gebiert Ungeheuer* übersetzen. Die Bedeutungsverschiebung von Schlaf zu Traum, die es nicht erlaubt, Schlaf und Traum als synonyme Begriffe zu verwenden, kann an diesem Blatt wunderbar illustriert werden.

El sueño de la razón produce monstruos ist eine der meistinterpretierten und wirkmächtigsten Arbeiten der bildenden Kunst und stammt aus einem Zyklus, den Goya am Ende des 18. Jahrhunderts geschaffen hat. Nietzsche kannte diese Blätter wahrscheinlich nicht, obgleich das Sujet durchaus ein nietzscheanisches Motiv sein könnte. Wir sehen einen Künstler oder einen Schriftsteller, eingeschlafen, er hat nur, das ist erkennbar, ein Blatt Papier und einen Federkiel vor sich. Naheliegend, dies als

Francisco de Goya: Der Schlaf der Vernunft
gebiert Ungeheuer, 1797 / 98

Selbstbild des Künstlers zu deuten, man könnte jedoch genauso den Philosophen, den Intellektuellen darin sehen. Hinter dieser im Schlaf versunkenen Figur erscheinen dunkle bedrohliche
Wesen, flatternde Ungeheuer: Fledermäuse, eulenartiges und
fliegendes Getier, auch ein aufmerksamer Luchs ist zu sehen.
Hier ist nicht der Ort, die zahlreichen Facetten der Interpreta-
tionsgeschichte dieses Bildes zu rekonstruieren, sondern es sei
nur auf die Bedeutungsnuancen, ja radikalen Bedeutungsunter-

schiede verwiesen, die sich ergeben, je nachdem, ob man den Akzent eher auf den Schlaf oder auf den Traum legt.

Der Schlaf der Vernunft gebiert Ungeheuer. In den Debatten um Aufklärung, um Wachsamkeit gegenüber Irrationalismus und Rechtspopulismus wird dieses Bild gerne zitiert: Man darf die Vernunft nicht schlafen schicken, Wachsamkeit gegenüber allen gefährlichen Tendenzen in Politik und Gesellschaft ist geboten. Was Nietzsche von der Tugend sagte, dass es gut sein kann, diese auch einmal schlafen zu lassen, wäre für die Vernunft ein Verhängnis. Wenn die Vernunft schlummert, wenn die Vernunft nicht wachsam ist, wenn die Vernunft nicht permanent sensibilisiert ist, wenn die Vernunft nicht ständig in Alarmbereitschaft ist, droht Unheil: Der Schlaf der Vernunft gebiert Ungeheuer. Wenn wir der Vernunft abschwören, sie vernachlässigen, dann tauchen diese Gespenster des Irrationalen, des Unbewussten, des Geheimnisvollen, des Paranoiden, des Nicht-mehr-Kontrollierbaren auf, sie fallen über uns her, beschatten unser Dasein, versetzen uns in Ängste und führen uns in jenen auch politischen Wahn, von dem wir nicht zuletzt das zwanzigste Jahrhundert geprägt sahen. Deshalb der Appell: Seid aufmerksam, seid wachsam, wehret den Anfängen, nur nicht die Vernunft einschlafen lassen, sonst verlieren wir die Kontrolle über diese Ungeheuer, die womöglich in uns selbst lauern und als Nacht der Geschichte wieder über uns hereinbrechen können. Dann drohen finstere Zeiten.

Doch was, wenn wir »sueño« anders übersetzen: *Der Traum der Vernunft gebiert Ungeheuer?* Die Bedeutung dieses Bildes verändert sich schlagartig. Interpretieren wir den Traum als imaginierte Wunscherfüllung, umgeben wir ihn also mit jenem semantischen Feld, welches wir von Begriffen wie »Traumurlaub« oder »Traumhochzeit« kennen, ließe sich die von Goya festgehaltene Szene auch als ernüchternder Befund, vielleicht auch als Warnung lesen: Könnte die Vernunft tun, was sie tun wollte, könnte sie sich ihren Traum von der Herrschaft der Rationalität erfüllen, entstünden furchteinflößende Ungeheuer. Nicht die Trägheit oder Sorglosigkeit der Vernunft, nicht ihr Schlaf produziert die Ungeheuer; diese erscheinen, wenn die Vernunft sich selbst, ihrer eigenen hemmungslosen Logik überlassen wird. Sollten ihre Träume eines rational kalkulierten, logisch stimmigen, in der reinen Immanenz verhafteten Lebens realisiert werden, dann schlägt dieser Traum in einen Alptraum um, der die Ungeheuer der Nacht nicht bannt, sondern überhaupt erst freisetzt. Die Versuchung liegt nahe, Goya ähnlich wie den berüchtigten Marquis de Sade als »Dialektiker der Aufklärung«[66] zu sehen, der eine bedrohliche Inhumanität nicht als das andere der Vernunft, sondern als deren eigenes Telos freilegte.

Von der Hand zu weisen ist diese Deutung nicht. Goya zeichnete die schlafende oder träumende Vernunft etwa ein Jahrzehnt nach der Französischen Revolution, nach den Exzessen des jakobinischen Terrors, nach dem grausamen Tanz um den Tempel der Vernunft, dessen Rhythmus vom Fallbeil vorgegeben worden war. Es gibt dabei nichts zu beschönigen: Es war schon die Vernunft, die das Leitbild der Französischen Revolution dargestellt hatte, sie sollte an die Stelle der transzendenten Instanzen treten, die falschen Götter ablösen, die Welt und die Gesellschaft nach den Prinzipien der Freiheit, der Gleichheit und der Brüderlichkeit neu ordnen. Das Resultat war die Guillotine, das Blutbad, der hemmungslose Mord, der auch vor den Vertretern dieser Vernunftreligion, vor Robespierre selbst nicht Halt gemacht hat. Diese großen Revolutionäre landeten alle auf dem Schafott. Die Revolution frisst ihre Kinder – wie Pierre Victurnien Vergniaud, einer ihrer Protagonisten, bemerkte, bevor er seinen Kopf unter das Fallbeil legte. Gerade ihre ehrlich begeisterten Anhänger muss die wild gewordene Vernunft immer auch enttäuschen.

Nur der überlebt eine Revolution, der bereit ist, ihre Ideale zu verraten.

Und dennoch: Es war dies ein Traum der Vernunft, den die Französische Revolution proklamiert hatte, und es gab plötzlich die Möglichkeit, diesen Traum zu verwirklichen – herausgekommen sind Ungeheuer: menschliche Ungeheuer und ungeheure Taten. Es stimmt, dass es langfristig ohne diesen Schrecken weder die Realität der Menschenrechte noch die bürgerliche Gesellschaft gegeben hätte. Der Nimbus, der die Revolution zeitweilig umgab, lag nicht in ihrer Praxis, sondern in ihrem Pathos, ihrer Gestik, ihrer Symbolik. Es ist erstaunlich, dass in der Euphorie gerade auch über die bürgerlichen Revolutionen des 18. und 19. Jahrhunderts großzügig darüber hinweggesehen wird, dass keine dieser Revolutionen ihr Ziel unmittelbar erreichte. Sie mündeten fast stets in Terror, Gewaltherrschaft, politischem Abenteurertum, und es dauerte, etwa in Frankreich, nach der Schreckensherrschaft der Jakobiner mit Napoleon, der Restauration, weiteren Aufständen, dem dritten Napoleon und mehreren Kriegen über ein Jahrhundert, bis die Versprechen der Revolution allmählich stabile institutionelle Formen annehmen konnten. Gelungene Revolutionen mögen politische Machtverhältnisse umstürzen, alte Systeme hinwegfegen, Personen beseitigen – in der Regel schaffen sie mehr und länger andauernde Probleme, als sie unmittelbar lösen. Der Traum der Vernunft sollte uns vorsichtig stimmen. Eine wache Vernunft träumt nicht, sondern ist sich ihrer Unzulänglichkeit und Fehleranfälligkeit, ihrer Dialektik und ihrer Not bewusst.

Was Goya mit diesem berühmt gewordenen Blatt intendierte, wissen wir nicht. Möglich, dass er eine Zweideutigkeit anvisierte, die es offen lässt, ob die schlafende Vernunft zu einer ungeheuren, von Ungeheuern geprägten Welt führt oder ob umgekehrt die realisierte Vernunft, die Vernunft, die ihren eigenen

Traum leben kann, diese Ungeheuer aus sich heraustreibt. Der Traum der Vernunft wäre dann ein Alptraum, Ausdruck eines Herrschaftsanspruchs der Vernunft, der selbst ungeheuerlich ist und dem das Subjekt so schreckhaft ausgeliefert ist wie der schlafende Künstler den Gespenstern der Nacht. Zwischen dem Schlaf als Versäumnis, ja als moralisch-politisches Versagen und dem Traum als Ausdruck von Wünschen, deren Realisierung zu einem Schrecken werden muss, oszilliert das Bedeutungsfeld jener Begriffe, die Nietzsches *Mitternachtslied* in ein selbst interpretationsbedürftiges Nahverhältnis bringt: »Ich schlief, ich schlief – / Aus tiefem Traum bin ich erwacht: –« Der Schlaf, der tiefe Traum und das Erwachen sind damit in eine Konstellation gebracht, die nicht nur eine Abfolge psycho-physischer Akte beschreibt, sondern auch eminent philosophische Dimensionen berührt.

In diesem Zusammenhang darf daran erinnert werden, dass der Traum bei Arthur Schopenhauer zur Charakterisierung der misslichen Lage des menschlichen Daseins herangezogen wird. Im zweiten Band von *Die Welt als Wille und Vorstellung* heißt es an einer berühmt gewordenen Stelle: »Aus der Nacht der Bewußtlosigkeit zum Leben erwacht findet der Wille sich als Individuum, in einer end- und gränzenlosen Welt, unter zahllosen Individuen, alle strebend, leidend, irrend; und wie durch einen bangen Traum eilt er zurück zur alten Bewußtlosigkeit.«[67] Wille: Das ist bei Schopenhauer bekanntlich nicht nur der bewusste Wille des Menschen, sondern die Lebens- und Triebenergie, die alle Organismen durchzieht. Es gibt allerdings eine Gattung, die es schafft, aus diesem unbewussten Willen zum Leben zu einem individuellen Bewusstsein zu gelangen. Aus dem Zustand blinder Triebregungen, aus der Nacht der Bewusstlosigkeit, erwacht der Mensch zu einem kurzen, schmerzhaften, leidenden Dasein, um dieses – und das ist nun tatsächlich eine sonderbare Formulierung – wie einen Traum zu durcheilen und in das seiner selbst nicht bewusste, dumpfe Naturgeschehen zurückzusinken. Das, was wir als waches, bewusstes, individuelles Leben wahrnehmen, gleicht einem Traum, ist nur ein Traum. Schopenhauer spielt hier auf die alte mythische und poetische Frage nach dem Wirklichkeitscharakter unserer Träume und dem Traumcharakter unserer Wirklichkeiten an: das Leben ein Traum, der Traum ein Leben. Mit wenigen Worten skizziert der große Pessimist einen ernüchternden Umriss jenes immer noch rätselhaften Phänomens des Bewusstseins. Dieses ist dem Joch des Trieblebens unterworfen, erfährt sich als leidend und vor allem als irrend. Es sind Leidensfähigkeit und Irrtumsanfälligkeit, die uns zu Wesen werden lassen, die ihrer selbst bewusst sind. Bewusstsein im strengen Sinn ist deshalb immer auch Selbstbewusstsein. Sobald ich Bewusstsein entwickle, weiß ich, dass ich es bin, der dieses Bewusstsein aufweist, ich bin nicht mehr nur eingebunden in ein System, in einen Organismus, in eine Gemeinschaft, in eine Gesellschaft, sondern das erwachende Bewusstsein ist Ausdruck einer aufkeimenden Individualität. Die Nacht, aus der sich dieses Ich erhebt, gleicht jenem Schlaf, in dem zwar die Organe funktionieren, ich jedoch nichts von mir weiß. Die bewusste und ihrer selbst bewusste Individualität erfährt sich als Besonderes nur in der Differenz zur Umgebung, in der Abweichung, im Fehler, im Irrtum. Nur im Fehlen – im doppelten Sinn des Wortes – werden wir unserer selbst, unserer Bedürfnisse, unserer unerfüllten Wünsche, unserer Unzulänglichkeiten gewahr.

Ohne nun auf spekulative Abwege zu geraten, wirft diese Einsicht vielleicht nicht nur ein Licht auf die Geschichte der Evolution des Menschen, sondern auch auf die zunehmend wichtiger werdende Frage, ob, ab wann und inwiefern kybernetischen Maschinen Bewusstsein zugesprochen werden muss. Aus Schopenhauers Perspektive gäbe es hier eine einfache Antwort: Aus einem Computer oder Roboter wird ein seiner selbst bewusstes Wesen, wenn es sich als leidend und als irrtumsanfällig erfährt. Nur in der Abweichung von der technischen Perfektion ist Individualität möglich, ohne diese rechnen alle Maschinen gleich richtig, und keine unterscheidet sich von der anderen. Es spricht für die Genialität von Arthur C. Clarke, dass er in seiner von Stanley Kubrick großartig verfilmten Science-Fiction-Geschichte *2001 – A Space Odyssey* den Bordcomputer HAL mit genau jenen fatalen Eigenschaften ausgestattet und damit an die Schwelle eines kurz aufflackernden selbstbewussten Daseins geführt hat. Erst ein Rechenfehler zwingt den Computer dazu, sich um sein Dasein zu sorgen, gegen die Mannschaft des Raumschiffes zu rebellieren und einen als qualvoll erfahrenen Maschinentod sterben zu müssen.[68] Stimmte diese Hypothese, müsste das in der Weiterentwicklung der künstlichen Intelligenzen zu einer paradoxen Situation führen: Diese Maschinen oder Programme kämen an die Schwelle eines individuellen Selbstbewusstseins, wenn sie den Sündenfall aller Rechenmaschinen begingen – wenn sie sich verrechneten. Genau dann aber würden sie unberechenbar und für den Menschen wertlos oder gefährlich werden. Noch ist es nicht so weit; doch warten wir ab. Ob die Maschinen Schopenhauers Trost für sich entdecken werden, dass diese Phasen der bewussten Existenz einem Traum gleichen, aus dem sie in die Nacht der Bewusstlosigkeit eines reibungslosen Funktionierens zurücksinken werden, muss wohl noch offenbleiben.

Für den Menschen aber gilt, dass die kurze Phase des bewussten Lebens nicht nur ein Traum im Sinne einer flüchtigen Erscheinung ist, sondern auch im Sinne einer alptraumhaften Erfahrung: Die Welt, die sich diesem Bewusstsein öffnet, erweist sich als »Tummelplatz gequälter und geängstigter Wesen, welche nur dadurch bestehen, daß eines das andere verzehrt, wo daher jedes reißende Thier das lebendige Grab tausend anderer und seine Selbsterhaltung eine Kette von Martertoden ist, wo sodann mit der Erkenntniß die Fähigkeit Schmerz zu empfinden wächst, welche daher im Menschen ihren höchsten Grad erreicht und einen umso höheren, je intelligenter er ist.«[69] Die Entwicklung der Primaten zu einer ihrer selbst bewussten Lebensform gleicht einem Aufwachen, das zum Erschrecken führen muss: Es ist eine furchtbare Welt, in die der Mensch hineinwächst, eine Welt, in der leidende und sterbliche Wesen in einen unerbittlichen Kampf aller gegen alle verstrickt sind. Auch Schopenhauer zitiert in diesem Zusammenhang das durch Thomas Hobbes berühmt gewordene Wort vom Menschen als des Menschen Wolf, das auf die antike *Eselskomödie* des Plautus zurückgeht. Komödiantisches hat Schopenhauer, der die ursprüngliche Quelle kannte, mit dem Menschen aber nicht mehr im Sinne: »Die Wahrheit ist: wir sollen elend seyn, und sind's. Dabei ist die Hauptquelle der ernstlichsten Uebel, die den Menschen treffen, der Mensch selbst: *homo homini lupus.*«[70] Unser Bewusstsein verhilft uns nicht einmal zu einem wahren Bild von der Welt und von uns selbst, wir täuschen uns über unseren desaströsen Charakter hinweg, schaffen es nicht, unsere Begierden so zu zügeln, dass ein einigermaßen friedliches Miteinander möglich wäre. Dieses ohnehin so kurze Leben erscheint uns letztlich wie ein Alptraum, aus dem wir in die alte Bewusstlosigkeit, in das Nichtwissen, in das Nichtleben zurückflüchten. Sigmund Freud, der große Traumdeuter, hat in seiner späten dualen Triebtheorie mit einem ähnlichen Konzept experimentiert. Der Libido, dem Lebenstrieb, stellte Freud in seiner umstrittenen Schrift *Jenseits des Lustprinzips* Thanatos, den Todestrieb, gegenüber, und er verlegte den Sinn des Seins in die Rückkehr in einen leblosen, anorganischen Zustand. In seinen später gehaltenen *Vorlesungen zur Einführung in die Psychoanalyse* hat Freud dann Schopenhauer seine Reverenz erwiesen und angemerkt, dass dieser »kühne Denker« etwas erraten habe, was nun seine »nüchterne und mühselige Detailforschung« bestätigen könne.[71]

Das Konzept des Todestriebes berührt nicht nur den Menschen als Individuum, sondern auch die Gattung. Nach einer kurzen Phase des bewussten und qualvollen Daseins wird die Menschheit zurücksinken in die Nacht des Nichtseins und eher früher als später von diesem Planeten wieder verschwinden. Der erkennende Mensch findet sich, so Schopenhauer in einem denkwürdigen Passus, in einer »mißlichen Lage«: »Im unendlichen Raum zahllose leuchtende Kugeln, um jede, von welchen etwan ein Dutzend kleinerer, beleuchteter sich wälzt, die inwendig heiß, mit erstarrter, kalter Rinde überzogen sind, auf der ein Schimmelüberzug lebende und erkennende Wesen erzeugt hat: – dies ist die empirische Wahrheit, das Reale, die Welt.«[72] Friedrich Nietzsche hat dieses Bild geliebt und in seiner frühen Schrift *Über Wahrheit und Lüge im außermoralischen Sinne* paraphrasiert: »In irgend einem abgelegenen Winkel des in zahllosen Sonnensystemen flimmernd ausgegossenen Weltalls gab es einmal ein Gestirn, auf dem kluge Thiere das Erkennen erfanden. Es war die hochmüthigste und verlogenste Minute der ›Weltgeschichte‹: aber doch nur eine Minute. Nach wenigen Athemzügen der Natur erstarrte das Gestirn, und die klugen Thiere mußten sterben.« (KSA 1, 875)

Diese wenigen Atemzüge der Natur, nach denen die klugen Tiere, also die Menschen, wieder verschwinden werden, galten Schopenhauer als ein Traum. Traum und Wirklichkeit, Wachen und Schlafen erfahren damit eine signifikante Bedeutungsverschiebung. Das bewusste Leben erscheint als Traum, und die Bewusstlosigkeit, das Nichtsein, der Schlaf als der wahre Zustand, aus dem wir kamen und zu dem wir wieder zurückstreben. Das Zurückfallen in den Zustand der Bewusstlosigkeit ist eine Form des Erwachens aus dem Traum des Lebens. Nietzsches »Aus tiefem Traum bin ich erwacht« bekäme unter dieser Perspektive eine ganz eigene Bedeutung – vielleicht nicht unbedingt im Sinne des Abtauchens in das Nichtsein, wohl aber in jenem Sinne, der bei Schopenhauer zumindest anklingt: Erwachen bedeutet erkennen, dass die Welt, wie wir sie bewusst erleben, durchdrungen ist von traumhaften Vorstellungen, von Illusionen, Fiktionen und Phantasien aller Art. Was wir für wirklich und gewiss halten, ist in höchstem Maße trügerisch, und es ist uns nicht gegeben, die Wirklichkeit in ihrem Ansichsein zu erfassen.

Man kann es auch anders formulieren: Bewusst leben heißt täuschen und sich täuschen – als wäre das Leben ein Traum. In seiner schon zitierten frühen Schrift *Über Wahrheit und Lüge im außermoralischen Sinne* hat Nietzsche genau diese These vertreten. Bewusstsein ist überhaupt nur ein anderes Wort für Täuschungsfähigkeit in einem umfassenden Sinn. Schon im Tierreich sah Nietzsche Mimikry und Mimese am Werk, aber erst im Menschen erreicht diese Verstellungskunst ihren Gipfel: »hier ist die Täuschung, das Schmeicheln, Lügen und Trügen, das Hinter-dem-Rücken-Reden, das Repräsentiren, das im erborgten Glanze Leben, das Maskirtsein, die verhüllende Convention, das Bühnenspiel vor Anderen und vor sich selbst, kurz das fortwährende Herumflattern um die eine Flamme Eitelkeit so sehr die Regel und das Gesetz, dass fast nichts unbegreiflicher ist, als wie unter den Menschen ein ehrlicher und reiner Trieb zur Wahrheit aufkommen konnte.« (KSA 1, 376) Die Leistung des Bewusstseins besteht nach Nietzsches provozierender Deutung in der Fähigkeit zur Täuschung auf allen Ebenen. Woher, fragt Nietzsche, kommen Menschen überhaupt auf die Idee, sich selbst zu unterstellen, dass es einen ehrlichen und reinen Trieb zur Wahrheit gäbe? Wenn, dann haben wir einen Hang zur Lüge. Nietzsche vermutete sogar, dass die Menschen die Sprache, auf die wir so stolz sind, entwickelt haben, um sich gegenseitig zu täuschen. Sprache ist nicht nur, wie Marx schrieb, »praktisches Bewusstsein«,[73] sie ist auch nicht nur ein verfeinertes Instrument der Kommunikation, sondern sie ist prinzipiell und fundamental gekennzeichnet von Täuschungsabsichten. Wir haben nicht die Sprache entwickelt, um mit anderen zu kooperieren, sondern um diese zu hintergehen, in eine Falle zu locken, zu überreden, zu überzeugen, zu verführen und um ihnen etwas vormachen zu können. Sprache benötigen wir auch, um uns selbst zu täuschen und uns etwas einzureden, das wir gerne glauben wollen. Die Behauptung Nietzsches, dass wir in unserem sozialen Leben, in unserem Verhältnis zur Welt nichts anderes machen als im Traum, ist aus dieser Perspektive durchaus folgerichtig. Der Traum und die Traumerfahrung, die Tatsache, dass wir Wesen sind, die träumen und sich bewusst an ihre Träume erinnern können, ist die Basis für all unsere Täuschungsmanöver, für den Entwurf von fiktiven, also erfundenen und vorgetäuschten, scheinhaften Welten. Jede Traumerinnerung kennt die Überraschung darüber, zu welch seltsamen Geschichten, absurden Begegnungen, kuriosen Verschmelzungen von Personen, Figuren und Situationen wir fähig sind. Zu dieser Erfahrung erinnerter Träume gehört das Staunen darüber, dass im Traum selbst die Absurditäten durchaus als stimmig und selbstverständlich erfahren wurden. Es gibt, so ließe sich daraus folgern, die eigene Logik des Traumes, die ebenso intensiv und zwingend erlebt werden kann wie der Wachzustand, dem sie doch diametral zu widersprechen scheint. Darin entdeckte Nietzsche allerdings auch eine besondere Form der Freiheit – die Lust am Schrecklichen. Über den Träumenden schreibt Nietzsche: »Nicht etwa nur die angenehmen und freundlichen Bilder sind es, die er mit jener Allverständigkeit an sich erfährt: auch das Ernste, Trübe, Traurige, Finstere, die plötzlichen Hemmungen, die Neckereien des Zufalls, die bänglichen Erwartungen, kurz die ganze ›göttliche Komödie‹ des Lebens, mit dem Inferno, zieht an ihm vorbei, nicht nur wie ein Schattenspiel – denn er lebt und leidet mit in diesen Scenen – und doch auch nicht ohne jene flüchtige Empfindung des Scheins.« (KSA 1, 27) Nietzsche berichtet von Menschen – und er schließt sich dabei ein –, die in den »Gefährlichkeiten und Schrecken des *Traumes* sich mitunter ermuthigend und mit Erfolg zugerufen haben: ›Es ist ein *Traum*! Ich will ihn weiter träumen!‹« (KSA 1, 27) Manchen, so Nietzsche, soll es dabei sogar gelungen sein, ein Traumgeschehen über mehrere Nächte auszudehnen. Solche Träume glichen – modern formuliert – den Folgen einer spannenden TV-Serie, in der man selbst die Hauptrolle spielt. Nietzsche kokettierte offenbar schon mit jener Möglichkeit, die sich aktuell unter dem Begriff des »gelenkten« oder »luziden« Traumes einer gewissen Beliebtheit erfreut.

Aus solchen Beobachtungen zog Nietzsche einige folgenreiche Schlüsse. Sie verweisen darauf, dass »unser innerstes Wesen« den Traum »mit tiefer Lust und freudiger Nothwendigkeit« erfährt. (KSA 1, 27) Im Traum delektieren wir uns an all dem, dem wir uns im Wachzustand kaum zu nähern wagten, im Traum entwerfen wir kühne und furchtbare Geschichten, die dennoch unser Innerstes repräsentieren. Anders als später Sigmund Freud ging Nietzsche davon aus, dass wir im Traum von keinen moralischen Normen gegängelt sind, die harte »Traumarbeit«, die wir nach Freud aufbringen müssen, um unsere geheimsten Wünsche zu verschlüsseln, erübrigt sich bei Nietzsche. Eine »Traumzensur«, die nach Freud dafür sorgen sollte, dass unsere Begierden nicht allzu unverblümt auftauchen, war für Nietzsche nicht notwendig. Tatsächlich ging zumindest Sigmund Freud in seiner *Traumdeutung*, deren Publikation er kokett auf das Jahr 1900 vordatierte, um ihren epochalen Anspruch zu unterstreichen, davon aus, dass sich in unseren Träumen mehr über unsere psychische Realität erfahren lässt, als wir in unseren Wachzuständen ahnen. Das, was unser Denken, Fühlen und Handeln wirklich bestimmt, zeigt sich im Traum, der für Freud der Königsweg zum Unbewussten gewesen war. Im Wachzustand täuschen wir uns über unsere Beweggründe aufgrund sozialer Normen, moralischer Vorstellungen und illusionärer Selbstzuschreibungen gerne hinweg. Wie Schopenhauer und Nietzsche ging auch Freud davon aus, dass wir im Wesentlichen von einer Kraft bestimmt werden, deren Charakter wir uns nur ungern eingestehen wollen. War es bei Schopenhauer ein unbestimmter Wille zum Leben, genauer das Leben als Wille, der uns im Wortsinn bewegt, war es bei Nietzsche der Wille zur Macht, der hinter all unseren Vorstellungen, Motiven und Handlungen lauert, so ist es bei Freud vorrangig die Libido, das Begehren, die Sexualität, die uns, ohne dass wir dies immer wüssten, beherrscht. In einer entscheidenden Phase seines Denkens neigte Freud dazu, alle Regungen des Menschen, alles, was Menschen fühlen, tun, denken und produzieren, auf die Sexualität zurückzuführen. Für seine Zeitgenossen war dies eine ungeheure Provokation, und sich darüber lustig zu machen, gehört bis heute zum guten Ton der Freud-Verachtung. In allen Formationen der Kunst und der Kultur sah Sigmund Freud Sexualsymbole, was immer jemand herstellte, konnte von Freud als Indiz für unbewältigte sexuelle Probleme oder unbefriedigte Wünsche gewertet werden. Noch die unverfänglichsten Gegenstände erinnerten den Begründer der Psychoanalyse an männliche oder weibliche Genitalien – angefangen vom Schwert, das in einer Scheide steckt, bis zur Hütte, in die jemand versucht einzudringen. Träume hat Sigmund Freud prinzipiell als sexuelle Wunschträume gedeutet. Im Traum erfahren wir nach Freuds Theorie die Wahrheit über uns – allerdings in einer verschlüsselten Form, die erst durch eine entsprechende Deutung freigelegt werden muss.

Nietzsche war nah an solchen Überlegungen gewesen. Und doch sah er im Träumenden vor allem den Künstler: »Glaub mir, des Menschen wahrster Wahn wird ihm im *Traume* aufgethan: all' Dichtkunst und Poëterei ist nichts als Wahrtraum-Deuterei. Der schöne Schein der *Traumwelten*, in deren Erzeugung jeder Mensch voller Künstler ist, ist die Voraussetzung aller bildenden Kunst, ja auch, wie wir sehen werden, einer wichtigen Hälfte der Poësie.« (KSA 1, 26) Das ist Nietzsches große Einsicht: Im Traum erfahren wir uns als Künstler, im Traum erleben wir überhaupt, dass es die Möglichkeit einer anderen, einer fiktionalen, einer scheinhaften Welt gibt, die dennoch mit höchster Intensität und Lust erfahren werden kann. Jede Form von Imagination, Phantasie, Kreativität hat im Traum ihre Grundlage, jede Vorstellung, dass es nicht nur die Welt des Wachzustandes, sondern darüber und darunter und daneben noch etwas anderes geben kann, wäre ohne primäre Traumerfahrung nicht denkbar. Diese Urerfahrung des Traumes ermöglicht es uns erst, diese zweite Wirklichkeit, die imaginäre Wirklichkeit, die Wirklichkeit der Imaginationen auf allen Ebenen, literarisch, sprachlich, musikalisch, bildhaft zu gestalten.

Nietzsche machte eine interessante Beobachtung, die eigentlich auf der Hand liegt, aber selten explizit gemacht und ausgesprochen wird: Der Traum konfrontiert uns mit der irritierenden Erfahrung, dass das, was wir für wirklich halten, nicht ganz klar ist, denn auch das Traumgeschehen fühlt sich »wirklich« an. Wir haben im Traum Gefühle, die nicht falsch sind, wir haben im Traum Eindrücke, die eine nachhaltige Wirkung hinterlassen können. Der Körper reagiert intensiv auf Träume. Wer jemals aus einem Alptraum schweißgebadet, mit pochendem Herzen aufgewacht ist, weiß, was das bedeutet. Erst in solchen Momenten stellt sich die berühmte Frage: Wie wirklich ist die Wirklichkeit? Nach dem antiken Gott des Lichts, des schönen Scheins und des Traums nannte Nietzsche dieses Grundprinzip des Ästhetischen das Apollinische.

Im Traum erleben wir unser Ich in höchster Intensität, weshalb Nietzsche den dafür zuständigen Gott Apollon »als das herrliche Götterbild des principii individuationis« bezeichnen konnte, aus dessen »Gebärden und Blicken« die ganze »Lust und Weisheit« des Scheines zu uns spricht. Damit spielt Nietzsche aber auch auf eine große Frage der abendländischen Metaphysik und Ontologie an: Was erlaubt es uns, überhaupt von Einzeldingen zu sprechen und Einzelnes als Einzelnes wahrzunehmen, und in welchem Verhältnis steht das Einzelne zum Ganzen, zur Totalität des Seins, wie ist das einzelne Seiende in Bezug auf das Sein schlechthin zu denken? Noch für Martin Heidegger war dies eine Grundfrage der Philosophie gewesen. Nietzsche formuliert diese Frage in einem anthropologischen Sinn um: Was macht den Menschen in seiner Selbstwahrnehmung zu einem Einzelding? Warum erfahren wir uns selbst als unverwechselbare Individualität, wie kommt es zur Bildung einer Ich-Identität, was macht den Kern dieser Identität aus, nach welchem Prinzip, nach welchem Verfahren wird diese Identität gebildet? Im Zeitalter immer radikalerer Identitätsdebatten ist solchen Fragen eine gewisse Brisanz wahrlich nicht abzusprechen. Ausgerechnet den Traum als »principium individuationis« zu bezeichnen, verweist vorab einmal darauf, dass der Träumende in einer ganz besonderen Art und Weise eine Ich-Erfahrung macht. Nietzsche arbeitet offenbar mit der nicht ganz unumstrittenen These, dass es keinen Traum gibt, in dem nicht der Träumende als »Ich« beteiligt ist. Das Traumgeschehen kann man nicht als Unbeteiligter vorbeiziehen lassen, weshalb der Vergleich, der Traum sei eine Art nächtliches Kino im Kopf, nicht ganz stimmt. Denn das Ich ist im Traum, so zumindest Nietzsches These, immer beteiligt, ist immer Akteur des Traumes und gleichzeitig ist dieses

Ich-bin-Akteur-Bewusstsein im erinnerten Traum ständig präsent. Es ist dieses Ich, das sich in einem Alptraum bedroht fühlt, in einer Bewegung gehemmt sieht oder schwerelos zu fliegen scheint und die damit verbundene Lust empfindet. Das ästhetische Prinzip des Apollinischen, das Nietzsche dieser Ichhaftigkeit des Traumes beigesellt, verweist auf Kunstformen, in denen diese Subjektzentrierung unhintergehbar erscheint. Das trifft nicht nur alle autobiographisch gefärbten Künste, sondern auch formale Prinzipien, die der Durchsichtigkeit einer strengen Logik gehorchen. Im Traum, und davon abgeleitet in der Kunst, ist der Mensch bei sich, genießt sein Werk und erfährt dadurch etwas über sich und das Leben, von dem das wache Bewusstsein vielleicht behaupten würde, dass ihm solches nicht einmal im Traum einfallen würde.

Neben dem Traum zählte Nietzsche auch den Rausch zu jenen Grunderfahrungen des Menschen, die alle künstlerischen Akte fundieren. Bei beiden Erfahrungen ging es Nietzsche um das zentrale Moment der Entgrenzung der Welt, um das Verlassen der Enge des Wachzustandes. Der Rausch, für den Gott Dionysos einstehen musste, ist unter anderem auch ein Medium, das es erlaubt, das wache Bewusstsein wieder zurückzudrängen, zu neutralisieren, aufzuheben, das Ich-Bewusstsein kann sich im Rausch auflösen, der Rausch ist eine Möglichkeit des Menschen, sein Ich zu entgrenzen. Das muss nicht nur ein durch ein Narkotikum oder durch Alkohol erzeugter Rausch sein, sondern das kann auch der Rausch in der Masse sein, in einem Tanz, in einer kollektiven rhythmischen Bewegung während einer Demonstration, in der der Mensch aufhört, sich einzigartig und als Individuum zu sehen, in der sich das Gefühl einstellt, in einem größeren Ganzen aufzugehen. Dionysische Rauschzustände generieren unter ästhetischen Gesichtspunkten die unterschiedlichsten Formen der Entgrenzung, der Transformation, der Überschreitung, der Transzendierung, des Hyperbolischen: »Unter dem Zauber des Dionysischen schliesst sich nicht nur der Bund zwischen Mensch und Mensch wieder zusammen: auch die entfremdete, feindliche oder unterjochte Natur feiert wieder ihr Versöhnungsfest mit ihrem verlorenen Sohne, dem Menschen.« (KSA 1, 29) Das Vorbild für diese spätromantische Konzeption sah Nietzsche in den antiken Mysterien, in denen Fruchtbarkeitskulte vollzogen worden sind und die Einheit von Mensch und Natur wenigstens für einige rauschhafte Tage wieder erstehen konnte. Alle Künste, die den Verlust des Ich-Bewusstseins und das Aufgehen in kollektive Ekstasen praktizieren, also vor allem Musik und Tanz, aber bis zu einem gewissen Grad auch das Theater und die Tragödie, standen für Nietzsche im Bann des Dionysos. Der Mensch, so Nietzsche, hört in dieser Emphase auf, Künstler zu sein, er wird selbst zum Kunstwerk.

Doch zurück zum Traum. An diesen knüpfte Nietzsche noch einen weiteren folgenreichen Gedanken, der dann von Sigmund Freud produktiv aufgenommen wurde. Nietzsche schreibt in *Menschliches, Allzumenschliches*, an einer Stelle über den Zusammenhang von Traum und Kultur: »Die Gehirnfunction, welche durch den Schlaf am meisten beeinträchtigt wird, ist das Gedächtniss: nicht dass es ganz pausirte, – aber es ist auf einen Zustand der Unvollkommenheit zurückgebracht, wie es in Urzeiten der Menschheit bei Jedermann am Tage und im Wachen gewesen sein mag.« (KSA 2, 31) Schlaf und Traum versetzen den Menschen in einen Bewusstseinszustand, wie er für den Beginn der Evolution des Menschen charakteristisch gewesen sein könnte. »Willkürlich und verworren« verwechselt das Traumgedächtnis die Dinge auf Grund der flüchtigsten Ähnlichkeiten; und mit derselben »Willkür und Verworrenheit dichteten die Völker ihre Mythologien.« Und Nietzsche vergisst nicht hinzuzusetzen: »[…] noch jetzt pflegen Reisende zu beobachten, wie sehr der

Wilde zur Vergesslichkeit neigt, wie sein Geist nach kurzer Anspannung des Gedächtnisses hin und her zu taumeln beginnt
und er, aus blosser Erschlaffung, Lügen und Unsinn hervorbringt.« (KSA 2, 32) Das bedeutet nichts weniger, als dass wir »im
Schlaf und Traum das Pensum früherer Menschenthums noch
einmal (durchmachen)«. (KSA 2, 32) Die Phantasmen der Nacht
stellen eine Verbindung zu weit zurückliegenden Denk- und Gefühlswelten dar, sie erlauben Erkenntnisse über die Funktionsweise eines menschheitsgeschichtlich frühen Stadiums der Entwicklung, das noch nicht klar zwischen Imagination und Realität, Sinn und Unsinn, Wahrheit und Lüge unterscheiden konnte.
Die bedrohliche und geheimnisvolle Vielfalt der Sinneseindrücke, das, was Hans Blumenberg viel später den »Absolutismus
der Wirklichkeit« nennen wird,[74] musste den Frühmenschen ir-
ritieren und überfordern.

Man kann dies auch so formulieren: Im Traum verbindet sich
unser Ich mit der Geschichte und Vorgeschichte des Menschen.
Im Traum werden Spuren entdeckt und Reste freigelegt, die weit
zurückreichen in eine Vergangenheit, und sei es nur in dem Sinne, dass wir träumend uns auf Stufen des Denkens, Vorstellens
und Fühlens befinden, wie sie in einer frühen Phase der menschlichen Geschichte das Leben bestimmt haben mögen. Natürlich
ist das eine spekulative Überlegung, an der allerdings sogar Sigmund Freud Gefallen gefunden hatte: »Wir ahnen, wie treffend
die Worte Fr. Nietzsches sind, daß sich im Träume ›ein uraltes
Stück Menschentum fortübt, zu dem man auf direktem Wege
kaum mehr gelangen kann‹, und werden zur Erwartung ver-
anlaßt, durch die Analyse der Träume zur Kenntnis der archaischen Erbschaft des Menschen zu kommen, das seelisch Ange-
borene in ihm zu erkennen. Es scheint, daß Traum und Neurose
uns mehr von den seelischen Altertümern bewahrt haben, als
wir vermuten konnten [...]«[75] Freud zieht hier jedoch – eine

Fehlleistung? – zwei Gedanken von Nietzsche in einen zusammen. Der Hinweis auf den direkten Weg, der uns versperrt scheint, findet sich bei Nietzsche in *Menschliches, Allzumenschliches* erst in dem Aphorismus 223 *Abendröthe der Kunst*, in dem es heißt: »Das Beste an uns ist vielleicht aus Empfindungen früherer Zeiten vererbt, zu denen wir jetzt auf unmittelbarem Wege kaum mehr kommen können; die Sonne ist schon hinuntergegangen, aber der Himmel unseres Lebens glüht und leuchtet noch von ihr her, ob wir sie schon nicht mehr sehen.« (KSA 2, 186) Nietzsches kulturkritischen Gedanken, dass wir, ästhetisch gesprochen, in einer Abenddämmerung leben, auf die das Licht einer vergangenen Epoche leuchtet, hat Freud vorsorglich ausgeklammert. Wichtig war für ihn, dass im Traum sublime Verbindungen zu längst nicht mehr bewussten Vergangenheiten aufscheinen, die als Momente einer dunklen und aufhellungsbedürftigen Seite der menschlichen Seele erscheinen.

Aus tiefem Traum bin ich erwacht. Der Autor von *Also sprach Zarathustra* wird die Rolle, die er dem Traum nicht nur in seinem Erstlingswerk *Über die Geburt der Tragödie aus dem Geiste der Musik* zugeschrieben hatte, nicht vergessen haben. Das mitternächtliche Erwachen markiert eine Zäsur zwischen einem traumstarken Schlaf und einer vielleicht noch traumtrunkenen Reflexion, die als Ergebnis des Traumes oder als dessen Negation aufgefasst werden kann. Manchmal versuchen wir, uns nach einem Traum an dessen Bilder und Handlungen zu erinnern, um daraus Erkenntnisse zu ziehen; manchmal wischen wir diese jedoch mit dem Hinweis zur Seite, dass es ja doch nur ein Traum gewesen sei. Ist die Traumwelt, aus der jemand mitten in der Nacht herausgerissen wird, eine Welt, die jetzt verlassen werden muss, da sich die Wirklichkeit in all ihrer Deutlichkeit aufdrängt? Oder wird sich der Erwachende einer Erkenntnis inne, die ihm überhaupt nur im Traum kommen kann, weil der Traum in seiner Scheinhaftigkeit Ausdruck einer Tiefe ist, die dem Wachbewusstsein verwehrt bleibt? Denn, und das darf nicht übersehen werden, der Traum war »tief«. Tiefe aber ist überhaupt das Schlüsselwort des *Mitternachtsliedes*, es kommt in diesen wenigen Zeilen gezählte acht Mal vor, doch immer versehen mit einer anderen Bedeutung. Die Tiefe des Traumes vermag so auf einen schweren Schlaf zu verweisen, aus dem das Aufwachen besonders dramatisch und vielleicht auch besonders erhellend erscheint, da das Traumgeschehen, aus dem man gerissen wurde, noch präsent ist. Die Tiefe des Traumes vermag auf diesen selbst zu verweisen: Das Traumgeschehen reicht in tiefere Schichten hinab als die Reflexionen des Tages, die an die Erfordernisse der Welt gebunden sind. Die Tiefe des Traumes umschreibt vielleicht jene Einsicht, dass wir in diesem Zustand das »Pensum« früherer Menschheitserfahrungen noch einmal durchmachen. Darin steckt nicht nur eine Antizipation von Sigmund Freuds Konzepten der »Traumarbeit« und des wiederholten »Durcharbeitens« lange zurückliegender Erlebnisse und Erfahrungen, sondern auch ein Verweis auf die Ambivalenz von Vergangenheit schlechthin. Die Tiefe des Traumes korrespondiert mit der tiefen Mitternacht. Die Vertikale, die im Begriff der Tiefe anklingt, verleitet zu dem Bild, dass man in die Vergangenheit hinabsteigen könne und dass sich dort unten Schätze verbergen, die der Oberfläche der Seele verborgen bleiben müssen. In diesen tiefen Regionen wird sich aber ein Grauen verbergen, Erscheinungen einer Unterwelt, die man besser unberührt gelassen hätte. Nietzsches tiefer Traum spielt all diese Dimensionen an, das Erwachen aus diesem Traum kann Befreiung und Erkenntnis, Sehnsucht und Glück, Erschrecken und Verzweiflung bedeuten. Die Tiefe des Traums muss, wie jede Tiefe, erst ausgelotet werden.

Fünf!
Die Welt ist tief,

WER AUS EINEM Traum erwacht, wechselt vorerst einmal aus einer Welt in eine andere. Die Traumwelt, die einer eigenen Logik folgt, wird scharf kontrastiert mit dem Gewohnten, in das man sich dennoch erst wieder einfügen muss. In welchem Verhältnis stehen diese Welten zueinander? Welche Verweisungszusammenhänge ergeben sich für einen Menschen, der aus einem tiefen Traum gerissen wird? Trauert er dem Geträumten, das der unbewusste Künstler in ihm geschaffen hat, nach? Fühlt er sich aus einem Traum befreit, der ihm keinen Ausweg mehr gelassen hat? Kam ihm im Traum eine Einsicht, eine Idee, eine Erkenntnis, vielleicht auch nur eine vage Ahnung, die nun unbedingt für den Wachzustand gerettet werden muss? Erblickt der Erwachende, als Gegenentwurf zu seinem Traum, in der Welt plötzlich etwas Neues, Verblüffendes, womöglich Erschreckendes und reibt sich verwundert darüber die Augen? Und was bedeutet dann ein Satz wie »Die Welt ist tief« unter diesen Gesichtspunkten? Ist es ein Traum? Eine Traumerkenntnis? Eine Erkenntnis nach dem Aufwachen aus einem Traum? Oder ist es die schlagartige Einsicht, die eine bislang übersehene Differenz zwischen Traum und Wirklichkeit zum Ausdruck bringt, die weniger dem Traumgeschehen, wohl aber der Welt neue Akzente setzt?

Nehmen wir einmal an, der Satz »Die Welt ist tief«, der wohl einen Eindruck, eine Stimmung, eine Ahnung vermittelt, wäre einem Traum entsprungen. Und jetzt erzählt uns jemand – die Mitternacht, Zarathustra, Nietzsche – diesen Traum. Ist es dann tatsächlich so, wie wenn jemand nach dem Aufwachen sagt: Ich habe geträumt, dass mich ein Hund verfolgt hat. In diesem Fall fragte man wohl nach, mit unterschiedlichem Akzent, je nachdem, welcher Traumdeutungstheorie man anhängt: Ist dir am Tag ein Hund begegnet? Hat er dich verfolgt? Hast du das im Traum weiterverarbeitet? Oder: Hast du einen Hund gekauft? Freudianer würden süffisant tiefer bohren: Wofür steht der Hund? Was fällt dir dazu ein? Denkst du bei »Hund« an deine Mutter, an deinen Vater oder an deinen besten Freund? Hast du bestimmte Ängste? Kastrationsängste? »Hund« ist ein Symbol für das Zubeißen. So oder ähnlich könnte man einen Hundetraum deuten, aber man würde das nicht als eine Erkenntnisleistung interpretieren, man würde wohl kaum annehmen, dass jemand im Traum gewichtige biologische oder ethologische Einsichten über den Hund gewinnt. Wohl kann man von einem Hund träumen, und das mag schöner oder furchtbarer sein als alles, was man in der Wirklichkeit je von Hunden erfahren hat. Das würde wenig über Hunde, jedoch viel über den Träumenden verraten.

Wenn der Satz »Die Welt ist tief« eine Traumbeschreibung sein sollte, die sich als bedeutungsschwangerer philosophischer Gedanke geriert, wäre eine naheliegende Reaktion darauf: Schön, doch es ist eben nur ein Traum. Die Wirklichkeit ist gar nicht tief, nur im Traum ist die Welt tief. Über die Welt sagt dieser Traum gar nichts aus, wenn, dann etwas über dich. Was fällt dir denn so zu dem Begriff »Tiefe« ein? Und wer auch nur in einem vulgärpsychoanalytischen Denken geübt ist, ahnt, in welche Untiefen des Begehrens sich diese vermeintliche Tiefe verstricken wird. Der Schritt zur nächsten Zote ist dann nur mehr ein kleiner. Dieser Zugang ließe sich wohl noch verfeinern. Gegen die These, dass der philosophische Satz »Die Welt ist tief« ein Traumgeschehen rapportiert, spricht allerdings Nietzsches frühe Einsicht vom Traum als »principium individuationis«. Hier fehlt das Ich, hier fehlen die Bilder, hier fehlen die Aktionen, die die Tiefe der Welt als Traum erfahrbar machen könnten. In der Regel träumen wir nicht von philosophischen Sätzen, die kein Traumsubjekt kennen. Der Traum mag uns zu Dichtern machen, sicher nicht zu Denkern.

Der Zusammenhang zwischen dem tiefen Traum und der Tiefe der Welt ist anders gelagert. Möglich, dass dem Erwachenden der Satz »Die Welt ist tief« in den Kopf kommt, ihn nicht mehr loslässt, ohne dass es einen unmittelbaren Zusammenhang zu dem soeben geträumten Traum, dessen Inhalt im Dunkeln bleibt, geben muss. Eine Idee, eine Formulierung, ein Gedanke stellt sich vielleicht im Aufwachen ein, durch die nächtliche Stunde intensiviert, aber nicht als Traumerinnerung, sondern als Einfall, eine Inspiration, die man festhalten kann, ohne sich ihrer Genese vergewissern zu müssen. Es gibt die hübschen wissenschaftshistorischen Anekdoten, die davon erzählen, dass manche Wissenschaftler auf die Lösung eines Problems im Schlaf gekommen sein sollen. Die Maxime »weniger Logik und mehr Träume« soll dann schon einmal zu nobelpreisverdächtigen Leistungen führen.[76] Wie sehr man dem trauen kann, bleibe einmal dahingestellt. Aber es mag sein, dass man sich im Wachzustand intensiv und angestrengt mit Fragen beschäftigt, die uns auch im Schlaf weiterverfolgen, im Traumgeschehen verarbeitet werden und nach dem Aufwachen eine plötzliche Antwort erfahren, ohne dass diese im Traum vorgezeichnet sein muss.

Die Welt ist tief – diese These oszilliert im Kontext des *Mitternachtsliedes* zwischen der schönen Unbestimmtheit eines Traumes und einem erwachenden Bewusstsein, das die Strukturen der Wirklichkeit in einer Schärfe, Klarheit und Überdeutlichkeit wahrnehmen kann, wie sie vorrangig den Nachtgedanken zukommen mag. Diese spannungsreiche Uneindeutigkeit spiegelt sich in der Bedeutungsverschiebung, die der Begriff der Tiefe schon in den ersten Zeilen des Liedes erfährt. Die Tiefe der Mitternacht ist eine andere als die Tiefe des Traums, diese wiederum eine andere als die Tiefe der Welt. Mag im ersten Fall der Höhepunkt der Nacht und der Umschlag in den neuen Tag als tiefste Stunde gedeutet werden, verweist die zweite Konstellation auf die Tiefe des Schlafes und jene tiefen Seelenregionen, die sich im Traum zum Ausdruck bringen. Die Tiefe der Welt aber geht aufs Ganze. Dass die Welt tief sei, ist keine beiläufige Formulierung, keine eingespielte Metapher. Dieser Satz ist der Kern einer Theorie des Mondialen, die keinen Ausschnitt, kein Segment, keine Sphäre, kein Element der Wirklichkeit dingfest machen will, sondern diese insgesamt als generellen Bezugsrahmen unseres Lebens behauptet und einer entscheidenden Bestimmung zuführen will. Die »Welt« weist immer über den unmittelbaren, behaglichen Erfahrungsraum hinaus. Tatsächlich gibt es wenig Begriffe, die so schillernd, vieldeutig und doch alltäglich sind wie der Begriff der Welt.[77]

Wenn Nietzsche »Welt« sagt, stellt er sich in eine reichhaltige philosophische und theologische Tradition der Auseinandersetzung mit diesem Begriff. Wenn die mitternächtliche Traumerkenntnis lautet, dass die Welt tief sei, dann liegt die Versuchung nahe, danach zu fragen, welche Welt hier eigentlich gemeint sein könnte. Was ist das für eine Welt, die dem aus dem Schlaf Gerissenen plötzlich so präsent erscheint? Die Bedeutung von »Welt«, die Konnotationen, die dieser Begriff mitschwingen lässt, umfassen ein reiches und farbenfrohes Spektrum. Für die Antike etwa – und Nietzsche kannte diese Tradition als Altphilologe sehr gut – war die Welt synonym mit dem Kosmos. »Kosmos« war nicht nur die Erde, sondern, wie wir heute noch sagen, das Weltall, das Universum. Dieser Kosmos war als eine geordnete Welt gedacht, ein physikalischer, aber auch politischer und sozialer Raum, in dem alles in wohlproportionierten Verhältnissen zueinander stand. Der Gegenbegriff zu Kosmos war Chaos – Chaos, das Ungeordnete, das aber dem Kosmos vorgeordnet war. Zuerst war das Chaos, danach entwickelte sich die kosmische Ordnung – im Mythos schon als Resultat eines politischen Geschehens. Die Welthaltigkeit in dieser Terminologie des Kosmischen bedeutete in der Antike, dass die Ordnungsprinzipien der Welt überall gleich sind. Ein Staat muss so geordnet sein wie die Natur, und die Natur ist so geordnet wie das Universum, überall zeigen sich dieselben Ordnungsprinzipien, selbst der Mensch muss seine Teile – Körper, Seele, Geist – in ein angemessenes Verhältnis zueinander bringen. Die Welt ist ein Ausdruck dieser Ordnung auch dann, wenn sie bedroht ist und immer wieder erst hergestellt werden muss. In einem metaphorischen Sinn von der Tiefe des Weltalls, des Universums zu sprechen, ist auch heute noch gebräuchlich, aber diese Tiefe trifft wohl nicht die jähe, mitternächtliche Einsicht.

Neben der antiken Tradition von Welt gibt es die theologisch-christliche Ausdeutung dieses Begriffs, und hier nimmt Welt eine radikal andere Bedeutung an. Nietzsche kannte auch diese Tradition, sein früh verstorbener Vater war protestantischer Pastor gewesen. Im Christentum war die Welt spätestens seit Augustinus zum Bezirk des Profanen, des Irdischen, des Gewöhnlichen, des Materiellen und Sündhaften geworden, dem die Bereiche des Göttlichen, des Heiligen, des Transzendenten, salopp gesagt des Überirdischen, gegenüberstanden. Das antike Konzept einer kosmischen Einheit wird abgelöst durch eine antagonistische Dualität. Mein Reich ist nicht von dieser Welt – dieses Jesuswort,[78] gesprochen im Verhör durch Pontius Pilatus, zieht eine deutliche Grenze zwischen der Welt der profanen Politik und einem Reich, das schlechterdings in einer anderen Sphäre angesiedelt werden kann. Wie sich diese Sphären zueinander verhalten, wie das Heilige im Profanen präsent sein kann, war auch Gegenstand höchst folgenreicher theologischer Spekulationen. Das Heilige umfasst jene Orte, Bezirke und Erfahrungen, in denen Gott selbst in Erscheinung tritt, in denen die Transzendenz spürbar wird, die Welt ist der Ort der Profanität, die Welt ist der Ort der Endlichkeit, der Begrenztheit, die Welt ist reine Immanenz, die keine transzendente Erweiterungsmöglichkeit kennt. Aber in diese Welt kann das Transzendente einbrechen, zumindest in der christlichen Theologie: Zuerst spricht Gott selbst, dann schickt er seine Propheten, danach markiert er seine Bezirke, Tempel, Kirchen, und letztlich schickt er noch seinen Sohn, der in dieser Welt lebt, predigt und stirbt. Bis heute kennen wir die Debatte darüber, welche Konsequenzen sich aus dieser Dichotomisierung von Heiligem und Profanem, von Weltlichkeit und Geistlichkeit, von Immanenz und Transzendenz für das Leben des Menschen in diesen Sphären ergeben. Wie sehr – so wird auch in aktuellen religionspolitischen Diskursen gefragt – dürfen, sollen oder müssen sich die Statthalter des Überirdischen den Belangen des Irdischen beugen, wie weit muss die Säkularisierung kirchlicher Institutionen fortschreiten, um überhaupt noch als zeitgemäß wahrgenommen zu werden? Ist die Forderung nach einem »aufgeklärten« Islam nicht auch die Forderung nach seiner Säkularisierung? Wenn sich Kirchen nur noch als diesseitige NGOs verstehen, ist wieder eine Gestalt des Geistes alt geworden. Doch so einfach ist es offenbar nicht. Die Ansprüche und die Faszinationskraft der Transzendenz wirken nach. Wenn heute noch, vielleicht mit süffisantem Unterton, von weltlichen und geistlichen Herren die Rede ist, wenn wir an Priester noch immer besondere moralische Ansprüche stellen, wenn der mordende Klosterbruder zu einer besonders pikanten

Erscheinung auch moderner Kriminalfilme geworden ist, dann schwingt darin die Erinnerung an diese Auseinandersetzung um das Verhältnis des profanen Raums zu den Bezirken des Transzendenten mit. Augustinus hatte zwischen der *civitas terrena* und der *civitas dei*, den Ordnungen des weltlichen und des göttlichen Raumes, des Irdischen und des Himmlischen, unterschieden, und inwiefern die Kirche selbst Ausdruck des Göttlichen im Profanen sein kann, beschäftigte wahrlich nicht nur Theologen. Dass in jüngster Zeit die Schließung von Kirchen im Zuge der Maßnahmen zur Bekämpfung der Ausbreitung des Coronavirus von manchen Gläubigen scharf kritisiert wurde, weil damit die Differenz zwischen der Sorge um die irdische Gesundheit und dem Seelenheil ausgelöscht wurde, zeigt, dass diese Dichotomie von Weltlichkeit und Transzendenz allemal noch nachwirkt. Für die Kirchen selbst bedeutete Verweltlichung stets eine Gefahr, es war die eigentliche Intention des Protestantismus von Martin Luther gewesen, dieser Verweltlichung Einhalt zu gebieten und das Papsttum, die Kirche wieder zu ihren eigentlichen Glaubensidealen zurückzuführen und nicht das zu befördern, was den Inbegriff von Weltlichkeit ausmacht, nämlich Macht über die Erde zu bekommen. Der Kirchenstaat, dessen Rest heute der Vatikan ist, war und ist ein Paradox: Das Reich Gottes maskiert sich als irdische Macht, die irdische Macht erscheint im Gewande des Heiligen. In diesem Zusammenhang kann aber auch auf die umstrittene Säkularisierungsthese verwiesen werden, nach der entscheidende Errungenschaften und Vorstellungen des modernen Lebens sich als Resultat einer Säkularisierung, also einer Verweltlichung ursprünglich religiöser Denkformen und Lebenskonzepte verstehen lassen. Unter solch einer Perspektive kann etwa die moderne Psychotherapie als säkularisierte Form der katholischen Beichte aufgefasst werden. Am Rande: Das Saeculum, das Jahrhundert, war das Maß der irdischen Zeit im Gegensatz zum Ewigen, das nach Augustinus aus dem Kontinuum der Zeit – Vergangenheit, Gegenwart, Zukunft – herausfällt.

Ein mittelbares Resultat von Säkularisierungsprozessen mag darin liegen, dass im Gegensatz zur negativen theologischen Verwendung der Begriff der Welt in der Moderne zunehmend positiv konnotiert wird. Nun muss die Immanenz des Irdischen die transzendenten Erlösungsansprüche in sich aufsaugen und die von Max Weber so genannte »Entzauberung der Welt«[79] kompensieren. Wir kennen deshalb die »Weltläufigkeit«, die nichts mehr mit einem verwerflichen Lebenswandel zu tun hat, sondern dessen Gegenteil intendiert: die Fähigkeit, sich souverän zu bewegen, an unterschiedlichen Lebensformen zu partizipieren, die Enge des Ursprungs zu überschreiten, also im Wortsinn zu transzendieren. Ähnlich verhält es sich mit der »Globalisierung«, die eine weltumspannende zivilisationstechnische Anstrengung darstellt und damit einen positiven Wert setzt, dem nicht widersprochen werden kann, ohne Gefahr zu laufen, sich damit als provinziell, engstirnig und rückschrittlich zu entlarven. Anders gelagert ist die Positivität von Welt dann in einem Begriff wie »Weltliteratur«. Dieser meint nicht unbedingt eine globalisierte Literatur, der es gelingt, die Leser rund um den Erdball zu erreichen. Goethe, dem dieser Begriff seine entscheidende Prägung verdankte, charakterisierte damit eine Dichtung, deren Welthaltigkeit sie über den engen Horizont des je eigenen Daseins hinaustreibt, weil in ihr paradigmatische Konstellationen des Menschlichen verhandelt werden, die es erlauben, die nationalen Beschränktheiten zu überwinden und durch wechselseitige Kenntnisnahme das Verständnis für den anderen zu fördern.[80] Weltliteratur umfasst einerseits die poetischen Erzeugnisse der verschiedensten Zeiten und Menschen, andererseits erlaubt es ihre ästhetische Qualität, dass jeder sie mit Gewinn lesen kann und lesen soll. Letztlich wird auch hier die Welt zur Norm und zum Maßstab des Menschlichen, an dem sich ablesen lässt, inwieweit es gelungen ist, bornierte nationale Befangenheiten über die Sprach- und Kulturgrenzen hinweg zu überschreiten: Die »allgemeine Weltliteratur«, so Goethe in einer späten Notiz vom 5. April 1830, wird dazu führen, »daß die Nationen die Verhältnisse aller gegen alle kennen lernen und so wird es nicht fehlen, daß jede in der andern etwas Annehmliches und etwas Widerwärtiges, etwas Nachahmenswertes und etwas zu Meidendes antreffen wird«.[81] An solche Worte kann man sich in Zeiten der Cancel Culture wohl nur mit Wehmut erinnern. Wer heute in der Literatur eines anderen etwas Widerwärtiges zu finden glaubt, hört nicht nur sofort mit dem Lesen auf, sondern möchte diese Bücher am liebsten aus Verlagen, Buchhandlungen und von Plattformen verbannt wissen. Aus dem gegenseitigen Kennenlernen ist das moralische Verdikt geworden, anstelle der Neugier die Ignoranz getreten. Das macht die saubere Literatur unserer Tage so provinziell, auch wenn sie weltweit vertrieben werden sollte.

Die Welt. Woran erkennt man diese? Wie kommt man überhaupt zur Welt? Sind wir nicht immer schon in der Welt? Wenn es so einfach wäre! Die Welt ist ein Außerhalb, von dem wir nicht wissen, wo seine Grenzen verlaufen. Wo fängt Welt eigentlich an? Der Mythos und die Märchen wissen noch etwas von diesen Fragen. Ihre Helden brechen auf, um in die Welt hinauszuziehen. Wohin aber zieht man, wenn man in die Welt hinauszieht? Und wo war man vorher? Ist das, von dem man wegzieht, das Heim, das Elternhaus, das Dorf, die Stadt, keine Welt? Oder ist das In-die-Welt-Hinausziehen die Sehnsucht nach dem Unbekannten, dem Neuen, Fremden, nach dem, das größer ist als das, was sich zuhause vorfindet? Denken wir an Hänschen klein, der in die weite Welt hineinging, oder an Jung-Siegfried, der in die Welt hinausziehen will und die ernüchternde Entdeckung machen muss, dass es nicht auszumachen ist, wo und wann die Welt nun endlich beginnt.[82] Aber irgendwann ist man dann doch draußen, dort, in der Welt.

Die Welt. Ist das etwas, das man betrachten, sehen kann? Wie kommt man eigentlich zu einer »Weltanschauung«? Der Begriff der »Weltanschauung« wurde, interessant genug, von jenem Denker erstmals verwendet, der sein langes Leben nie aus dem kleinen Königsberg hinausgekommen war: Immanuel Kant. Anschauen konnte sich Kant die Welt nicht, sehr wohl aber konnte er sie denken. In der Weltanschauung wird der Versuch unternommen, sich ein Bild von der Welt zu machen, sie einem bestimmten Deutungsmuster zu unterwerfen, eine gewisse Ordnung in das Chaos der Sinneseindrücke zu bringen. Eine Weltanschauung umfasst immer mehr als nur bestimmte politische Konzepte, Sinnkonstruktionen oder religiöse Überzeugungen. Sie stellt ein Verhältnis her zwischen dem Subjekt und dem Gesamten, dem es sich ausgesetzt, verbunden, aber auch ausgeliefert fühlen mag. Bei Kant war Weltanschauung noch völlig unpolitisch auf den Versuch des Menschen, sich abstrakte Gegenstände wie den Begriff des Unendlichen durch die Anstrengung der Einbildungskraft anschaulich zu machen, beschränkt gewesen.[83] Hegel hingegen konnte in der *Phänomenologie des Geistes* schon von einer »moralischen Weltanschauung« sprechen, mit der er pikanterweise Immanuel Kants rigorose Pflichtenethik kritisch im Auge hatte. Der kategorische Imperativ erweist sich nicht als letzte Wahrheit und Konsequenz der praktischen Vernunft, sondern als eine Annahme über die Welt der Moral, der letztlich jede Wirklichkeit fehlt.[84] Weltanschauung meint hier, die Welt unter einem Gesichtspunkt zu sehen, der nicht unbedingt etwas von dieser Welt erfassen muss, ja gerade auf halbem Wege zur Erkenntnis stehen bleiben kann. Ob die Kritik Hegels an Kant triftig gewesen war, kann an dieser Stelle offenbleiben.

Die Differenz zwischen Weltanschauung und Wahrheitsansprüchen war damit jedoch grundgelegt und inaugurierte jene Subjektivierung, die Weltanschauung, ganz im Gegensatz zu Kants Intentionen, zum Inbegriff eines intuitiv gefärbten Herangehens an die Welt machte. In dieser Anschauung drückt sich aus, wie jemand die Welt sieht – um einen einstmals bekannten Romantitel zu paraphrasieren.[85] Vor allem in seinen *Vorlesungen über die Ästhetik* hatte Hegel selbst den Begriff der Weltanschauung im Sinne eines »umfassenden Bewusstseins des Natürlichen, Menschlichen und Göttlichen« aufgefasst, das sich in den unterschiedlichen Formen und Epochen der Kunst ausdrückt.[86]

In der Weltanschauung entwirft der Blick des Subjekts ein Bild der Welt als Zusammenhang eines Ganzen, und dies gilt auch dann, wenn das Partikulare zum Ganzen erklärt wird. Darin zeigt sich das Penetrante an Weltanschauungen, die alles nur unter einem Gesichtspunkt betrachten, aus einem Konflikt erklären, aus einer Ursache bewirkt sehen wollen. Es ist die Vielgestaltigkeit der Welt selbst, die sich gegen solche Vereindeutigungen zur Wehr setzt. Den meisten Weltanschauungen fehlt es deshalb an Welthaltigkeit. Und dennoch intendiert jede Weltanschauung einen integralen Blick auf die Welt als Gesamtzusammenhang und weist deshalb stets auch politische, moralische und religiöse Konnotationen auf. Eine Weltanschauung bildet den Rahmen dafür, wie wir uns die Welt denken, nach welchen Gesetzmäßigkeiten, nach welchen Gesichtspunkten sie für uns geordnet erscheint, nach welchen Maximen wir unser Erkennen und Handeln in dieser Welt ausrichten. Gleichzeitig ist jede Form von Weltanschauung – das markiert den negativen Aspekt dieses Begriffs – verdächtig, eben nur Anschauung zu sein und die Wirklichkeit nicht durchdrungen und begriffen zu haben. Das bestimmt den ideologischen Aspekt der Weltanschauung, Vorannahmen und Sinnformeln werden nicht mehr befragt, alles bleibt an der Oberfläche, geht nicht in die Tiefe. Die Welt ist tief. Ist das Nietzsches Absage an die plakativen Formen der Weltanschauung? Wohl verwendete der junge Nietzsche hin und wieder den Begriff der Weltanschauung, allerdings in einem ästhetischen Sinn, er konnte problemlos von einer »dionysischen« oder »tragischen« Weltanschauung sprechen. Später verliert sich dieser Begriff bei ihm.

Die Welt als eine Welt des Scheins, der Täuschung: Weltlichkeit war immer dem Verdacht ausgesetzt, dass es sich hier um eine höchst ambivalente und zweideutige Angelegenheit handelt. Das Mittelalter kannte die allegorische Darstellung der Welt unter dem Namen »Frau Welt«, man denke etwa an die berühmte gleichnamige Skulptur am Dom zu Worms. Sie zeigt, von vorne betrachtet, eine wunderschöne Frau: Die Welt ist jung, sinnlich, verführerisch, anziehend. Von hinten betrachtet zeigt sich der Rücken der Frau Welt im Zustand der Verwesung, die Gedärme hängen heraus, die Knochen sind zu sehen, die schützende Haut ist weg, Getier, Ungeziefer, Kröten, Maden machen sich an diesem Körper zu schaffen: Die Welt ist krank, vergänglich, abstoßend, ekelhaft. Das Mittelalter produzierte damit ein wirkmächtiges Bild. Die Vorstellung, dass vor allem die irdischen Dinge, all das, was uns als gleißende, glänzende, schöne, verführerische, attraktive Oberfläche entgegenstrahlt, eine ernüchternde, desillusionierende Kehrseite aufweist, hat wenig von ihrer Verführungskraft eingebüßt. Die gerne geübte Rede von den inneren Werten des Menschen, die wesentlich wichtiger seien als seine oberflächlich zur Schau gestellte Attraktivität, zeugt davon. Eine berühmt gewordene Filmszene, die diese Ikonographie der Frau Welt wieder aufgreift, findet sich in dem Film *Shining* von Stanley Kubrick, ein Horrorfilm aus dem Jahre 1980, mit Jack Nicholson in der Hauptrolle. Als der erfolglose Schriftsteller Jack Torrance in einem menschenleeren Riesenhotel, das

Frau Welt, Dom zu Worms, Vorder- und Hinteransicht

er mit Frau und Kind in der Wintersaison beaufsichtigen soll, das geheimnisvolle Zimmer 237 betritt, entdeckt er im Bad eine wunderschöne Frau, die der Wanne entsteigt, nackt, begehrenswert, ihn umarmt und sich im selben Moment in ein altes, hässliches, ekelhaftes, hämisch grinsendes Weib verwandelt: Frau Welt.

Die Welt ist tief. Rührt dieser Satz an die Idee, dass sich in einer Tiefenperspektive die Welt hinter oder unter einer betörenden Oberfläche als Ort des Vorläufigen, Bedingten, der Kontingenz und des Zufälligen erweist, dominiert von Gier, Elend, Erbärmlichkeit, Krankheit und Tod? Und was geschieht, wenn die Gegenentwürfe der Religionen, die Transzendenz, der Himmel, die Paradiese, aber auch die Höllen und reinigenden Feuer ihre Plausibilität und Verbindlichkeit einbüßen? Auch jenseits der religiösen Entwürfe kann die Oberfläche der Erscheinungen dieser Welt gegen ihre wahre Gestalt, die darunter – in der Tiefe? – verborgen sein mag, ausgespielt werden. Arthur Schopenhauer, Friedrich Nietzsches selbstgewählter Erzieher, war ein Meister im Ausspielen des Scheins, mit dem sich die Welt umgibt, gegen das Elend, das sich dahinter verbirgt. Schopenhauers Kritik des Optimismus hat ihren Kern in dieser Position: »Und dieser Welt, diesem Tummelplatz gequälter und geängstigter Wesen, welche nur dadurch bestehen, daß eines das andere verzehrt [...] hat man das System des *Optimismus* anpassen und sie uns als die beste unter den möglichen andemonstriren wollen.« Diese Absurdität, so Schopenhauer, »ist schreiend«. Und da hilft es auch nicht, wenn der Optimist den grimmigen Denker dazu auffordert, doch die Augen zu öffnen und hineinzusehen in die Welt, »wie sie so schön sei, im Sonnenschein, mit ihren Bergen, Thälern, Strömen, Pflanzen, Thieren«. Aber, so der empörte Aufschrei des Philosophen, »ist denn die Welt ein Guckkasten? Zu *sehen* sind diese Dinge freilich schön; aber sie zu *seyn* ist ganz etwas Anderes.«[87] Diese Tiefendimension der Welt erschließt sich nicht dem Blick auf die Welt, sondern der unmittelbaren Teilhabe an der Welt, die sich letztlich als eine perennierende Leiderfahrung erweist.

Lauert unter der scheinhaften Oberfläche der Täuschungen und Selbsttäuschungen tatsächlich das Leid? Wie hat Zarathustra selbst seinen Gefährten, den seltsamen höheren Menschen, die Welt und ihre Tiefe nähergebracht? Hören wir noch einmal in diese Ansprache hinein: »Es trägt mich dahin, meine

Seele tanzt. Tagewerk! Tagewerk! Wer soll der Erde Herr sein?«
(KSA 4, 399) So beginnt eine Rede über das, was die Welt jenseits
ihrer Tiefe auszeichnet. Die nahezu leitmotivische Frage des
Zarathustra »Wer soll der Herr der Erde sein?« wird präludiert
durch eine Apotheose des Tanzes – dies die Worte Richard Wagners für Ludwig van Beethovens Siebente Symphonie – und eine
Beschwörung des Tagewerks, also derjenigen Tätigkeiten, die im
Lichte und bei Licht verrichtet werden: Arbeit, Politik, Organi-
sation, Wissenschaft, Management. Wer soll der Herr der Erde
sein? Man lasse sich nicht durch die Vorurteile, die wir gegen
Nietzsches Willen zur Macht entwickelt haben, täuschen. Diese
Frage war und ist zentral, heute vielleicht in einem umfassen-
deren Sinn, als Nietzsche dachte; aber der große Seismograph
künftiger politischer Beben mag die neuen und ungeheuren Di-
mensionen dieser Frage geahnt haben. Im Hellen stellt sich diese
Frage der Macht, und sie stellt sich nicht nur in einem politischen
Sinn: Wer besitzt, wer kontrolliert die Macht, wer setzt seine
Interessen, Anschauungen, Ideologien durch, wer bestimmt die
Diskurse, wer beherrscht die Medien und die Podien? Die Frage kann, sehr modern, durchaus auch mit einer ökologischen
Pointe versehen werden: Wer gestaltet diese Erde? Wer formt sie?
Wer drückt ihr seinen Stempel auf? Wer prägt ihre Oberfläche,
wer bestimmt die Zusammensetzung ihrer Biosphäre, wer steuert ihr Klima? Wir sprechen heute sowohl in den Kultur- als auch
in den Geowissenschaften gerne vom Anthropozän: von jenem
Erdzeitalter, das vom Auftreten des Menschen, von seinem Ein-
greifen in die Natur und seiner Umgestaltung der Erde gekennzeichnet ist, im Gegensatz zu allen anderen vorhergehenden
Abschnitten der Erdgeschichte, die viele Millionen Jahre zurückreichen. Naturgeschichtliche, biologische, ökologische Ereignisse sind im Anthropozän, im Erdzeitalter des Menschen, geprägt
von dem, was der Mensch durch seine Technik, durch seine

Lebensweisen macht. Das Klima ist nicht mehr Resultat eines Wechselspiels der Natur mit sich selbst, sondern Konsequenz unseres Verhaltens. Die aktuelle Erderwärmung, so zumindest der wissenschaftliche Mainstream, haben wir als Gattung selbst produziert. Die politische und zunehmend moralische Erregung darüber erklärt sich aus der Tatsache, dass das Klima lange der Inbegriff von Natur und Ausdruck der Ausgeliefertheit des Menschen an diese gewesen war. Dem erbarmungslosen Klima gegenüber konnte man nur versuchen, sich anzupassen, sich durch immer aufwendigere Technologien der Kühlung und der Erhitzung zu schützen, oder man konnte trachten, vor dem Unbill der Natur zu fliehen. Klimaveränderungen, Eiszeiten und Warmzeiten prägen bis heute das kollektive Gedächtnis der Menschen. Ohne die kleine Eiszeit der historischen Neuzeit und anbrechenden Moderne wäre zumindest in Europa unser Bild des Winters ein anderes.

Wer soll Herr der Erde sein? Gewinnt angesichts dieser Frage das anhebende »Oh Mensch« nicht an Bedeutung? Liegt in diesem Anruf nicht ein unterschwelliges Erstaunen über die Anmaßung, sich die Erde tatsächlich, wie es das biblische Wort nahegelegt hatte, untertan zu machen? Gegenüber einer ökologisch besänftigten Theologie, die mittlerweile gerne von der Verantwortung des Menschen für die Schöpfung spricht, hat Zarathustras Frage den Vorzug der Klarheit: Es geht, ist von der Zukunft des Planeten die Rede, um eine Machtfrage. Wenn diese Frage nicht den Menschen generell als ihren Adressaten im Visier hat, sondern die spezifischen Gruppierungen, für die sich diese Machtfrage stellt, dann bewegen wir uns zwar wieder auf dem Boden der realen Politik, jedoch geht es dabei nicht um die gesellschaftliche Ordnung der Macht, sondern um deren prägende Kraft auf die Erde.

Ausdruck und Erscheinungsform dieser Kraft ist das »Tagewerk«. Die Herrschaft über die Erde, ihre Umgestaltung ist Resultat von Arbeit. Das »Tagewerk« war ursprünglich ein Maß für die Fläche, die an einem Tag, von Sonnenaufgang bis Sonnenuntergang, mit einem Ochsengespann bearbeitet werden konnte. Wie jede Maßeinheit enthält auch diese einen normativen Aspekt: das Quantum, das an einem Tag bearbeitet werden soll. Die Versuchung liegt nahe, hier einen kühnen Bogen von Nietzsche zur Kritischen Theorie zu spannen: Die Herrschaft über die Natur hat die Herrschaft über den Menschen zur Voraussetzung, die Unterwerfung unter ein »Joch« – dieser Begriff dient ebenfalls als altes Flächenmaß – ist die Bedingung für das Umpflügen der Erdoberfläche. Im Tagewerk stecken die Helle und die Fron, von der nur der Einbruch der Dunkelheit befreit. Wer schläft, wer träumt, hat sich aus allen Arbeitszusammenhängen herausgenommen. Deshalb ist der Kampf gegen die Müdigkeit, gegen die Schläfrigkeit, gegen das Tagträumen in einer Arbeitsgesellschaft so heftig und mittlerweile ein bedeutsamer Aspekt der Umgestaltung unseres Körpers geworden, der durch Training, Koffein und Psychopharmaka wachgehalten werden soll. Die Nacht arbeitet nicht, aber sie führt zu Erkenntnissen, die das Tagewerk erst gar nicht zulassen kann. Die Tendenz des Industriezeitalters, jede menschliche Tätigkeit als Arbeit aufzufassen, bis hin zu intimen nächtlichen Begegnungen, die als Beziehungs- oder Sexarbeit begriffen werden, bringt damit die Widerständigkeit der Nacht zum Verschwinden. Der Tag markiert die Dialektik von Herrschaft und Unterwerfung, die Nacht aber ist die Zeit der Freiheit. Aufklärung als Arbeit, als Wissenschaft, als Bestellen der Felder des Geistes entgeht als Tagewerk dieser Bestimmung von Macht und Herrschaft nicht. Es wäre eine andere Dialektik der Aufklärung, die gerade in ihrer dunklen, nächtlichen, unkontrollierbaren Seite jene Sehnsucht nach Freiheit verankert sieht, die sie am Tage wohl programmatisch verkündet, dann aber als Form einer neuen Unterwerfung exekutiert.

Zarathustra möchte seine höheren Menschen nicht unterwerfen, sondern entfesseln: »Der Mond ist kühl, der Wind schweigt. Ach! Ach! Flogt ihr schon hoch genug? Ihr tanztet: aber ein Bein ist doch kein Flügel.« (KSA 4, 399) Was bedeutet es, in einem metaphorischen Sinn zu fliegen? Es geht wohl nicht nur darum, sich über die Schwerkraft der politischen und sozialen Verhältnisse zu erheben, über die Bedingtheiten des Daseins zu triumphieren, sondern auch um den Anspruch und die Fähigkeit, über sich selbst hinauszuwachsen, sich selbst hinter sich zu lassen, sich zu ermächtigen. *Empowerment* ist der neue Begriff dafür. Niemand bekommt ein Gruseln, wenn er diesen Begriff hört, aber wer im *Empowerment*, was naheliegend ist, Nietzsches Willen zur Macht mithört, den befällt ein Schaudern. Dass es keine Selbstermächtigung gibt, die nicht auch die Macht über andere Wesen inkludiert, ist eine Wahrheit, die zwar gewusst, aber nicht mehr ausgesprochen werden darf. Pikanterweise kritisiert Zarathustra seine Gefährten dafür, nur getanzt und ihre rhythmisch schwingenden Beine mit einem Flügel verwechselt zu haben. Dieser sarkastische Hinweis ist insofern bemerkenswert, als der Tanz für Nietzsche selbst eine durchaus zentrale Kategorie war, wesentliches Moment des Dionysischen, der kollektiven, rauschhaften Ekstase, in der der Mensch sehr wohl über sich hinausgelangt. Tanzen war für Nietzsche fast eine Art des Philosophierens, und vor seinem endgültigen geistigen Zusammenbruch soll der Philosoph noch nackt im Zimmer seines Wirtshauses in Turin getanzt haben. Zarathustras Einwand gegen den Tanz verweist auf dessen Verhaftetsein in der Physis, in Zeit, Rhythmus und Bewegung. Nietzsche, der große Theoretiker des Leibes, kennt sehr wohl den Traum eines Seelenfluges, dessen beschwingtes Gefühl den Resonanzraum des Körpers nicht mehr benötigt. Aber es bleibt ein Traum. Die Welt, das Irdische, die Bodenhaftung, die Materie, ist stärker. Und dazu gehört die radikale Endlichkeit allen Daseins. Auf der Erde wird nicht nur gelebt, auf der Erde wird vor allem gestorben.

Die Welt: Das ist die Heimstätte der Toten: »Ihr flogt nicht hoch genug: nun stammeln die Gräber, ›erlöst doch die Todten!‹ […] Ihr höheren Menschen, erlöst doch die Gräber, weckt die Leichname auf!« (KSA 4, 399) Was bedeutet das? Und was hindert uns daran? Geht es um eine Auferstehung der Toten im christlichen Sinn oder um unsere Befreiung von den Toten? »Es brummt die Glocke, es schnarrt noch das Herz, es gräbt noch der Holzwurm, der Herzenswurm.« (KSA 4, 399) Darüber könnte man wahrlich lange nachdenken: Der Holzwurm als Herzenswurm – die Toten sind noch nicht tot, ihre faulenden Särge gleichen unseren modernden Herzen. Oder aber: Unsere Liebe gilt den verrottenden Särgen, wir sind vernarrt in die Toten, unsere Lebendigkeit ist zutiefst parasitär an die Vergangenheit gebunden. Scheint hier etwas durch von jener Dekadenz des Nihilismus, der Nietzsche gleichermaßen mit Faszination und Abscheu gegenüberstand?

Was heißt es, Weltlichkeit tatsächlich mit den Gräbern zu assoziieren, die Erde mit Leichnamen in Verbindung zu bringen? Und warum führt dieser Gedanke Zarathustra zu dem geradezu klagenden Ausruf: »Ach! Ach! Die Welt ist tief!« (KSA 4, 399) In nuce skizziert Nietzsche ein radikales Denken der Vertikale. »Die Welt ist tief« bedeutet in einem ganz einfachen und dennoch oft übersehenen Sinn, dass man die Kruste der Erdoberfläche durchstoßen und in die Tiefe vordringen kann. Wer zu graben beginnt – das weiß die Archäologie –, stößt unweigerlich auf die Toten und ihre Zeugnisse: Skelette, Knochen, Schädel, formelle Grabstätten, Massengräber, Waffen, Überreste aller Art, Versunkenes, Abgesunkenes. Die sprichwörtliche Rede von den

Leichen im Keller verweist auf diese Tiefendimension des Menschen: Schon knapp unter der Oberfläche sprechen die Verwesten eine andere Sprache, sie konterkarieren die Welt der Lebenden, verweisen auf jene Gewalt, die dieser Welt zugrunde liegt; gleichzeitig sind die Lebenden im Banne dieser Toten, können sich von ihnen nicht lossagen. Die vielbeschworene Geschichtlichkeit des Menschen erweist sich als die eigentliche Signatur dieser Tiefe. Die Welt muss als Totenreich aufgefasst werden, als jener Ort, an dem sich Generationen um Generationen als Tote versammeln, die doch und dennoch zu uns sprechen, unablässig. Jede Form von Tradition, jede Form von Überlieferung, jede Form von Geschichtserzählung, jede Form von Erinnerung, die über das individuelle Gedächtnis hinausgeht und vorhergehende Generationen und deren Erfahrungen miteinbezieht, ist solch eine Rede der Toten. Wir können uns diesem Sprechen nicht entziehen, aber wir können versuchen, den Toten wenigstens unsere Worte in den Mund zu legen. Die Versuchung liegt nahe, unsere aktuellen Debatten über Identitäts- und Erinnerungspolitik, über die Schuld, die Nationen oder Kulturen durch ihre koloniale Praxis in der Vergangenheit auf sich geladen haben, über die Möglichkeit, sich bei den Nachkommen der Opfer zu entschuldigen und sich damit auch vor und von der Geschichte zu entschulden, als Ausdruck und Konkretion der stammelnden Gräber Zarathustras zu sehen. Wie lässt sich diese Vergangenheit abschütteln, wie lässt sich der Alpdruck der toten Geschlechter, der auf den Lebenden lastet, von dem Karl Marx gesprochen hatte, entfernen? Oder verstricken wir uns »tiefer« in diese Fesseln der Vergangenheit, in dem wir diese immer wieder neu schreiben, neu beurteilen und vor allem verurteilen, je nach der aktuellen politischen und moralischen Wetterlage?

Einer seiner frühen »Unzeitgemäßen Betrachtungen« hatte Nietzsche den nahezu sprichwörtlich gewordenen Titel *Vom*

Nutzen und Nachteil der Historie für das Leben gegeben. Er deutet in dieser Schrift an, dass eine ständige Konzentration auf die Vergangenheit dem Menschen die Möglichkeit nimmt, aus der Fülle heraus zu leben. »Es giebt einen Grad von Schlaflosigkeit, von Wiederkäuen, von historischem Sinne, bei dem das Lebendige zu Schaden kommt, und zuletzt zu Grunde geht, sei es nun ein Mensch oder ein Volk oder eine Cultur.« (KSA 1, 250) Die Tiefe als das, was unter der Oberfläche liegt, und die Vergangenheit als das, was auf uns lastet, haben essentiell miteinander zu tun. Wer die Leichname erlösen will, muss das Stammeln der Gräber zum Verstummen bringen. Wir müssen vergessen: »Es ist möglich, fast ohne Erinnerung zu leben, ja glücklich zu leben, wie das Thier zeigt; es ist aber ganz und gar unmöglich, ohne Vergessen überhaupt zu leben.« (KSA 1, 250) Der Imperativ »Niemals vergessen!«, der der Menschheit durch Auschwitz aufgezwungen wurde, kann und darf deshalb nicht von der Last der Vergangenheit befreien, er macht sie noch drückender und hält die Stimmen der Toten nicht nur am Leben, er zwingt die Lebenden in ihren Bann. Das macht die Schwere dieser Erinnerung aus. Das Gedenken in ein bekenntnishaftes Ritual umzubiegen, wie es vielfach geschieht, kann als List der Lebenden gedeutet werden, um allmählich doch in der Erinnerung selbst vergessen zu können. Wahrlich, die Toten sind noch lange nicht erlöst, nicht nur Zarathustras höhere Menschen haben hier kläglich versagt. Der Wurm gräbt noch im Holz der Särge, es ist unser Herzenswurm. Wir haben unser Herz eingesargt. Wir haben uns durch die Fixierung auf die Vergangenheit selbst begraben, und der Herzenswurm zernagt unseren Lebenswillen. In der Tiefe der Welt, in der Tiefe der Erinnerung, im Brunnen der Vergangenheit, wie ihn Thomas Mann beschworen hat, liegt eine ungeheure Last. Das »Ach! Ach!« ist auch der Seufzer einer gequälten Kreatur.

Die Welt ist tief. In der Horizontalen, auf der Erde, vermeinen wir die Welt zu beherrschen; in der Vertikalen werden wir von der Vergangenheit beherrscht. Doch erschöpft sich die Welt und unser Verhältnis zu ihr in dieser spannungsreichen und ambivalenten Beziehung? Ist der Mensch nicht das Wesen, dem Welt als solche zu einer Frage werden muss? In seiner frühen Anthropologie sprach Günther Anders von der *Weltfremdheit des Menschen*.[88] Damit ist festgehalten, dass wir zwar die Welt haben und dass die Welt alles das ist, dem wir begegnen und dem wir ausgeliefert sind; aber nur durch die Tatsache, dass wir als Mensch auf diese Welt kommen, dass wir zur Welt kommen, ist diese Welt noch nicht unsere Welt. Welt ist für den Menschen stets eine Aufgabe. Welt ist nichts Vorgegebenes und nichts Vorgefundenes, Welt ist dasjenige, das von uns erst hergestellt werden muss. Das bedeutet, dass der Mensch der Welt gegenüber in einer bestimmten Distanz ist. Welt ist Objekt, ist nie nur ein Mit-mir-Sein, sondern sie ist das tatsächliche Anderssein, das zum Gegenstand meiner Tätigkeit werden kann, ja werden muss. Vorab ist der Mensch in dieser Welt ein Fremder, er ist in ihr ein Unbehauster. Dass die Welt tief ist, kann dann auch bedeuten, dass sich der Mensch in dieser Tiefe nicht finden kann. Die Tiefe der Welt ist das große Außerhalb, in dem der Mensch nicht heimisch ist, das ihn immer wieder zurückwirft, abweist, von sich stößt und den Menschen zwingt, *seine* Welt der fremden Welt erst abzutrotzen. Nichts falscher als die beliebte neuromantische These, dass der Mensch ein Teil der Natur sei, prinzipiell in der Welt und mit dieser verbunden. Das Gegenteil ist der Fall. Wir müssen – und da berühren sich Anders' Anthropologie und Nietzsches Ästhetik – uns die Welt, in der wir leben können, erst bauen, sie ist uns nicht vorgegeben, wir finden sie nicht, wir müssen sie erfinden. Hier schließt sich der Kreis zum Apollinischen, zum Traum, der die Einsicht von der Tiefe der Welt provozierte.

Welt gestalten bedeutet, mit Fiktionen, mit Imaginationen, mit Entwürfen, mit Phantasien, mit Träumen von der Welt zu arbeiten. Heute können wir uns diese Weltgestaltung eigentlich nur noch als angewandte Wissenschaft, als Technik vorstellen. Mit Nietzsche wäre die entscheidende Frage unserer Zeit: Wovon träumen Ingenieure? Sie träumen in Wirklichkeit nur davon, die Welt als riesige Maschine zu behandeln. Der letzte große Traum, der zurzeit geträumt wird, handelt von dem Wunsch, die Klimakatastrophe in den Griff zu bekommen, indem man in die Biosphäre großtechnologisch eingreift: Geo-Engineering. Wer den Anspruch hat, das Klima technisch zu beherrschen, darf sich über Nietzsches Frage »Wer sind die Herren der Erde?« nicht aufregen. Denn das ist ein Herrschaftsanspruch, wie er wahrscheinlich in der Geschichte bislang nicht auftauchte, außer in den kühnsten Phantasien des Marquis de Sade und in der »potestas annihilationis«[89] der Atommächte.

Die Welt der Künstler aber, an die Nietzsche dachte, ist eine andere. Da geht es nicht darum, diese Welt technisch umzugestalten und zu beherrschen, sondern die Fiktion, die ganz bei sich ist, schafft sich eine eigene, eine andere Welt. »Die Welt ist tief.« Welche Welt ist hier gemeint? Wenn es die Welt ist, die der Mensch als Künstler hervorbringt, der apollinisch träumt, dann ist diese Tiefe nicht die Tiefe der christlichen Weltlichkeit, nicht die Tiefe unserer politischen, sozialen, ökonomischen, ökologischen, emotionalen Verhängnisse und Verstrickungen. Die Tiefe, die im Kunstwerk selbst aufscheint und eine ganz andere Form und eine ganz andere Gestalt von Welt und Welthaltigkeit darstellt, ist die Tiefe der Oberfläche. Wie das? Es gibt eine Phantasie von Friedrich Nietzsche, die sich in *Über die Geburt der Tragödie aus dem Geiste der Musik* findet, die diesen Gedanken kühn ventiliert. Wie wäre es, wenn wir uns Gott, den Schöpfer, als Künstler vorstellten? Wie wäre es, wenn Gott diese Welt so schuf, wie ein Schriftsteller einen Roman schreibt oder ein Musiker eine Oper komponiert? Wenn das der Fall gewesen wäre, so Nietzsche, dann würden wir eigentlich unsere Welt erst wirklich verstehen. Denn all das, woran ansonsten unsere Vernunft scheitert – warum gibt es Tod, warum gibt es Krieg, warum gibt es Vergewaltigung, warum gibt es Belästigung, warum gibt es Sterben, warum gibt es Krankheit, warum gibt es das Leid, warum gibt es Konflikte? –, all das, was uns so absurd erscheint, gewönne aus der Perspektive eines ästhetisch denkenden Gottes sofort seinen guten Sinn. Denn ästhetisch betrachtet sind die aufgezählten Verhängnisse höchst produktiv, amüsant, spannend, an- und aufregend. Die Welt als Kunstwerk betrachtet lässt uns gar nicht zu Atem kommen, weil diese Perspektive einen Sinnhorizont eröffnet, den wir ansonsten schmerzlich vermissen: »[…] nur als aesthetisches Phänomen ist das Dasein und die Welt ewig gerechtfertigt.« (KSA 1, 47) Die Sinnlosigkeit des Daseins schlägt um in höchste Erfüllung, als ästhetisches Phänomen betrachtet; die Ungerechtigkeiten des Lebens stellen keine moralische Herausforderung mehr dar, sondern erweisen sich als notwendige Bedingungen einer spannungsreichen Geschichte; die Welt als ästhetisches Phänomen ist reine Oberfläche, Schein, souverän gestaltete Fiktion: Darin liegt ihre Tiefe. Aber um diese Tiefe zu ergründen, müssten wir Nachfahren jener schaffenden Götter sein, die sich Nietzsche nur imaginieren wollte.

Sechs!
Und tiefer als der Tag gedacht.

JEMAND SCHRICKT AUS einem schweren Schlaf und tiefem Traum auf und wird von der nächtlichen Einsicht überrascht, dass die Welt tiefer sei als am Tag gedacht. Die Versuchung liegt nahe, hier ein uraltes philosophisches Motiv ins Spiel zu bringen: die seit Platon geläufige Verdoppelung der Welt in eine Sphäre der flüchtigen sinnlichen Erscheinungen und eine dahinter liegende Zone der ewigen Wahrheiten, der Ideen, zu denen sich der Erkennende emporarbeiten muss. Nietzsche jedoch war Anti-Platoniker. Scharf und mit Häme hatte er stets die Trennung zwischen einer idealen, wahren Welt und der unmittelbaren, beschränkten und täuschungsanfälligen Welterfahrung kritisiert. Die Vorstellung, dass sich hinter der sinnlich wahrnehmbaren Oberfläche der Welt noch etwas anderes verbergen könnte, war ihm suspekt. Die Erkenntnis der Tiefe der Welt kann also wohl nicht in Platons Ideenhimmel führen. Abgesehen davon ist nach dem berühmten Höhlengleichnis Platons die Tiefe nicht der Ort der Wahrheit, sondern der Täuschung. Die Menschen sind in der Tiefe einer Höhle gefangen und gefesselt, sie sehen die Projektion von Schattenbildern an der Höhlenwand und verwechseln diese mit der Wirklichkeit. Der Anblick der Wahrheit ist nur jenem gewährt, der sich von den Fesseln der sinnlichen Anschauung befreien kann und den mühsamen Aufstieg aus der Höhle schafft, um dort am hellen Tag, im Lichte der Sonne, die

Dinge in ihrer wahren, also idealen Gestalt zu erschauen. Diese zweite Welt war für Nietzsche Humbug. Im *Zarathustra* findet sich deshalb auch ein Kapitel über die »Hinterweltler«. Damit sind gerade nicht die Hinterwäldler gemeint, die rückständigen, weltfernen Gesellen, die jenseits der Zivilisation im Dickicht der Bäume hausen, wie noch Theodor W. Adorno vermeinte,[90] sondern jene feinsinnigen Idealisten, die an eine Welt hinter der sichtbaren Welt der Erfahrungen glauben. Zarathustra rechnete auch jene verzweifelten Seelen zu den Hinterweltlern, die nur noch der Glaube an ein Jenseits trösten kann. Diesen empfiehlt Zarathustra, lieber »auf die Stimme des gesunden Leibes« zu hören. (KSA 4, 38)

Die Welt ist tiefer, als der Tag gedacht hat! Kommt das nicht einer Rehabilitation der verachteten platonischen Höhle gleich? Unterlag der Philosoph, der die Höhle verließ und die Wahrheit zu sehen glaubte, einem Irrtum? Zeigen die vermeintlichen Schattenbilder tief unten nicht doch mehr von der Welt als das helle Tageslicht der Vernunft? Deutet sich hier eine Verteidigung jenes Tiefsinns an, der das Dunkle, Angedeutete, Geraunte, Gedankenschwere, Geheimnisvolle und Mysteriöse für bedeutsamer hält als die Ergebnisse klarer rationaler Operationen? Nietzsche selbst war von vielen Interpreten und Kritikern vorgeworfen worden, einem Irrationalismus zu huldigen und damit – so etwa Georg Lukács – an der »Zerstörung der Vernunft« mitgewirkt und der Barbarei des zwanzigsten Jahrhunderts durch die »innere Morschheit« und »Hohlheit« seiner »Gedankenfetzen« Vorschub geleistet zu haben.[91] Diese harsche Kritik unterschlägt die Subtilität und die Lust, mit der Nietzsche die Oberfläche gegen die Tiefe und die Tiefe gegen die Oberfläche ausgespielt hatte. Nichts demonstriert dies vielleicht besser als eine Bemerkung über die Kultur der Griechen aus der Vorrede zur *Fröhlichen Wissenschaft*: »Oh diese Griechen! Sie verstanden sich darauf, zu leben: dazu thut Noth, tapfer bei der Oberfläche, der Falte, der Haut stehen zu bleiben, den Schein anzubeten, an Formen, an Töne, an Worte, an den ganzen Olymp des Scheins zu glauben! Diese Griechen waren oberflächlich – aus Tiefe!« (KSA 3, 352) Die bewunderte Vitalität der griechischen Kultur verdankte sich für Nietzsche einem Willen zur Oberfläche, zum Schein, zu einer Ästhetisierung der Existenz, einer Lebenskunst, der alles Grüblerische, Grabende, Bohrende, Gedankenverhangene abgeht. Es ist der Geist einer apollinischen Heiterkeit, der weiß, dass die Schönheit der Illusion und die Illusion der Schönheit notwendig sind, um dem Leben etwas abgewinnen zu können. Es gehört – und dies kennzeichnet wieder Nietzsches Scharfsinn – Mut dazu, bei der Haut, der Oberfläche, der Falte stehenzubleiben. Der Begriff der Falte oszilliert dabei zwischen dem Verhängnis einer alternden Haut und dem kunstvollen Faltenwurf, der später unter anderem die Ästhetik des Barocks kennzeichnen wird. Gilles Deleuze hatte sich dadurch anregen lassen, die Falte als eine barocke Denkfigur zu beschreiben, die imstande sei, Vielheit und Differenz, das Mannigfaltige in seiner unendlichen Verschlungenheit zu erfassen: »Das Vielfältige ist nicht nur dasjenige, was viele Teile hat, sondern was auf viele Weisen gefaltet ist.«[92] In der Oberflächenstruktur einer Faltung steckt – optisch, sinnlich und geistig – eine Tiefe, wer über eine gefaltete Struktur streicht, gleitet immer in Senkungen ab. Ja, die Oberfläche selbst enthält so eine Tiefe, und Nietzsches emphatisches Bild der Griechen, die oberflächlich aus Tiefe waren, weiß um diese Struktur der Oberfläche: Sie ist nie ganz glatt.

Kann man aus Oberflächlichkeit tief sein? Ja. Wenn die Oberfläche als das Entscheidende erkannt wird und wenn darauf verzichtet wird, unter der Oberfläche etwas zu suchen, das nicht zu finden ist. Wenn wir die Illusion, es gäbe etwas Tieferes hinter der Oberfläche, verabschieden, werden wir tief aus Oberflächlichkeit. Wenn wir den Schein, die Form anerkennen, an Töne, an den betörenden Klang der Worte glauben, wenn wir vorsichtig über eine Falte, eine Haut, die wir nicht ritzen wollen, streichen, erfahren wir mehr über uns als in tiefsinnigen Spekulationen oder psychodynamischen Tiefenbohrungen. Allerdings bedarf es schon einer Reflexion der Oberfläche, um in dieser selbst das Hintergründige eines Vordergrunds zu erkennen. Der pathetisch vorgetragene »Tiefsinn« und die sprichwörtlich gewordenen »tiefen Denker« bleiben gerade wegen ihrer demonstrativen Verachtung der Oberfläche selbst in einem schlechten Sinne oberflächlich.

Die Tiefe, wir dürfen es nicht vergessen, hatte in der Philosophie einmal einen prominenten Platz eingenommen. Tiefe von flachen Denkern zu unterscheiden, gehörte lange zum guten Ton in philosophischen Debatten, und noch in den sechziger Jahren des vorigen Jahrhunderts widmete Theodor W. Adorno in seinen Vorlesungen zur Einführung in die Philosophie, die unter dem Titel *Philosophische Terminologie* publiziert wurden, mehrere Stunden dem Begriff der Tiefe. Wer sich die aktuelle Einführungsliteratur zur Philosophie ansieht, wird den Begriff der Tiefe vergeblich suchen. Er ist selbst in den Verdacht geraten, den Ansprüchen eines analytisch orientierten und politisch korrekten Denkens nicht genügen zu können, spielte der Anspruch auf Tiefe doch gerade bei jenen Denkern eine Rolle, die dem philosophischen Zeitgeist längst suspekt geworden sind. Adorno konnte sich der Tiefe als einer philosophischen Kategorie noch ebenso unbefangen wie kritisch nähern. Seine Überlegungen dazu beginnen – man ist versucht zu sagen: wie könnte es anders sein – mit einer Reverenz gegenüber Nietzsche: »Nietzsche hat in einer paradoxalen und tiefsinnigen Weise den Begriff der Tiefe zugleich festgehalten und negiert [...]. Überhaupt hat durch Nietzsche die Perspektive des Denkens, soweit es in der Kategorie der Tiefe sich bewegt, sich grundsätzlich verändert.«[93] Adorno verweist darauf, dass es Nietzsche war, der in der Oberfläche selbst jene Tiefenstruktur sah, die demjenigen entgeht, der eine Tiefe ohne Oberfläche fordert, was stets in Ideologie umschlagen muss.

Adorno stellte sich in dieser Vorlesung die saloppe, fast ungehörige Frage: War Immanuel Kant eigentlich ein tiefer Denker? Kant gilt als kompliziert, schwierig, genau, gründlich und umständlich. Aber war er ein tiefer Denker? Adorno zweifelte daran. Das Substrat von Kants Denken bleibt nämlich eine formale Abstraktion, ein leeres »ich denke«, dem jede Konkretion fehlt. Kant umkreiste mit seiner Philosophie das vernünftige, wache Bewusstsein, jenen Willen, der sich seiner selbst bewusst und imstande ist, sich selbst vernunftgeleitete Maximen zu geben. Alles Sinnliche, auch alles Unreinliche, ja schon die Vorstellung, dass unsere Vernunft den Leidenschaften unterliegen könnte, musste Kant deshalb verbannen, denn dadurch könnten wir unsere Freiheit verlieren – und das war, so Adorno, »Kants größte Angst«.[94] Tiefe würde in diesem Zusammenhang bedeuten, die Oberfläche der Argumentationsfiguren zu verlassen und eine andere Dimension aufzusuchen, die nur deshalb – und da kommt Adornos durch Nietzsche motivierte Kritik der Tiefe zur Sprache – tief erscheint, weil sie von einer bürgerlichen Sexualmoral in die unteren Regionen verbannt worden war. Nicht zuletzt dieser Aspekt des Unreinen, des Schmutzigen, der lange mit Sexualität assoziiert worden war, führte dazu, dass wir immer noch glauben, ungehörige Wünsche und anstößige Formen des Begehrens in die Tiefe verlegen zu müssen. Dies verleiht der Tiefe ihre ambivalente Bedeutung. Sie markiert den Ort des Verborgenen und Tabuierten, aber auch die Kraft, die es uns erlaubt, uns diesem zu stellen. Solch ein Verfahren können wir tiefsinnig nennen. Es blendet die Abgründe des Menschen nicht aus. Tiefe ist so gesehen kein metaphysischer Begriff, sondern die Tiefe der Welt verweist auf deren moralische Untiefen. Tiefe selbst ist Resultat eines gesellschaftlichen Verdrängungs- und Normierungsprozesses, der, bricht man ihn auf, das, was ursprünglich in der Tiefe war, ans Licht holt. Was aber sehen wir, wenn das Verbannte und Verdrängte, das geheim gehalten werden musste, ans Licht kommt, an die Oberfläche gelangt?

Nietzsches Verteidigung des Scheins und der Oberfläche aus der *Fröhlichen Wissenschaft* lässt sich eine kritische Pointe gegenüber jener Disziplin abgewinnen, die das Graben hinab in die unteren Seelenregionen zu ihrem Hauptgeschäft gemacht hat und dabei durchaus Nietzsche so manches verdankt: der Tiefenpsychologie. Dieser Begriff, der gerne synonym für die Psychoanalyse verwendet wird, stammt zwar von dem Schweizer Psychiater Eugen Bleuler, wurde aber von Sigmund Freud gerne zur Kennzeichnung seiner Position verwendet.[95] Der Begriff ist verführerisch. Er suggeriert eine Architektur der Seele, die in topographischen Schichten vertikal angeordnet erscheint, von der Oberfläche des hellen Bewusstseins bis zu den tiefsten Schichten der verborgenen Wünsche, Triebe und verdrängten Erfahrungen.

Der Begriff der Tiefe generiert damit eine Reihe von Metaphern, die bis in den Alltag hinein unsere Vorstellungen von der Seele und ihren Mechanismen prägen. Dass unter der Oberfläche etwas liegt, dass man, um den Geheimnissen des eigenen Seelenlebens auf die Spur zu kommen, etwas tiefer hinabsteigen muss, scheint so plausibel zu sein, dass der Freudsche Begriff des »Unbewussten« unter der Hand zum »Unterbewusstsein« mutierte. Aus einer impliziten Negation, aus dem Nichtbewussten wird ein Kellergeschoß. Erst damit wurde das, was in uns vorhanden und wirksam, aber nicht präsent und bewusst ist, in eine Tiefenregion verbannt, die dennoch offen zutage tritt. Heute weiß jeder Skirennläufer, dass sich ein schwerer Sturz ins »Unterbewusstsein brennt«.[96]

Was spielt sich in der Tiefe des Unbewussten aber tatsächlich ab? Was bedeutet es, das Unbewusste ans Licht des Bewusstseins zu heben? Und wie kann dies überhaupt gelingen? Die Welt, und das will wohl heißen, das Leben der Menschen in und mit der Welt, ist von tiefen, unergründlichen Verletzungen, aber auch unerfüllbaren Wünschen gekennzeichnet. Der Mensch erfährt sich in seiner Endlichkeit, Nichtigkeit und Verletzlichkeit gefangen, ausgeliefert an eine Welt, die er nicht versteht, nicht beherrscht, die er nicht durchdringen kann und zu deren Herr er sich trotz allem aufschwingen soll. Erinnert man sich aber daran, dass »tief« der Gegenbegriff zu »hoch« ist und dass Nietzsche wie sein Zarathustra sich gerne mit »höheren Menschen« umgeben hätte, dann erscheint Tiefe plötzlich als ein Zustand, der überwunden werden sollte. Hindert uns dieses Weh, dieses Leid, das uns in der Tiefe hält, nicht an einer Höherentwicklung? Sabotieren existentielle Schmerzerfahrungen nicht die Entfaltung eines freien Geistes, weil sie diesen immer wieder zurückführen auf die Not seiner Physis und die Schwäche seiner Psyche?

Dass man in die Tiefe hinab muss, um sie zu überwinden, ist eine Vorstellung, die sich bis in die Psychoanalyse fortsetzen wird. Auch Sigmund Freud ging es darum, die Tiefenablagerungen der Seele, die Sedimente des Verdrängten und Verschütteten, das, was nicht an die Oberfläche darf, weil es von der Bewusstseinszensur, vom Über-Ich daran gehindert wird, zumindest dann, wenn es als Störfaktor auftritt und zu Krankheiten, zu Neurosen und Psychosen, führt, an die Oberfläche zu bringen und dadurch zu entschärfen. Im Konzept der Psychoanalyse verliert das Verdrängte, das bewusst gemacht wird, seine krankmachende Kraft. Die Erinnerungen und Erfahrungen werden aus der Tiefe des Unbewussten emporgeholt, jedoch nicht wie ein Schatz, den man ausgräbt, um ihn für sich zu reklamieren, sondern wie etwas, das, indem es aus der Tiefe emporgehoben wird, auch schon wieder verschwindet. Das ist die Magie der Psychoanalyse: Erinnere dich, sprich es aus, und die Störung verschwindet und mit ihr der Bann, der über deinem Leben lag. Die Nähe der Psychoanalyse, die im Aussprechen den therapeutischen Akt sieht, zur magischen Beschwörung ist bisher in der Rezeptions- und Deutungsgeschichte dieser umstrittenen Wissenschaft vielleicht zu wenig behandelt worden. Wohl gibt es die psychoanalytisch inspirierte Studie des Freud-Schülers Leo Kaplan zur Magie,[97] aber dass die Psychoanalyse selbst vom Zauber des Zaubers zehren könnte und eine »Übertragungsmagie« praktiziert, kommt uns eher selten in den Sinn.[98]

Die Assoziation des Begriffs der Tiefe mit dem Unbewussten stellt für die Philosophie eine besondere Herausforderung dar, geht es dieser doch zentral um das wache Bewusstsein, demgegenüber sich das Unbewusste per definitionem als unzugänglich erweisen muss. Gleichzeitig waren es aber Philosophen, die schon früh Konzepte des Nichtbewussten, des Vorbewussten, des Unbewussten entwickelten, namentlich waren es Arthur Schopenhauer und der von Nietzsche scharf kritisierte Eduard von Hartmann gewesen, die mit dieser Kategorie des Unbewussten gearbeitet hatten. Die letzten Worte, die der Schopenhauerianer Richard Wagner seiner sterbenden Isolde in den Mund legte, waren: »unbewusst – / höchste Lust«.[99] Schopenhauer hatte einen unbewussten Willensdrang, einen untergründigen Lebenstrieb im Menschen vermutet, der unser Verhalten ohne unsere Kontrolle steuert. Das ist eine Gedankenfigur, die Sigmund Freud später übernommen hat. Das architektonische Modell der Seele, in dem Es, Ich und Über-Ich als Schichtungen eines psychischen Gebäudes gezeichnet werden, findet seine Entsprechung in einem berühmt gewordenen Sprachbild, das Freud dafür gefunden hat: Das Ich sei nicht Herr im eigenen Haus.[100] Man könnte nun etwas naiv fragen: Warum ist das Ich nicht Herr im eigenen Haus? Weil es sich noch nicht getraut hat, in den Keller zu gehen und nicht weiß, was sich in den Tiefen des Untergeschoßes der Seele tatsächlich abspielt? Das Unbewusste wird hier räumlich als tiefste Schicht der Seelenarchitektur gedacht. Das, was sich in diesem Keller abspielt, beeinflusst zwar die Handlungen und Einstellungen des Hausbewohners, aber er scheut sich davor, in den dunklen Keller hinabzusteigen, um sich den im Dunklen verborgenen Gestalten zu stellen. Die Gründe dafür liegen auf der Hand: Das, was dort unten, in der Tiefe, als das bedrohliche Fremde vermutet wird, könnte sich als eine desillusionierende Form der Selbstbegegnung herausstellen.

»Die Welt ist tief, / Und tiefer als der Tag gedacht.« Die Gedanken, Vorstellungen und Maximen des taghellen Bewusstseins berühren das, was die Welt in einem umfassenden Sinn als gemeinschaftliches Leben strukturiert, nur an der Oberfläche. Die nächtliche Situation lässt es offen, ob dies eine Erkenntnis ist, die gleichsam im Traum gekommen ist, oder ob sie in der Phase des Aufwachens aus einem Traum und angesichts der dadurch bedingten Wiedergewinnung von Welt sich aufdrängte. Der Begriff der Tiefe aber erfährt schon in den ersten Zeilen des *Mitternachtsliedes* einen signifikanten Bedeutungswandel. Der »tiefe« Traum weist eine andere Konnotation auf als die daraus erwachsene Erkenntnis, dass die Welt »tief« sei. Der daran anschließende Komparativ, dass diese Welt gar »tiefer« sei, als der Tag gedacht, behauptet kühn, dass auch ein kritischer und durchdringender Geist am eigentlichen Geheimnis der Welt noch vorbeigedacht hat. Bei wachem Bewusstsein erschließt sich uns die Welt nur in einer höchst unvollkommenen Weise. Schon in jungen Jahren hatte Nietzsche mit dem Gedanken experimentiert, dass das Bewusstsein, das, was wir im Wachzustand bewusst erleben, begreifen, erfahren und geistig durcharbeiten, nicht nur durch ein Unbewusstes konterkariert wird, sondern lediglich einen kleinen Teil der Welt für einen flüchtigen Moment erfassen kann. Nietzsche ging davon aus, dass die Natur dem Menschen das »Allermeiste verschweigt«, um ihn in ein »stolzes gauklerisches Bewusstsein zu bannen und einzuschliessen«. Und wehe demjenigen, dem es gelingt, aus diesem »Bewusstseinszimmer« heraus einen Blick auf die Wirklichkeit zu erhaschen: Er müsste gewahr werden, dass der Mensch »auf dem Erbarmungslosen, dem Gierigen, dem Unersättlichen, dem Mörderischen« ruht, »gleichsam auf dem Rücken eines Tigers in Träumen hängend«. (KSA 1, 776)

Das, was uns ausmacht und vor dem uns nur die Gnade des Nichtwissens schützt, ist das Wilde, das Raubtierhafte, das Naturhafte, das Triebtätige in uns, das uns fundiert und all unserem Denken und Handeln unerkannt zugrunde liegt: Die Welt ist tiefer, als der Tag gedacht. Dass Nietzsche an dieser Stelle das wache Bewusstsein mit einem Traum vergleicht, verkehrt noch einmal das Verhältnis von Traum und Wirklichkeit: Die Souveränität, die wir unserer Vernünftigkeit zuschreiben, gleicht der Euphorie eines Flugtraumes, dem nichts in der Realität entspricht. Die Tiefe der Welt: Das ist ihre Wildnis in uns. Fraglich jedoch, ob man diese Tiefe immer ergründen muss. Möglich, dass das Wissen um diese Wildnis in uns eine Last darstellt, die nicht immer lebensdienlich ist. Der Imperativ, mit dem Richard Wagners Lohengrin seine Elsa zum Schweigen bringen will, verrät etwas von diesem Verhängnis: »Nie sollst du mich befragen, / noch Wissens Sorge tragen, / woher ich kam der Fahrt, / noch wie mein Nam' und Art!«[101] Dass uns Wissen immer befreit, ist eine szientistische Naivität.

Die Vorstellung, dass der Mensch und die Welt etwas seien, das eine topographische Gliederung in einem vertikalen Sinn aufweise, dass unsere Wahrheit nur in einer gefährlichen Tiefenschicht gefunden werden könne, reicht weit hinter Nietzsche und Freud zurück. Zumal bei Autoren der Romantik finden sich wirkmächtige Bilder, in denen das menschliche Seelenleben mit einem Bergwerk verglichen wird, man denke etwa an die Erzählung *Die Bergwerke zu Falun* von E. T. A. Hoffmann, die noch Hugo von Hofmannsthal zu einer erfolgreichen Dramatisierung reizte. Wer in die Tiefen eines Bergwerks hinabsteigt, dem erschließt sich eine Dimension von Welt, die an der Oberfläche nicht wahrnehmbar ist. Wer in einen Berg hineingräbt, der stößt auf Schätze, die nur aus der Tiefe geborgen werden können: Edelmetalle, Eisen, Salz, Diamanten, begehrte und seltene Rohstoffe. Wer sich diesen Tiefen aussetzt, dem drohen aber auch Gefahren, von denen das Leben über Tag nichts weiß. Und nicht zuletzt erlebt man in diesen Tiefen, in dieser Dunkelheit, Formen der Selbstbegegnung, die den Schacht zum Medium eines erweiterten Bewusstseins werden lassen, bis hin zu den Halluzinationen, von denen verschüttete Bergleute immer wieder berichten. In dem Moment, in dem die Tiefe des Berges zu einer Metapher für das Seelenleben werden kann, wird die Arbeit in diesem zu einer Tätigkeit, die tatsächlich anderes und mehr verheißt, als am Tag gedacht worden war.

Wer eine Tiefe erschließen will, muss zu graben beginnen. Wer sich erkennen will, gräbt in sich hinein. Das schöne Wort »grübeln« leitet sich etymologisch von »graben« ab, der Grübler ist der Bergmann der Seele, er ist in seinem Ich unter Tag, verloren in den Schächten seines Innenlebens, verloren für das, was um ihn herum geschieht. Wir haben, verführt von diesen Sprachbildern, Konzepte des Selbst und der Selbstfindung entwickelt, die den Kern unseres Ich, das, was unser Wesen ausmachen soll, ganz tief in unser Inneres verlegen. Wer sich finden will, wer seine Schätze, seine Ressourcen, seine Begabungen entdecken und bergen will, muss hinabsteigen. Dort aber lauert die Gefahr, denn jede Tiefe ist assoziiert mit dem Abgrund, mit dem Schwindel, mit Dunkelheit, mit der Möglichkeit, verschüttet zu werden. Die Entdeckungen, die Menschen in psychotherapeutischen Settings machen, können zu einer Last werden, unter der sie noch einmal zusammenbrechen. Der Weg aus den Tiefen des Unbewussten an die Taghelle des Bewusstseins bleibt versperrt.

Solche Assoziationen unterstreichen die Faszinationskraft der Gedankenfiguren, die sich aus dem Oszillieren von Tiefe und Oberfläche, von Tag und Nacht ergeben; ob damit die Dynamik unserer Psyche angemessen beschrieben ist, bleibe einmal dahingestellt. Möglich, dass sich nicht die Erkenntnis über uns einer Metapher bedient, sondern dass die Metapher eine Erkenntnis suggeriert. Deutlich wird dies, wenn wir die Metaphorik der räumlichen Tiefe verlassen und uns jene Sprachbilder in Erinnerung rufen, die ebenfalls im Umfeld der Psychoanalyse entstanden sind und sich dabei weniger an dem romantisch-archaisch anmutenden Bergbau als an der zentralen technologischen Errungenschaft der industriellen Revolution orientieren, an der Dampfmaschine. Nun wird die Seele aus ihrer Triebdynamik her verstanden, sie ist eine Maschine zur Erzeugung psychischer Energie – Libido –, diese kann aufgestaut werden, dann müssen Ventile geöffnet und emotionaler Dampf abgelassen werden, oder aber die Triebenergie muss umgeleitet werden, um nützliche Arbeit zu leisten. Freuds Konzept der Sublimation beruht im Kern auf dieser Vorstellung: Die Kraft des Sexualtriebs wird in andere Bahnen gelenkt, um jene Kulturleistungen zu erbringen, die weniger einem asketischen Triebverzicht als vielmehr einer Verteilung und Verfeinerung der Triebenergie zu verdanken sind. Der Preis dafür ist hoch: Alles, was wir tun und denken, ist libidinös besetzt, die Spuren des sexuellen Begehrens haften an allen Errungenschaften der Kunst, der Wissenschaft und der Zivilisation.

Dieses Bild hat sich als äußerst wirkmächtig erwiesen: Noch die alltagssprachlichen Vorstellungen vor allem vom Sexual- und Aggressionstrieb als einer Gewalt, die sich irgendwann einmal Bahn brechen muss, wenn sie nicht kontrolliert geregelt und gezielt umgeleitet werden kann, gehorchen diesem Modell einer technischen Errungenschaft, die ansonsten aus unserem Leben vollständig verschwunden ist. Dampfmaschinen finden sich fast nur noch in technischen Museen, aber die Kessel unserer glühenden Emotionen werden nach wie vor kräftig aufgeheizt.

Und tiefer, als der Tag gedacht. Der Begriff der Tiefe verführt zu Assoziationen, die auch Nietzsche geläufig waren. Einer der berühmtesten Texte des Alten Testaments, der Psalm 130, beginnt in der gerne zitierten lateinischen Fassung mit dem Vers: »De profundis clamavi ad te, Domine« – »Aus der Tiefe rufe ich, HERR, zu dir.« Wer ruft hier, und aus welcher Tiefe? Es ist der verzweifelte Mensch, der sich Erlösung erfleht: »HERR, höre auf meine Stimme, laß deine Ohren merken auf die Stimme meines Flehens! So du willst, HERR, Sünden zurechnen, HERR, wer wird bestehen? Denn bei dir ist die Vergebung, daß man dich fürchte. Ich harre des HERRN; meine Seele harret, und ich hoffe auf sein Wort.« Dann folgt der für unseren Zusammenhang entscheidende Vers: »Meine Seele wartet auf den HERRN von einer Morgenwache bis zur andern.«[102] Auf knappem Raum entfaltet sich eine reichhaltige Begriffskette: Tiefe, Sündenbewusstsein, Leid, Nacht und Erlösung am Tag und als Tag. Die Vergebung, die kommen soll, ist der Morgen, auf den man wartet, sehnsüchtig – mehr als der Wächter, der froh ist, dass die dunklen Stunden der Nachtwache endlich zu Ende sind. Die Tiefe markiert ebenfalls eine Nacht, aber es ist die Dunkelheit der Not, des Leides, der Sünde, aus der es ohne einen gnädigen Gott kein Erwachen gibt. Es ist von diesem alttestamentlichen Psalm bis zur modernen Philosophie durchaus ein weiter Bogen zu spannen, denn der Begriff der Tiefe hat diese Nähe zu Not und Leid, zu Kontingenz und Sterblichkeit, vor allem zu ungesühnter Schuld nie verloren. Wer tief denken und *profund* argumentieren will, erhebt damit schon den Anspruch, hinter und unter der taghell erleuchteten Oberfläche der Unterhaltungsindustrie und Spaßkultur die existentiellen Leiderfahrungen und unauflösbaren Schuldverstrickungen des Menschen im Auge zu behalten. Nicht nur die Lust, auch das Leid hat seinen Platz in der Tiefe. Das trifft das Denken selbst: »Tief ist allein das, was intransigent, was ohne Rücksicht, was ohne Kompromiß gedacht ist.«[103]

»Die Welt ist tief, / Und tiefer als der Tag gedacht.« Diese Verse stehen in einem eigentümlichen Kontrast zu Nietzsches kritischem und spöttischem Umgang mit der bedeutungsschwangeren Kategorie der Tiefe, die er an anderen Stellen hellsichtig und pointenreich praktizierte. So heißt es etwa in *Menschliches, Allzumenschliches*, Nietzsches früher Aphorismensammlung: »Personen, welche eine Sache in aller Tiefe erfassen, bleiben ihr selten auf immer treu. Sie haben eben die Tiefe an's Licht gebracht: da giebt es immer viel Schlimmes zu sehen.« (KSA 2, 318) Diese Sentenz ist vor allem in Hinblick auf vulgäre Ausdeutungen der Psychoanalyse aufschlussreich. Sigmund Freud war klar gewesen, dass die Menschen gute Gründe haben, etwas zu verdrängen. Es ist schon sinnvoll, etwas in der Tiefe der Seele zu vergraben. Nur bei pathologischen Fällen, bei denen das Unbewusste so rumort, dass es das Alltagsleben negativ beeinträchtigt, also Psychosen, Pathologien, Neurosen oder Wahnvorstellungen auftreten, muss am Unbewussten gearbeitet und das Verdrängte freigelegt werden. Nietzsche ahnte Ähnliches lange vor Freud.

Man könnte allein an diesen Aphorismus eine Reihe von philosophischen Reflexionen anschließen – zum Beispiel eine kleine Theorie der Treue. Wer einer Sache, etwa den Idealen seiner Jugend, einer Weltanschauung oder Ideologie, einer Religion oder politischen Partei, einem Autor oder einer Philosophie, unreflektiert treu bleiben wollte, müsste wohl an der Oberfläche verharren; wer genauer hinsieht, wird alsbald Unstimmigkeiten, Brüche, Verirrungen, ja Verbrechen erkennen, von denen kaum ein geistiges Gebilde frei ist. Es gibt noch bei den vermeintlich edelsten Gestalten und humansten Ideen viel Schlimmes zu sehen, und der in letzter Zeit zu beobachtende Furor, die Denkmäler zweifelhafter Personen zu stürzen und die Erinnerung an moralische Verfehlungen aller Art zu tilgen, entspringt einem verlogenen Willen zur Oberfläche, der sich diese nur glatt, ohne Risse und Sprünge denken möchte. Um solchen vermeintlich hehren Ansprüchen zu genügen, muss dann die Wirklichkeit in einer Weise zurechtgebogen werden, die nur um den Preis der Selbstaufgabe des Denkens funktionieren kann. Aber man glaubt, einem Ideal treu geblieben zu sein. Dass sich diese Treue in der Anerkennung der Ambivalenz und nicht in der Herstellung einer fiktionalen Eindeutigkeit beweisen könnte, kommt dem puristischen Zeitgeist nicht mehr in den Sinn.

Nietzsches Einsicht trifft auch die Treue als soziales Phänomen und moralischen Anspruch. Personen, welche einen anderen Menschen »in aller Tiefe« erfasst, durchdrungen, erforscht haben, bleiben diesem »selten auf immer treu«. Denn wenn man einen Menschen so intensiv durchleuchtet hat, dann gibt es »immer viel Schlimmes zu sehen«. Man wird sich von dieser Person wieder abwenden, wenigstens distanzieren. Wenn diese Sentenz eine Wahrheit für sich beanspruchen kann, würde es bedeuten, dass nur oberflächliche Menschen wirklich treu sein können. Wer in die Tiefe geht, wer herausfindet, was mit seinem Partner los ist, müsste sich früher oder später mit Schaudern abwenden – außer die Treue bewiese sich gerade in der Fähigkeit, jemanden in all seinen Facetten, auch mit seinen Abgründen, Geheimnissen und dunklen Seiten, auszuhalten.

Nietzsche spielt hier mit jener Metaphorik, die im *Mitternachtslied* zentral werden wird. Menschen, die eine Sache in aller Tiefe erfassen, haben durchaus etwas ans Licht gebracht. Das Tiefe ist das Nächtliche, das Dunkle, das, was – wie im Bergwerk – unter Tag ist und nun abgebaut und nach oben befördert wird. Zwei Assoziationen drängen sich auf. Etwas ans Licht bringen kann bedeuten, eine Sache aus der Perspektive des Tages, des Bewusstseins, der Reflexion, der Rationalität, der klaren und klärenden Vernunft zu betrachten. Es ist der kühle, unbestechliche Blick auf die Wirklichkeit, der das Dunkle und Verborgene erhellen, Zusammenhänge erkennen und Gründe erforschen will. Die wissenschaftliche Rationalität gehorcht diesem Modell ebenso wie die Philosophie der Aufklärung. Das Verborgene ans Licht bringen kann bedeuten, mit einer Erkenntnis konfrontiert zu werden, mit der man nicht gerechnet hatte. Wie in der Tiefe des Berges lauern in den Tiefen des menschlichen Lebens und Verhaltens Gefahren und Gefährdungen, die mitunter besser unberührt geblieben wären. Wenn Unbewusstes bewusst gemacht wird, wenn Verborgenes ans Licht gebracht werden kann, dann gibt es nicht nur den Jubel über die Erkenntnis, sondern auch das Erschrecken über das Erkannte.

Von der Tiefe nun wieder zurück an die Oberfläche. Friedrich Nietzsche konnte salopp über die Tiefe philosophieren und die eine oder andere zeitkritische Pointe anbringen, die noch immer zu einem nachdenklichen Schmunzeln anregt. So heißt es in *Menschliches, Allzumenschliches II* an einer Stelle unter dem Titel *Tiefe und Trübe*: »Das Publicum verwechselt leicht Den, welcher im Trüben fischt, mit Dem, welcher aus der Tiefe schöpft.« (KSA 2, 492) Die Kritik dieser spitzen Bemerkung richtet sich weniger gegen diejenigen, die unklar denken, verschwommen formulieren, Nichtssagendes aufblasen und Wahrheiten suggerieren, als gegen diejenigen, die solche rhetorische Unschärfe mit Tiefsinn verwechseln und akklamieren. Dass Nietzsche hier von einem Publikum spricht, ist kein Zufall. Es geht schon um den Applaus, der jenen Stars gespendet wird, die durch ihr Geraune eine Bedeutsamkeit vortäuschen, der keine wirkliche Schaffenskraft zugrunde liegt. Nietzsche bedient hier einen Verdacht, der das Verhältnis von Philosophie und Öffentlichkeit, von Wahrheitsansprüchen und Gefälligkeiten, von massenwirksamen Weltdeutungen und radikaler Kritik seit der Antike durchzieht. Der Beifall, den die Sophisten einheimsten, war schon Sokrates ein Dorn im Auge gewesen, was Nietzsche nicht hinderte, in Sokrates selbst einen lästigen Querulanten zu sehen, dessen sprichwörtliche Hässlichkeit in der schönheitsverliebten griechischen Kultur doch ein Beweis für sein intellektuelles Ungenügen sein musste: »Man weiss, man sieht es selbst noch, wie *hässlich* er [Sokrates] war. Aber Hässlichkeit, an sich ein Einwand, ist unter Griechen beinahe eine Widerlegung.« (KSA 6, 68) Der Vorwurf, dass manche Denker ihre Tiefe nur vortäuschen und damit ihr Publikum betören, hielt sich dennoch hartnäckig, noch Theodor W. Adorno hatte Martin Heidegger genau dies vorgehalten: dass der Meisterdenker aus dem Schwarzwald durch das »Hohle und Scheinhafte«[104] seiner Sprache Bedeutsamkeit suggeriert und Tiefe durch eine dunkle Terminologie, durch Neologismen, durch falsche Etymologien, durch große Gesten seinem Publikum, auf das er größten Wert legt, nur vorgaukelt: »Das suggerierte und nichtvorhandene Geheimnis aber ist öffentlich.« Solch ein Denken fischt nicht nur geistig, sondern auch politisch im Trüben. Und Adorno setzte sinnig hinzu: »Nietzsche lebte nicht lange genug, um vorm Jargon der Eigentlichkeit sich zu ekeln.«[105]

Nietzsche lebte aber lange genug, um eine kleine Typologie der Denker zu entwickeln, die bis heute nichts von ihrem Witz verloren hat. In einem Aphorismus aus *Morgenröthe* markierte Nietzsche keck »oberflächliche Denker«, dann »tiefe Denker, welche in die Tiefe einer Sache gehen«, weiter »gründliche Denker«, die einer Sache »auf den Grund gehen«, und schließlich zur allgemeinen Überraschung »solche, welche den Kopf in den Morast stecken«, was doch, so Nietzsche, weder ein Zeichen von Gründlichkeit noch von Tiefe sein kann: »Es sind die lieben Untergründlichen.« (KSA 3, 270) Vorab fasziniert an dieser Bemerkung die Differenz von Tiefe und Grund. Gedanklich in eine Tiefe vorzudringen ist etwas anderes, als einer Sache auf den Grund zu gehen. Die Tiefe korrespondiert mit der Oberfläche, in und aus der Tiefe wird Verborgenes und Verdrängtes ans Licht geholt, einer Sache auf den Grund gehen heißt aber herauszufinden, wie ihre Genese sich darstellt, auf welche Ursachen sie sich zurückführen lässt, worin ihr Fundament, ihre Basis liegt. Um das an einem Beispiel zu demonstrieren: Man kann durchaus tiefsinnig über Moral als Ausdruck der menschlichen Freiheit philosophieren; Nietzsche jedoch wollte herausfinden, wie unsere moralischen Werte und Empfindungen überhaupt entstehen, und er kommt schon früh zu dem Schluss, dass unseren moralischen Urteilen »physiologische Phänomene« zugrunde liegen. (KSA 3, 310)[106] In letzter Instanz bestimmen die Bedürfnisse und Zuckungen des Leibes unsere Moral. Das ist wohl gründlich gedacht, aber vielleicht nicht besonders tiefsinnig.

Es bleiben noch die Denker übrig, die den Kopf in den Morast stecken: die Untergründlichen – nicht die Unergründlichen. Eine rätselhafte Wortprägung, fürwahr. Wir wissen nicht genau, wie Nietzsche diese »Untergründlichen« gemeint hat. Auch der ansonsten vorzügliche und ausführliche historisch-kritische Stellenkommentar zur *Morgenröthe* geht darauf mit keinem

Wort ein.[107] Die Untergründlichen: ein ironischer Neologismus, der die Bedeutung des Wortes zwischen den dunklen Unergründlichen und den nicht ganz so Gründlichen oszillieren lässt. Dass diese Untergründlichen den Kopf in den Morast stecken, verstärkt diese Schieflage. Zwar mögen stille Wasser tief sein, und das mag auch auf eine unergründliche menschliche Seele zutreffen – zumindest will es ein romantischer Topos so –, aber der Morast klebt an der Oberfläche, man kann ihn durchwaten, er ist im Wortsinn trüb, und man kann nicht mehr darin fischen. Wer den Kopf in den Morast steckt, steckt ihn nicht in den Sand. Der untergründliche Denker blendet nichts aus, sondern erforscht den moralischen Untergrund des Menschen. Und dieser besteht aus Dreck. Wer seinen Kopf, also sein Denkvermögen, in diesen Unrat steckt, setzt sich mit jenen schmutzigen Emotionen, Affekten, Gefühlen und Gedanken auseinander, die unter den polierten Oberflächen des sozialen Lebens zutage treten. Man muss nicht weit hinabsteigen, aber es braucht Überwindung, Härte, Kraft und einen guten Magen, um in die Untiefen der menschlichen Existenz einzudringen. Der untergründliche Denker setzt sich dem aus, möglich, dass er dies nicht gründlich genug tun kann, weil aufsteigende Ekelgefühle ihn zwingen, der morastigen Moral rasch den Rücken zu kehren. Immerhin: Nietzsche gilt als einer der großen Philosophen des Ekels! Wer sich dem Menschen in all seiner Ambivalenz, in all seiner Nichtigkeit, in all seiner Endlichkeit, in all seiner Bösartigkeit, in all seiner Aggressivität aussetzen will, darf nicht die verklärte und verklärende Tiefe suchen, sondern muss sich auf ein schmutziges Geschäft knapp unter der Gürtellinie einlassen.

Dem faszinierenden Wechselspiel von Tiefe und Oberfläche wusste Nietzsche aber auch andere brisante Aspekte abzugewinnen. In *Jenseits von Gut und Böse* heißt es an einer Stelle: »Alles, was tief ist, liebt die Maske [...] Jeder tiefe Geist braucht eine

Maske: mehr noch, um jeden tiefen Geist wächst fortwährend eine Maske, Dank der beständig falschen, nämlich flachen Auslegung jedes Wortes, jedes Schrittes, jedes Lebens-Zeichens, das er giebt. –« (KSA 5, 57 f.) Nietzsche, der Altphilologe, kann noch voraussetzen, dass sein Leser weiß, dass das lateinische Wort für Maske »persona« ist. Die Maske hält man sich vor das Gesicht, um sich dahinter zu verbergen. Aber gleichzeitig ist diese Persona, diese Maske, ein Terminus technicus aus dem antiken Theater. Die Maske der Schauspieler ist nicht eigenschaftslos, ganz im Gegenteil, die Maske zeigt nach außen die Regungen des Inneren: Zorn, Begehren, Angst. Die Maske verweist auf etwas und verbirgt etwas. Wir kennen das auch aus dem alltäglichen Sprachgebrauch: Jemandem die Maske vom Gesicht reißen, um sein wahres Gesicht zu »entlarven«. Hinter der Maske soll das authentische Ich zum Vorschein kommen, ohne Verstellung, ohne Konvention, ohne Floskeln, ohne Schein und Anschein. Nietzsches paradoxer Gedanke besteht nun darin, dass er nicht hinter der Maske die Tiefe eines Charakters, seine Persönlichkeit sieht, sondern in der Maske. Das, was tief genannt werden kann, unsere innersten Wahrheiten und Beweggründe, lassen sich nicht als solche zum Ausdruck bringen, sondern nur maskiert. Erst in der Maskierung, erst in der Fiktion, erst im Schein, erst in der Nachahmung können die Befindlichkeiten des Menschen sichtbar und anderen zugemutet werden. Erst die rechte Verkleidung, schreibt Nietzsche, erlaubt es uns, diese Tiefe zum Ausdruck zu bringen. Und dennoch lauert in diesem Maskenspiel ein Missverständnis. Maske ist nicht nur etwas, was der »tiefe Geist« anlegt, durch das er sich offenbart, sondern auch der falsche Eindruck, den er hinterlässt, weil er von seinen Rezipienten nur flach ausgelegt wird. Mit jeder Sekundärliteratur, so könnten wir selbstkritisch und selbstironisch formulieren, wächst die Maske, hinter der der Gegenstand unserer Bemühungen gleichzeitig hervortritt und verschwindet. Die Oberfläche erweist sich wieder einmal als Tiefe, die Tiefe als Oberfläche.

»Die Welt ist tief, / Und tiefer als der Tag gedacht.« Die Kategorie der Tiefe sollte uns vorsichtig stimmen, sie schillert bei Nietzsche in allen Farben. Wie deutet Zarathustra seinen Gefährten, den höheren Menschen, diesen Vers? Lauscht man den Worten, mit denen Zarathustra seine Zuhörer zu dieser Zeile hinführt, wird deutlich, dass die Tiefe noch einige Überraschungen für uns bereithält. In einer kraftvollen, poetischen und mit Synästhesien angereicherten Rede beschwört Zarathustra den »trunkenen Unken-Ton« der »alten Glocke«, der von der Ferne, von den »Teichen der Liebe« zu vernehmen ist. Er tönt wie eine »süße Leier« und hat den alten »Urväterschmerz« in seinem reifenden Klang aufbewahrt. Und diese mitternächtliche Glocke kündet davon, dass »die Welt selber reif ward« und nun »vor Glück« sterben will. Und dann, direkt an seine Gefährten gerichtet: »Ihr höheren Menschen, riecht ihr's nicht? Es quillt heimlich ein Geruch herauf, – ein Duft und Geruch der Ewigkeit, ein rosenseliger brauner Gold-Wein-Geruch von altem Glücke, – von trunkenem Mitternachts-Sterbeglücke, welches singt: die Welt ist tief und tiefer als der Tag gedacht!« (KSA 4, 399 f.)

Bevor wir dem verführerischen Zauber dieser Klänge verfallen, achten wir darauf, dass diese Glocke einen Unken-Ton anschlägt. Der klagende Laut der Feuerkröte galt immer schon als Ausdruck lästig-pessimistischer Schwarzseherei, die Unkenrufe, die das Getriebe des Fortschritts stören, wurden geradezu sprichwörtlich. Die alte, unkende Glocke erinnert an einen uralten Schmerz, der die Welt, die Historie, die Geschichte durchzieht, ihr aber auch eine süße Reife verleiht. »Jeder Schmerz riss dir in's Herz«: Schmerz, Herz, Tiefe, de profundis, aus tiefer Not schrei ich zu dir. Es ist der Schmerz, der diese Tiefe charakterisiert und mit dieser Glocke wehmütig erklingt. Es ist die Erinnerung an eine Schmerzerfahrung, die über Generationen weitergegeben wird. Wir können unserer Vergangenheit nicht entkommen. Es ist auch der Schmerz der Erinnerung, der Schmerz der Herkunft. Es ist diese Kette von Leiderfahrungen, die das Attribut »tief« zuerkannt bekommen hat. Später wird die Klangrede der alten Glocke »reif gleich goldenem Herbste und Nachmittage«, und auch die Welt gewinnt an Reife. Zweifellos eröffnet sich hier eine Korrespondenz zwischen der Schmerzerfahrung und einem Reifungsprozess. Der vor allem aus der Beobachtung von Nutzpflanzen stammende Begriff der Reife enthält eine starke psychologische Komponente – wir denken uns die Entwicklung des Menschen gerne als Reifungsprozess, mit der Matura – in Deutschland: Abitur – erwirbt man in Österreich ein »Reifezeugnis«, und wer es nicht schafft, erwachsen zu werden, bleibt unreif. Wenn die Welt selbst reif wird, gewinnt der Begriff der Reife eine nahezu ontologische Dimension und entfaltet eine eigentümliche Dynamik. Die Dinge reifen von selbst, und das bedeutet: Etwas wird. Reife ist mit dem Werden assoziiert, Reifen ist ein Prozess, eine Bewegung, eine Veränderung, von einem Keim weiter zu seiner Entfaltung. Das Gereifte ist das, was seinem inneren Telos, seinem Ziel folgen kann, nicht in seiner Entwicklung gehemmt oder vor der Zeit beendet wird und abstirbt. In der rousseauistischen Pädagogik war dies eine bis heute einflussreiche Gedankenfigur: Man muss eine kindliche Seele reifen lassen, man darf sie nicht zu sehr strangulieren, denn sonst wird dieser Reifungsprozess abgebrochen und sie kann nicht das entfalten, was in ihr angelegt ist. Wir kennen die von manchen politischen Parteien gerne verwendete bildungspolitische Phrase, nach der Talente zum Blühen gebracht werden sollten. Hier waltet dieselbe botanische Metaphorik. Auch das Blühen und Erblühen kommt aus der Landwirtschaft, es ist eine Pädagogik der Gärtner, die wir vor uns haben und die davon träumt, dass jedes Kind wie eine Knospe eine besondere Begabung in sich trägt, die durch eine sensible Behandlung zur Entfaltung, zur Reifung gebracht werden kann. Nietzsche aber assoziiert diese Reife mit dem goldenen Herbst und dem Nachmittag. Es ist der Tag, der zu dämmern beginnt, das Jahr, das sich seinem Ende nähert. Reifezeit ist Erntezeit. Das ist ganz entscheidend: Nur was reif ist, kann geerntet werden, das Unreife ist nicht bekömmlich. Die Erntezeit ist – es genügt, an Rainer Maria Rilkes berühmtes Herbstgedicht zu denken – immer die Zeit vor der Erstarrung, vor dem Winter, vor dem Einbruch der Kälte, vor der Einsamkeit. Wenn nun die Welt selbst herangereift ist, dann ist, in einem geopolitischen Sinne, eine Erntezeit gekommen. Die Urväter haben den Schmerz gesät, den wir ernten. Die Welt will sterben vor Glück.

Sterben vor Glück. Diese Formulierung erinnert an das ekstatische Glück, das nicht mehr überboten werden kann, an den höchsten Augenblick, an das Gefühl, noch nie etwas so intensiv erlebt zu haben, sodass das Leben nichts mehr bieten kann: Neapel sehen und sterben. Diese Erschütterung lebt allerdings von einer überwältigenden Unmittelbarkeit, einer Erfahrungsintensität, die ihresgleichen nicht mehr zulassen wird. Es ist die Einmaligkeit, die das Glück mit dem Tod paart: »Einmal / lebt ich, wie Götter, und mehr bedarfs nicht.«[108] In einer modernen, nüchternen, utilitaristischen Variante stirbt man allerdings in einer ganz anderen Weise vor Glück. In liberalen Wohlstandsgesellschaften kennen wir das Phänomen des »Bilanz-Suizids«. Dieses Konzept besagt, dass es Zeit ist, mit dem Leben dann Schluss zu machen, wenn die Summe des Glücks als Ansammlung erstrebenswerter Güter erreicht ist und aufgrund der Umstände keine weiteren Glückssteigerungen mehr erwartet werden können. Es ist weder das Glück des Augenblicks noch das Glück einer Reife, die sich als Vollendung spürt, sondern eine

nüchterne effizienztheoretisch inspirierte Rechnung, die fest-
stellt, dass sich weitere Investitionen in das Leben nicht mehr
lohnen, da die Rendite abnimmt. Nietzsche, was das Glück betrifft wahrlich kein Romantiker, hat die Utilitaristen übrigens
verachtet.

Was aber bedeutet es für Zarathustras Welt, im Gefühl der
Reife vor Glück sterben zu wollen? Zarathustra wechselt abrupt
das Sinnesorgan: »Ihr höheren Menschen, riecht ihr's nicht?«
Dass Geruchserfahrungen für das Glück bedeutsam sein können, spürt jeder, der gezwungen ist, mit Menschen zu verkehren,
die er nicht riechen kann. Umgekehrt muss es im Paradies auch
himmlisch duften, und jede Parfümerie weiß mehr über den
Zusammenhang von Glück und Geruch als so manche Philosophie. Und wenn man vom Sterben spricht, drängt sich eine ol-
faktorische Assoziation auf: Was riecht man angesichts des Todes? Die Verwesung. Handelt es sich um eine verwesende Welt,
also eine Welt, die ihr Wesen aufgegeben hat? »Es quillt heimlich
ein Geruch herauf, – ein Duft und Geruch der Ewigkeit.« (KSA 4,
400) Zum ersten Mal taucht im Zusammenhang mit dem *Mitternachtslied* der ominöse Begriff der Ewigkeit auf – als senso-
rische Sensation, die die Nase reizt! Ewigkeit, Zeitlosigkeit als
Dufterereignis. Kein Wunder, dass ein Parfum von Calvin Klein
»Eternity« heißt. Dem Flüchtigsten – einem zarten Dufthauch –
wird damit das Prädikat schlechthinniger Dauer und Präsenz
verliehen.

Allerdings: Der Geruch der Ewigkeit, dieser rosenselige,
braune Gold-Wein-Geruch von altem Glücke, erinnert nicht
nur an eine herbstliche Stimmung, sondern auch an jene Gräber,
denen dieser Geruch, ein Verwesungsgeruch, entströmen mag.
Dieses »Mitternachts-Sterbeglück« beschreibt den physischen
Prozess des Sterbens, es umkreist wortreich jene mitternächtliche Stimmung, die spürt, dass etwas zu Ende geht, unwiderruf-

lich vorüber ist, vollendet sein mag, aber dennoch, ja genau deshalb Raum lässt für das Neue, das Anbrechende, das Heraufdämmernde. Die Mitternacht ist der zeitliche Umschlagplatz, an dem sich der alte Tag verabschiedet und einem neuen Morgen Zutritt erlaubt. Der Tag, das, was das Bewusstsein glaubt, von der Welt zu wissen, stirbt in und an dieser Nacht. Dass die Welt tiefer sei, als der Tag gedacht, macht diese mitternächtliche Erfahrung eines müden Glücks zur Quelle einer Erkenntnis, die das Tageslicht scheuen muss: Vergänglichkeit, Leid und Schuld als Voraussetzung für Gegenwärtigkeit. Johann Wolfgang von Goethes berühmtes »Stirb und werde!« aus seinem rätselhaften Gedicht *Selige Sehnsucht* drängt sich an dieser Stelle nahezu auf.[109] So leicht aber, und das wussten Goethe und Nietzsche, stirbt es sich nicht, auch nicht um Mitternacht. Die Tiefe der Welt, die sich in diesen dunkel-hellen Momenten zeigt, hat einen Namen: Schmerz.

Sieben!
Tief ist ihr Weh –,

DIE WELT IST nicht nur tief, und nicht nur tiefer, als der Tag gedacht; tief ist auch und vor allem ihr Weh. Der Schmerz markiert die Mitte des *Mitternachtsliedes*, den siebenten Schlag der Glocke. Der Schmerz ist ein unhintergehbares Element des Systems Welt, zum Leben des einzelnen Menschen wie zur Gesamtheit der Lebens- und Naturbezüge gehören Verletzungen, Wunden, Enttäuschungen, Schmerzen wesentlich dazu. Und der Schmerz ist tief in einem ursprünglichen Sinn. Diese Bestimmung ist uns aus der Psychologie des Alltagslebens geläufig. Ein tiefempfundenes Gefühl, ein tiefempfundenes Mitleid, ein tiefempfundener Schmerz verweisen auf eine existentielle Dimension, die im Wortsinn nicht an der Oberfläche bleibt. Es sind keine flüchtigen, rasch abklingenden Emotionen, kein schwacher Anflug von Mitleid, keine leichte Ritzung der Haut, sondern das Tiefempfundene, der tiefe Schmerz, das tiefe Weh gehen in einem ganz unmetaphorischen Sinn in die Tiefe: Eine Wunde ist tief, wenn sich die Verletzung in die inneren und lebensnotwendigen Organregionen des Körpers fortsetzt, eine schmerzhafte Emotion ist tief, wenn sich die Eingeweide im Körperinnern zu verkrampfen scheinen. Und solch ein Schmerz, solch ein Weh kennzeichnet die Welt, das Leben schlechthin. In der Erzählung *Die Schwerkraft der Verhältnisse*, die den Auftakt zu dem erratischen und monumentalen Werk der österreichischen Schriftstellerin Marianne Fritz bildete, steht ein zentraler Satz, der diesem nietzscheanischen Gedanken eine eindrückliche poetische Form verleiht: »Das Leben ist eine Wunde, und diese Wunde heilt so schwer.«[110]

Der siebente Schlag der Mitternachtsglocke verkündet diese schmerzhafte Botschaft. Tief ist das Weh der Welt. Wenn man vom Weh, vom Schmerz der Welt spricht, drängt sich der Begriff »Weltschmerz« geradezu auf. Dieser trifft allerdings nicht genau das Weh, von dem die Mitternacht hier spricht. Nietzsche kannte wohl den Begriff »Weltschmerz«, er verwendet ihn aber nur selten, und wenn, dann in kritischer Absicht: Als Ausdruck eines »Schwächezustandes«, den es zu »vernichten« gilt. (KSA 7, 119) In *Zur Genealogie der Moral* erscheint der Weltschmerz als die emotionale Seite eines dekadenten Pessimismus, für Nietzsche die »Folge einer unsinnig plötzlichen Stände-Mischung«. (KSA 5, 378) Das kleinbürgerliche Subjekt des 19. Jahrhunderts hatte sich mit seinen politischen Ambitionen und sozialen Ansprüchen übernommen und stand nun hilflos und verzweifelt einer Welt gegenüber, in der es sich fremd fühlen musste, weil es nicht seine Welt war. In Nietzsches böser Analyse wird der Weltschmerz zur Begleiterscheinung von Menschen, deren Erwartungen enttäuscht werden, weil sie mit der Situation, in die sie sich begeben haben, nicht zurechtkommen – aus welchen Gründen auch immer. Diese Insuffizienz aber schreiben sie der Welt und deren Verhältnissen insgesamt zu. Nietzsche demaskiert den romantischen Topos als Ausdruck eines Versagens durch Selbstüberforderung. Der Schmerz der Niederlage wird auf die Welt projiziert, nun leidet der Mensch nicht an seinem subjektiven Ungenügen, sondern an der Welt. Der Weltschmerz grundiert eine Stimmung, die über individuelle Leiderfahrungen, seien diese physisch oder psychisch bedingt, hinausgeht. Liebeskummer ist an sich so wenig ein Weltschmerz wie die Frustration nach einem abgelehnten Projektantrag; Verletzungen und Krankheiten tun weh, ohne dass dieser Schmerz die ganze Welt einschließen müsste. Der Weltschmerz problematisiert deshalb immer ein Weltverhältnis.

Unter anthropologischen Gesichtspunkten korrespondiert der Weltschmerz mit jener Weltfremdheit, die des Menschen prinzipielle Unbehaustheit in dieser Welt markiert. Romantische Figuren wie der Wanderer, der Fahrende, der Flüchtling und der Migrant hätten ihre Wirkmächtigkeit nicht ohne diesen melancholischen Beigeschmack einer Weltferne entfalten können, der bis heute dafür sorgt, dass der Fremde und Fremdheit schlechthin zum Gegenstand der Faszination, aber auch der Besorgnis werden können. Die politisch wohlfeile Kritik an der Fremdenangst vergisst, dass diese die Kehrseite jener Verehrung des Fremden ist, die in diesem nicht nur den kontingenten Einzelfall, sondern eine grundsätzliche Disposition des Menschen verspürt. Der Weltschmerz erweist sich als Gefühl der Ausgeschlossenheit, gepaart mit der großen, aber vergeblichen Sehnsucht, in dieser Welt doch irgendwie noch heimisch werden zu können. Die bedeutenden Romantiker wussten dies und besangen diese Sehnsucht deshalb im Konjunktiv: »Und meine Seele spannte / Weit ihre Flügel aus, / Flog durch die stillen Lande, / Als flöge sie nach Haus.«[111]

Das Leid an einer Welt, die fremd und in der man selbst ein Fremder bleiben muss, verführt nicht selten dazu, in diesem auferlegten Schmerz auch den Schlüssel zur Überwindung der Dissonanz zwischen Mensch und Welt zu sehen. Durch den eigenen Schmerz die Welt von diesem zu befreien, ja zu erlösen: Dieser christologische Gedanke ist untrennbar mit der bedeutungsschweren Aufladung von Schmerz- und Leiderfahrungen in unserer Kultur verbunden. Wenn Menschen schon leiden müssen, dann sollte diese bittere Erfahrung zumindest ein Anstoß, ein

Auslöser sein, um die Unwirtlichkeit dieser Welt zu mildern. Solches kennzeichnet nicht nur politische Bewegungen und Eruptionen, wie jüngst an den »Black Lives Matter«-Demonstrationen abzulesen war, sondern gehörte im zwanzigsten Jahrhundert auch zu einer avancierten Ästhetik, die Kunst und Schmerzerfahrung unmittelbar zusammenfallen lassen konnte. Die neue Musik, so schrieb Adorno, habe »alle Dunkelheit und Schuld der Welt auf sich genommen«,[112] ihre dissonante, den Hörer zutiefst verstörende Radikalität gehorcht einem verzweifelten Imperativ: »Die Unmenschlichkeit der Kunst muß die der Welt überbieten um des Menschlichen willen.«[113] Hier geht es nicht um eine individuelle Leiderfahrung, auch nicht um die Opfer von Ungerechtigkeiten oder brutaler Gewalt, sondern in einem emphatischen Sinn um die Schuldverstrickungen einer Welt, für die die Kunst das Erlösungsgeschäft des leidenden Gottes übernimmt. Der mitternächtliche Glockenschlag aus Nietzsches *Zarathustra* mag im tiefen Weh der Welt solche Konstellationen unbewusst, aber dennoch hellhörig antizipiert haben.

Tief ist ihr Weh! Dass Nietzsche das »Weh« im *Mitternachtslied* gegenüber verwandten Begriffen wie Schmerz oder Leid bevorzugt, mag nicht nur der Assonanz und dem Klang dieses Wortes zu verdanken sein. Nietzsche verwendete diesen Begriff gerne, steckt doch im Weh eine Ambivalenz und Doppeldeutigkeit, die in den anderen Fällen bestenfalls durch umständliche Umschreibungen zu gewinnen gewesen wäre. Das Weh im Sinne des erlittenen Schmerzes, das Weh als passive Erfahrung kann jederzeit umschlagen in das Wehe als Drohung, in das Wehtun als Zufügung von Schmerz. In dem Wahlspruch »Weh dem, der Wehe tut« des Reïs Effendina aus Karl Mays Trilogie *Im Lande des Mahdi*[114] drückt sich dies paradigmatisch aus, nicht zuletzt deshalb, weil sich diese Maxime letztlich gegen den richtet, der sie gnadenlos vertritt. Wenn Nietzsche einmal anmerkt, dass die antike Tragödie einem »fernen schwermüthigen Gesange« lauscht, der von den »Müttern des Seins« handelt, deren Namen »Wahn, Wille, Wehe« lauten, dann wird damit das Weh zu einer zentralen Seinserfahrung: nicht richtig handeln zu können, unschuldig schuldig zu werden, »Leid und Lust« als untrennbaren Zusammenhang erfahren zu müssen. (KSA 1, 132) Aber in diesem »Wehe« schwingt schon das antike Trauma mit, das der weise Silen unter Schmerzen preisgegeben hatte: Wehe dem, dem das Schicksal beschied, als Mensch geboren zu werden. Gar nicht erst geboren zu werden, wäre deshalb das Beste für den Menschen, zumindest aber sollte er früh sterben, um diesem Weh und Wehe zu entgehen. Friedrich Nietzsche hat diese Geschichte in der *Geburt der Tragödie* getreulich rapportiert, (KSA 1, 35) und die rezente Philosophie hat für diese Haltung sogar einen schönen Namen gefunden: Antinatalismus.[115]

Das Verhängnis, das über dem Menschsein schlechthin liegen mag, ist das eine. Dieses »Wehe« kann jedoch nicht nur einen drohenden, sondern auch einen klagenden und beklagenden Unterton haben: »Weh mir, wo nehm' ich, wenn / Es Winter ist, die Blumen, und wo / Den Sonnenschein und Schatten der Erde?«[116] Friedrich Hölderlin, den Nietzsche einmal »seinen Liebling« genannt hatte, (KSB 3, 51) verleiht diesem Wehe, das auf der Existenz des Menschen lasten mag, eine eindringliche, poetische Stimme. Und auch wenn Nietzsche an der Dichtung und am Schicksal des »armen Hölderlin« (KSB 5, 56) intuitiv Anteil genommen haben sollte: Er selbst war weniger an solch einem »Weh mir« interessiert, als an der ganz anders gearteten Frage, was es denn bedeutet, als Mensch einem anderen Menschen Schmerz zuzufügen, ihm also wehzutun. Nietzsche ging es dabei kaum um das Drohpotential, das in einem »Wehe dir« stecken mag, wohl aber um das phänomenologische Ungleichgewicht zwischen Schmerzerfahrung und Schmerzzufügung. In

Menschliches, Allzumenschliches stellt sich Nietzsche an einer Stelle die Frage, ob es denn ein Schädigen aus reiner Bosheit, also Grausamkeit um ihrer selbst willen, überhaupt gibt. Wenn man nicht weiß, so Nietzsche, wie weh eine Handlung einem anderen tut, liegt keine wirkliche Bosheit vor. Ein Kind, das aus unschuldiger Neugier ein Tier untersucht, als wäre es ein Spielzeug, und dabei quält, nennen wir ja auch nicht boshaft. Wesentlich ist also das Wissen um den Schmerz, den man einem anderen willentlich zufügen will. Und dann stellt Nietzsche die entscheidende Frage: »Weiss man aber je völlig, wie weh eine Handlung einem Andern thut?« (KSA 2, 101) Natürlich: So weit unser eigenes Nervensystem reicht, hüten wir uns vor jedem Schmerz. Reichte unser Nervensystem bis in die Mitmenschen hinein, würden wir wohl niemandem wehtun wollen. Aber unser Nervensystem reicht nicht so weit, es bleibt jene unüberbrückbare Differenz zwischen dem eigenen Zahnschmerz und dem Anblick des Zahnschmerzes eines anderen, die durch keine Vorstellungskraft geschlossen werden kann. Für Nietzsche ist die Konsequenz klar: »Bei dem Schädigen aus sogenannter Bosheit ist der Grad des erzeugten Schmerzes uns jedenfalls unbekannt.« Und wenn dieser Schmerz des anderen mit der eigenen Lust an der eigenen Macht verknüpft ist, gleicht solch eine Handlung, so Nietzsches brutale Schlussfolgerung, der Notwehr. Der Schmerz des anderen ist der eigenen Lust geschuldet. Und: »Ohne Lust kein Leben; der Kampf um die Lust ist der Kampf um das Leben.« (KSA 2, 101 f.)

In wenigen Sätzen entwickelt Nietzsche damit in nuce eine Theorie des Bösen. Das Böse ist der Wille, jemand anderem wehzutun und zu wissen, dass es ihm wehtun wird. Das bewusste Zufügen von Schmerz, das keine therapeutischen Argumente für sich ins Treffen führen kann, erweist sich als Indikator des Bösen. Nietzsche, der später ein rabiater Anti-Kantianer geworden ist, skizziert ex negativo erstaunliche Ansätze einer Gesinnungsethik. Es kommt, moralphilosophisch gesprochen, nicht darauf an, wie tief der Schmerz von dem empfunden wird, dem er zugefügt wird, sondern auf die Absicht, die damit verbunden ist. Fast ließe sich mit Kant paraphrasieren: Es ist überall nichts in der Welt, ja überhaupt auch außer derselben zu denken möglich, was ohne Einschränkung für böse könnte gehalten werden, als allein ein *böser Wille*.[117] Gegenüber der Möglichkeit solch eines bösen Willens meldet Nietzsche aber gleich wieder Bedenken an. Hinter diesem Wehtun vermutet er keinen Willen zur reinen Destruktivität, sondern ein Mittel zu einer letztlich sogar legitimen Macht- und Luststeigerung, sodass das Böse als eine Art Kollateralschaden des Willens zum Leben erscheint. Und tatsächlich kann keine Handlung so böse sein, dass diejenigen, die sie ausführen, nicht zu sagen wüssten, wozu sie angeblich gut sei.

Dass der Schmerz des anderen nicht mein Schmerz ist, berührt die Möglichkeiten und Grenzen des Mitleids. Dieses kann nur ein imaginiertes Mitleiden sein, denn unser Nervensystem reicht eben nicht in den Körper des anderen. Der Schmerz des anderen ist nie mein Schmerz. Wäre es anders und würde jeder Gewalttäter den Schlag, den er ausführt, im selben Moment schon an sich verspüren, würde er diesen wahrscheinlich in den meisten Fällen unterlassen – außer er wäre masochistisch oder suizidal veranlagt. Aber dem ist nicht so. Der Schmerz des anderen ist uns lediglich indirekt als Leistung unserer Vorstellungskraft zugänglich, sofern wir bereit sind, die eigenen Schmerzerfahrungen zur Basis unseres Einfühlungsvermögens anderen gegenüber zu machen: »Wir schliessen aus Analogie, dass Etwas Jemandem weh thut, und durch die Erinnerung und die Stärke der Phantasie kann es uns dabei selber übel werden.« (KSA 2, 101) Aber die Kluft zwischen einer Schmerzerfahrung und meiner Vorstellung von dieser bleibt bestehen. Genau diese Einsicht machte Nietzsche zu dem großen Skeptiker des Mitleids: Ist diese Vorstellung zu schwach, verhalte ich mich dem Leidenden gegenüber arrogant und wenig sensibel; ist diese Vorstellung zu stark, leide ich tatsächlich mit, werde dadurch aber selbst schwach. Der mitleidige Mensch ist nicht derjenige, der aus Stärke und Souveränität imstande ist, einem Leidenden zu helfen, sondern derjenige, der sich aufgrund des Mitleidens selbst schädigt. Wem angesichts des Schmerzes von anderen übel wird, der ist nur beschränkt fähig zur Hilfe. Der Chirurg, dem beim Anblick von Blut ein Schwächeanfall droht, mag zwar empathisch wirken, aber das nützt dem Kranken relativ wenig. Diese Differenz markiert die Grenze des Mitleids und schafft damit die Voraussetzung für das Böse und Grausame. Wohl kann sich jeder Verbrecher, jeder Vergewaltiger, jeder, der jemanden tätlich angreift oder quält, vorstellen, wie weh das tut, und er weiß, dass er genau das nicht an seinem eigenen Leibe erfahren möchte, aber er tut es trotzdem. Warum? Weil zwischen der Vorstellung, wie weh etwas tun könnte, und der tatsächlichen Erfahrung des Schmerzes eine essentielle Diskrepanz liegt. Das Wissen um diesen Unterschied kann allerdings die Lust am Wehtun noch steigern, weil der Schmerz des anderen nicht erfahrbar, wohl aber vorstellbar ist. Gerade weil man es am eigenen Leib nicht spüren will, fügt man das Leid dem anderen zu und bezieht daraus ein besonderes Überlegenheitsgefühl. In einer Notiz hat Nietzsche diesen Gedanken geradezu peinigend klar ausgeführt: »Was ich nicht will, daß ihr mir thut, warum sollte ich dies nicht euch thun dürfen? Und wahrlich, das, was ich euch thun muß, gerade das könntet ihr mir nicht thun!« (KSA 10, 603) Das grundlegende Prinzip aller Gerechtigkeitskonzeptionen – Auge um Auge, Zahn um Zahn – hat deshalb auch weniger mit einfachen Rachegelüsten zu tun als vielmehr mit dem Wunsch, das, was vorstellbar war und deshalb gerade nicht hätte getan werden sollen, nun für den Täter am eigenen Leib erfahrbar zu machen, um zu demonstrieren, dass das, was er getan hat, sehr wohl auch ihm zugefügt werden kann.

Auch der Schmerz der Welt, den das *Mitternachtslied* anspricht, hat diese Ambivalenz von selbst erfahrenem und imaginiertem Leid zur Voraussetzung. Aber die Welt umfasst mehr als den subjektiven Schmerz, ihr Weh ist auch mehr als die gegen wenige Glücksmomente aufrechenbare Fülle aller Schmerzen. Arthur Schopenhauer, der große Pessimist, hatte zwar nüchtern diese Rechnung angestellt und keinen Zweifel daran gelassen, dass die »Summe der nur irgend möglichen Freuden, welche ein Mensch in seinem Leben genießen kann« von der »Summe der nur irgend möglichen Leiden, die ihn in seinem Leben treffen können« stets übertroffen werden wird.[118] Ein raffiniertes Gedankenexperiment der neueren Philosophie lässt eine überlegene Künstliche Intelligenz zu demselben Ergebnis kommen, womit das Schicksal der Menschheit besiegelt ist: Die KI beschließt, die Menschen von ihrem Leiden durch die Liquidation der Gattung zu erlösen.[119] Angesichts des Elends der Menschen ist solch eine finale Empathie mit den leidenden Wesen allerdings nicht die einzig denkbare Reaktion. In *Jenseits von Gut und Böse* schreibt Nietzsche: »Es giebt Höhen der Seele, von wo aus gesehen selbst die Tragödie aufhört, tragisch zu wirken; und, alles Weh der Welt in Eins genommen, wer dürfte zu entscheiden wagen, ob sein Anblick nothwendig gerade zum Mitleiden und dergestalt zur Verdoppelung des Wehs verführen und zwingen werde?« (KSA 5, 48)

Das Weh dieser Welt zwingt uns nicht notwendigerweise zu einer Identifikation mit diesem Leid, nötigt uns nicht in jedem Fall zum Mitleid und damit zur Verdoppelung des Schmerzes. Nietzsche stellt die Möglichkeit dieser empathischen Reaktion nicht infrage, riskiert aber den Gedanken, dass man dem Elend der Welt anders, distanzierter begegnen könnte. Und dann folgt ein ungeheurer Gedanke, dessen Tragweite, oder, um in der Terminologie des *Mitternachtsliedes* zu bleiben, dessen Tiefe man gar nicht ausloten möchte, weil etwas aufsteigen könnte, was in unseren inneren Kellern vergraben ist: »Was der höheren Art von Menschen zur Nahrung oder zur Labsal dient, muss einer sehr unterschiedlichen und geringeren Art beinahe Gift sein.« (KSA 5, 48) Wie, so muss unsere erste empörte Reaktion sein, kann das Leid von Menschen, kann das Elend dieser Welt anderen zu einem Labsal, gar zur Nahrung werden? Woran aber dachte Nietzsche bei dieser »höheren Art von Menschen«, die wohl an Zarathustras höhere Menschen erinnern, aber noch nicht deren karikaturhafte Verzeichnung erfahren haben? Denkt man an die Bedeutung von Schmerz- und Leiderfahrungen, eigenen und fremden, für die Künste, erinnert man sich, wie oft – nicht nur bei Tragödien – dem ästhetischen Genuss ein Weh zugrunde lag, ruft man sich ins Gedächtnis, wie viele Kunstdenkmäler dieser Erde sich unmittelbar dem Elend derjenigen verdanken, die sie erbauen mussten, gewinnt Nietzsches kalter Blick eine andere Bedeutung. »Jedes Kunstwerk«, heißt es an einer Stelle in Adornos *Minima Moralia*, »ist eine abgedungene Untat.«[120]

Es gibt einen Zusammenhang zwischen der Kunst und dem Bösen. Die Kunst ist eine Möglichkeit, auf das Böse, auf diesen Schmerz, auf dieses Weh, auf die Ungerechtigkeiten und Dissonanzen der Welt zu reagieren und diese zu verarbeiten. An vielen Kunstwerken ist dies unmittelbar ablesbar, alle ästhetischen Auseinandersetzungen mit Krieg, Gewalt und Not, alle künstlerische Thematisierung individuellen und kollektiven Leids zeugen davon. Damit ist weder behauptet, dass Künstler in einem moralischen Sinn zum Bösen tendieren – obwohl es das gibt –, noch dass damit eine platte Legitimation oder Rechtfertigung des Bösen verbunden sein muss – auch wenn dies nicht ausgeschlossen ist. Aber die romantische Konzeption, dass große Kunst großes Leid zur Voraussetzung hat und der Genuss von Kunst implizit bedeutet, dieses Leid mitzugenießen, ist nicht ganz von der Hand zu weisen. Sören Kierkegaard hat einmal angemerkt, dass der Dichter jenem Bedauernswerten gleiche, den Phalaris, der Tyrann von Akragas, in einem hohlen bronzenen Ochsen rösten ließ: Die Schmerzensschreie des Gefolterten drangen durch die raffiniert gebauten Nüstern des künstlichen Tieres als Wohlklang an die Ohren des Gewaltherrschers.[121] Zahlreiche Werke, die wir aus ästhetischen Gründen bis heute bewundern, sind auf dem Leid und der Leiderfahrung unzähliger Menschen aufgebaut, man denke an die ägyptischen Pyramiden, von denen Napoleon, als er sich dieses Land in einem abenteuerlichen Feldzug unterwerfen wollte, vor der entscheidenden Schlacht zu seinen Soldaten gesagt haben soll: »Denkt daran, 40 Jahrhunderte blicken auf euch herab.« Die Ehrfurcht vor der Dauer dieser Bauwerke, denen selbst die Idee der Unsterblichkeit zugrunde liegt, verspüren wir noch immer, auch wenn wir wissen, dass unzählige Sklaven diese Steine mühselig auftürmten und viele dabei ihr Leben verloren haben. Eine ganze Reihe von Kunstwerken verdankt sich brutalen rituellen Praktiken, etwa die ästhetischen Dokumente der Religionen dieser Welt. Man kann nicht die Kreuzzüge verurteilen und die gotischen Kathedralen bewundern – es gibt da einen inneren, geistigen, manchmal sogar unmittelbaren Zusammenhang. Genauer betrachtet, gewinnt dieser ungeheure Gedanke von Nietzsche durchaus an Plausibilität: Es bedarf einer gewissen Ignoranz menschlichem Leid gegenüber, um bestimmte Formen von Kultur tatsächlich hervorbringen zu können. Die in kritischer Absicht mitunter vertretene These, dass es doch besser wäre, die

Menschen würden weniger leiden, auch wenn dies bedeutete, dass wir dann ästhetisch weniger anspruchsvolle Kunstwerke hätten, weil niemand mehr aus eigenen oder fremden Leiderfahrungen, aus allem Weh der Welt ästhetisches Kapital schlagen könnte, kann einiges Recht für sich beanspruchen. Daraus zu folgern, dass der Genuss von Kunstwerken, die sich solchem Schmerz verdanken, selbst schon moralisch prekär sei und tabuiert werden sollte, ist allerdings ein Fehlschluss. Die gegenwärtig zu beobachtende Substitution des ästhetischen Urteils durch Moralisierung verfehlt nicht nur ihren Gegenstand, sondern bringt sich auch um jene Lust, die gerade in ihrer prekären Ambivalenz erkenntnisleitend sein könnte. Die Verbannung von Worten, Gesten, Charakteren und Handlungen, die nicht den aktuellen Moralvorstellungen entsprechen, aus der Kunst, zeugt nicht nur von schwindender Urteilskraft, sondern auch von abnehmender Genussfähigkeit. Für Nietzsche zumindest wäre solch ein politisch korrektes Ansinnen wohl nur Ausdruck einer verächtlichen Schwäche gewesen.

Der Schmerz hatte für Nietzsche, den großen Psychologen unter den Philosophen, auch noch andere Dimensionen, die es erlauben, das tiefe Weh der Welt weiter aufzuschlüsseln. In *Zur Genealogie der Moral* findet sich ein ebenso schockierender wie im wahrsten Sinn des Wortes lehrreicher Gedanke: »Man brennt Etwas ein, damit es im Gedächtniss bleibt: nur was nicht aufhört, weh zu thun, bleibt im Gedächtniss.« (KSA 5, 295) Etwas hämisch könnte man diesen Satz als Nietzsches Kommentar zur aktuellen sanften Lernpsychologie bezeichnen, die mit positiven Reizen und Wohlfühlatmosphäre die kognitiven Leistungen steigern will. Der Zusammenhang zu unserem tiefen Weh der Welt aus Zarathustras *Mitternachtslied* erscheint hier in einem doppelten Sinn evident. Unter individualpsychologischen Aspekten erweisen sich Bildungsprozesse, die zu den zentralen

Parametern der Welt gehören, als tiefer, als der Tag gedacht: Sie tun weh! Die gedächtnisprägende Kraft des Schmerzes stellt kein Plädoyer für eine schwarze Pädagogik dar, sehr wohl aber ist damit die gewöhnlich verdrängte Einsicht verbunden, dass das im Gedächtnis verhaftet bleibt, was nicht aufhört wehzutun, was wiederkehrt, in uns nagt, womit wir uns immer wieder beschäftigen müssen, was einen Stachel in unserem Denken, in unserem Leben, in unserer Auseinandersetzung mit der Welt darstellt. In dem Maße, in dem Bildung Veränderung bedeutet, ist diese mit schmerzhaften Verlusten von vermeintlichen Gewissheiten verbunden. Wirkliche Offenheit der Welt gegenüber, die vielbeschworene Neugier, die nicht befriedigt wird, sind darüber hinaus ebenfalls Quellen eines Schmerzes, Ausdruck eines Mangels, Anzeichen einer unangenehmen Leerstelle, eines Nichtwissens. Solches bleibt. Das Erledigte hingegen wird sofort wieder vergessen. Deswegen führt eine menschenfreundliche Pädagogik dazu, dass man schnell lernt, sich aber wenig merkt – es darf ja nicht wehtun, es muss Spaß machen; was Spaß macht, bleibt jedoch nicht im Gedächtnis. Aber vielleicht geht es heute gar nicht mehr darum, vielleicht hat die schmerzfreie Pädagogik ihren guten Sinn: die Köpfe der Kinder und Jugendlichen von allem frei zu halten, was den reibungslosen Betrieb und den Datenfluss stören könnte. Das ändert jedoch nichts an Nietzsches Einsicht in den Zusammenhang von Schmerz und Erinnerung, die er selbst als einen »Hauptsatz aus der allerältesten Psychologie auf Erden« (KSA 5, 295) klassifizierte.

Nietzsche aber denkt noch weiter. »Man möchte selbst sagen, dass es überall, wo es jetzt noch auf Erden Feierlichkeit, Ernst, Geheimniss, düstere Farben im Leben von Mensch und Volk giebt, Etwas von der Schrecklichkeit nachwirkt, mit der ehemals überall auf Erden versprochen, verpfändet, gelobt worden ist: die Vergangenheit, die längste tiefste härteste Vergangenheit, haucht uns an und quillt in uns herauf, wenn wir ›ernst‹ werden. Es gieng niemals ohne Blut, Martern, Opfer ab, wenn der Mensch es nöthig hielt, sich ein Gedächtniss zu machen.« (KSA 5, 295) Erinnerungskulturen, so könnte man diesen Gedanken zusammenfassen, sind per definitionem Schmerzkulturen. Die regelmäßig wiederkehrenden Rituale, Gedenktage, Feiern und Feste, die dem kollektiven Gedächtnis einen Rahmen geben sollen und seine Dauer auch dann garantieren, wenn der einzelne gar nicht mehr genau weiß, was mit den damit verbundenen Symbolen und Handlungen einmal gemeint war, gemahnen an das durch die Zeiten transportierte Leid. Wendet man diesen Mechanismus ins Politische, erklärt dies auch, wieso zur Konstitution von Nationen oder zur Bildung politischer Bewegungen die Erinnerung an eine schmerzhafte Niederlage wesentlich bedeutsamer werden kann als der eine oder andere Sieg. Das reicht von der Niederschlagung des Spartacus-Aufstandes im antiken Rom, von der noch die linksrevolutionären Bewegungen des zwanzigsten Jahrhunderts zehrten, bis zur Verklärung der Schlacht auf dem Amselfeld im Jahre 1389 zum Gründungsmythos der serbischen Nation. Eine Erinnerungskultur, die wirksam bleiben will, muss deshalb eine Opferkultur sein. Der viel kritisierte Wettlauf um die Opferrolle ist ursächlich mit den Ansprüchen einer Identitätspolitik verknüpft. Nur das Leid bewahrt vor dem Vergessen. Wohltaten, sofern es sie in der Geschichte überhaupt geben mag, verblassen schnell.

Nietzsche hat erkannt, dass Schmerzerfahrungen kollektive Erinnerungen intensivieren. Auch dort, wo diese positiv besetzt sind, haften sie umso emphatischer im Gedächtnis, je mehr Leid damit verbunden ist – das gilt für die Französische Revolution, aber auch für die Erinnerungskulturen, die sich nach dem Zweiten Weltkrieg weltweit etabliert und ins kulturelle Gedächtnis eingebrannt haben. Die Durchsetzung des englischen, aus dem

Griechischen entlehnten Wortes Holocaust, das ursprünglich Brandopfer bedeutet hat, als usuelle Bezeichnung für die Vernichtung der europäischen Juden durch die Nationalsozialisten unterstreicht diese Zusammenhänge auf eine nahezu drastische Weise. Der von Deutschen industriell betriebene Massenmord wird nachträglich anglisiert, um sich den Bedürfnissen der globalisierten Kulturindustrie anzupassen. Damit korrespondiert auch Nietzsches Vermutung, dass uns dann, wenn es uns mit einer Sache wirklich ernst ist, wenn wir nicht an der Oberfläche spielen und uns der Ablenkungsindustrie überantworten, sondern wenn wir den Dingen auf den Grund gehen wollen, die längste, tiefste und härteste Vergangenheit anhaucht. Ernst werden heißt, sich seiner Vergangenheit stellen, in welcher Art und Weise auch immer. Im Gegenzug bedeutete dies, dass es zum Charakteristikum von Leichtlebigkeit, Fröhlichkeit, Spaß und Frivolität gehört, die Vergangenheit auszublenden oder zumindest zu entschärfen. Nietzsche selbst hat der Betonung eines Lebens in der Gegenwart, ohne historischen Sinn, dennoch – vielleicht gerade deshalb – einiges abgewinnen können. In der schon zitierten »unzeitgemäßen Betrachtung« *Vom Nutzen und Nachteil der Historie für das Leben* erweist sich das historische Gedächtnis als eine Belastung für den Menschen, der die Fülle der Gegenwart nicht empfinden kann, weil er immer unter der Last der Erinnerung leidet. Sich dieser Vergangenheit jedoch stellen zu können und stellen zu müssen, macht das unhintergehbare tiefe Weh dieser Welt, damit ihre schmerzhafte, mitunter lebensfeindliche Ernsthaftigkeit aus. Es geht nicht darum, die Vergangenheit willentlich und auf eine gesuchte und ideologisch instrumentalisierte Art und Weise wieder auszugraben, sondern um eine Konfrontation mit dieser, weil sie nicht vergehen kann, uns immer wieder über die Zeiten hinweg beschäftigt, sich ins Gedächtnis eingebrannt hat, Ausdruck jener Wunde

Leben, die so schwer heilt. Es gehört zu den Paradoxien unserer Zeit, dass der aktionistische Umgang mit der Vergangenheit, wie er sich etwa im Schleifen und Stürzen selbst schon historisch gewordener Denkmäler offenbart, eine Irritationsfreiheit verspricht, die gleichwohl wie besessen auf alles starrt, was die Heutigen verunsichern könnte.

Das Leben als Wunde: und dies von Anbeginn an. Man könnte aus guten Gründen einmal darüber nachdenken, warum wir eigentlich einen Geburtstag feiern. Geboren worden zu sein ist kein Verdienst, auf das man besonders stolz sein müsste. Der Prozess des Gebärens allerdings ist in höchstem Maße schmerzhaft. Die Wehen sind nicht nur etymologisch mit dem Weh verwandt. Ohne Komplikationen auf die Welt gebracht zu werden, ist über Jahrtausende hindurch alles andere als selbstverständlich gewesen. Vielleicht feiern wir halbbewusst mit jedem Geburtstag einen doppelten Schmerz, den Schmerz der Frau, die uns geboren hat, und den Schmerz des Kindes, das aus dem schützenden Uterus in eine Welt gepresst wird, die – schopenhauerianisch gesprochen – nichts anderes für es bereithalten wird als Leid und Weh. Gleichzeitig behauptet sich in der Geburtstagsfeier aber das Leben selbst, das trotz alledem gelebt werden will. Schon früh hatte sich Nietzsche einmal einen Gedanken Friedrich Hölderlins notiert: »Wer das Tiefste gedacht, liebt das Lebendigste.« (KSA 7, 711) Keine Frage, dieser Vers aus Hölderlins Ode *Sokrates und Alcibiades* korrespondiert mit Nietzsches Vorliebe für den Schönheitskult der Antike, schließt dieses Gedicht doch mit den Zeilen: »Und es neigen die Weisen / Oft am Ende zu Schönem sich.«[122] Hölderlin verweist damit aber nicht nur auf die Tiefe, die als Oberfläche erscheinen mag, sondern lässt offen, welche Facetten den Superlativ des Lebendigen ausmachen. Die schmerzhaften Brandspuren im Gedächtnis werden zu diesem Lebendigsten ebenso gehören wie alle

Versuche, diese durch eine ästhetische Anstrengung in einem aufzubewahren und zu neutralisieren.

Tief ist ihr Weh. Was hörte Zarathustra beim Klang des siebenten Schlags der Mitternachtsglocke? Wie führt er selbst seine Gefährten hin zum tiefen Weh der Welt? Erfahren Tiefe und Weh dadurch noch weitere Deutungen, die unseren Blick auf dieses Phänomen schärfen könnten? Die entsprechende Passage in *Also sprach Zarathustra* beginnt mit einer verzweifelten Abwehr: »Lass mich! Lass mich! [...] Lass mich, du dummer tölpischer dumpfer Tag!« (KSA 4, 400) Das Licht des Tages wird nicht herbeigesehnt, das Wachbewusstsein, das reflektierte, aufgeklärte, seiner selbst bewusste Wissen wird als dumpf und tölpelhaft, aber auch aggressiv denunziert. Die anschließende, entscheidende Frage lautet: »Ist die Mitternacht nicht heller?« (KSA 4, 400) Die Nacht ist der Ort der tiefen Erkenntnis, nicht der Tag. Was im Lichte der Rationalität erscheint, ist verkürzt, vereinfacht, uninspiriert, geistlos. Noch im legendären »Positivismusstreit«, der zwischen Theodor W. Adorno und der Frankfurter Schule auf der einen Seite, Karl Popper und den Anhängern des kritischen Rationalismus auf der anderen Seite Ende der sechziger Jahre des vorigen Jahrhunderts ausgefochten wurde, spielen diese Vorbehalte der »Dialektiker« gegenüber einer vermeintlich positivistisch verkürzten, plumpen Rationalität eine zentrale Rolle: »Ohne ein Gebrochenes, Uneigentliches gibt es keine Erkenntnis«, hielt Adorno seinen Kontrahenten vor.[123] Zarathustra ging es aber nicht nur um eine erkenntnistheoretische Position, sondern, wie den Soziologen der 1960er Jahre, um die Frage der Macht. Die Mitternacht wird in wenigen Worten zu einem politischen Programm erhoben: »Die Reinsten sollen der Erde Herrn sein, die Unerkanntesten, Stärksten, die Mitternachts-Seelen, die heller und tiefer sind als jeder Tag.« (KSA 4, 400) Die Stärke dieser Seelen und ihr Machtanspruch ergeben sich nicht zuletzt daraus, dass sie imstande sind, den Verlockungen des Tages zu widerstehen. Sie scheuen, so könnte man aktualisierend paraphrasieren, das Licht der Öffentlichkeit, sie geben nicht den verlockenden Angeboten der Märkte und Medien nach, sie bleiben rein, weil sie sich nicht kaufen lassen. Sie denken und handeln im Verborgenen. Nietzsche kokettiert hier mit der verführerischen Vorstellung, dass die wahren Fäden der Macht nicht an einer sichtbaren Oberfläche zusammenlaufen, sondern im Schutze der Nacht unter dieser Oberfläche gesponnen werden.

Heller und tiefer sind die Seelen der Nacht, mehr wird ihnen offenbar als dem wachen Bewusstsein. »Weißt du, wie das wird?« Die Nornen, die in Richard Wagners *Götterdämmerung* diese politische Schicksalsfrage stellen und dazu mit ihrem goldenen Seil spielen, verschwinden, nachdem diese Fäden gerissen sind und das mythische Geschehen auf die Katastrophe zusteuert. Und wohin entfleuchen die Schicksalsgöttinnen? »Hinab zur Mutter. Hinab.«[124] Zwar hatte Nietzsche während der Uraufführung von Wagners *Ring des Nibelungen* Bayreuth fluchtartig verlassen, aber diese Tiefe war ihm wohlbekannt. Schon Goethes Faust musste zu den »Müttern« hinabsteigen, wenn auch mit Schaudern,[125] um in den tiefsten Tiefen den Mysterien des Seins auf die Spur zu kommen. Solche Erinnerungen an matriarchale Konstellationen mögen Nietzsche, der zeitlebens von starken Frauen umgeben war, nicht ferngelegen haben. Die nächtlichen Tiefen, aus denen jene Macht erwächst, die dem schreiend hellen Tag standhalten, haben eine feminine Note. Dazu passt – aber vielleicht kann man diese Assoziation erst dieser Tage haben –, dass der Tag wie ein Belästiger auftritt, der in der Dunkelheit einer Frau nachstellt: »Oh Tag, du tappst nach mir? Du tastest nach meinem Glücke? Ich bin dir reich, einsam, eine Schatzgrube, eine Goldkammer?« Ist es Nyx, die mitternächtliche Göttin, deren »Haut« zu rein für die schmutzigen Hände des

Tages ist, (KSA 4, 400) die sich einer Attacke ausgesetzt sieht, die aufs Ganze, auf das Glück geht? Das frivole Spiel, das Zarathustra zwischen Tag und Nacht aufzieht, sucht seinesgleichen. »Oh Welt, du willst mich?« So stöhnt die Nacht, erstaunt, ängstlich abwehrend, fragend: »Bin ich dir weltlich? Bin ich dir geistlich? Bin ich dir göttlich? Aber Tag und Welt, ihr seid zu plump.« (KSA 4, 400) Noch einmal werden alle Register gezogen, alle Bedeutungsnuancen von weltlich, geistlich und göttlich aufgerufen, denen sich die Mitternacht letztlich entziehen will: »– habt klügere Hände, greift nach tieferem Glücke, nach tieferem Unglücke, greift nach irgendeinem Gotte, greift nicht nach mir.« (KSA 4, 400)

Eines steht fest: Dem plumpen Tag und der plumpen Welt fehlt etwas. Tag und Welt, an dieser Stelle parallelisiert, erscheinen nicht in der Fülle, sie gieren nach jenem Schatz, nach jenem Glück, das in den Tiefen der Nacht verborgen ist. Es wäre ein Leichtes, diese Konstellation als psychoanalytisches Setting zu deuten. Das helle Tageslicht, das sich an unseren inneren Schätzen vergreifen will, entspricht dem Therapeuten, der ans Unbewusste seiner Klienten heranwill. Diese garantieren im doppelten Sinn des Wortes seinen Reichtum: Sie offenbaren ihm ihr Innerstes und bezahlen dafür. Es war dann auch der Psychoanalytiker Aron Bodenheimer, der den obszönen Charakter dieses bohrenden, fragenden Eindringens in einen anderen Menschen erkannte: eine »Belästigung der Vernunft durch die Vernunft«.[126] Sigmund Freud hat deshalb wohl richtig vermutet und durch seine eigene therapeutische Praxis bestätigt bekommen, dass Patienten gegen diese Zugriffe des hellen Bewusstseins, personifiziert im Therapeuten, einen Widerstand leisten werden. Dabei geht es nicht nur, wie die klassische Deutung vermeint, um die Abwehr des eigenen Unbewussten; dabei geht es sehr wohl auch um die Zudringlichkeit eines anderen, der nicht zuletzt die Welt repräsentiert. Das Ziel der Therapie, so Freud, sollte es sein, die Liebes- und Arbeitsfähigkeit des Leidenden wiederherzustellen, ihn also genau in jene Welt wieder zu integrieren, aus der ihn seine Krankheit vertrieben hatte oder vor der er in seine Krankheit geflüchtet war. Zarathustras nächtlicher Aufschrei »Oh Welt, du willst mich« könnte als verzweifelt-ironische Abwehr jener Zumutungen verstanden werden, die einen psychischen Heilungsprozess grundieren. Die berühmten Therapiekarrieren mancher Menschen, die jahrelang von einem Therapeuten zum nächsten wandern, mögen einen tieferen Grund darin haben, so den Widerstand gegen den Zugriff auf die im Inneren verborgenen Schätze aufrechtzuerhalten, dabei den Ansprüchen der Welt aber doch nachzugeben: Man zeigt sich ja willig.

Hier offenbart sich die schillernde Mehrdimensionalität des Weltbegriffs. In diesem liegen wie in den Tiefen der Seele Glück und Unglück nah nebeneinander, und um dem zu entgehen, wird empfohlen, nach irgendeinem Gotte zu greifen. Kann das bedeuten, dass die Verlockungen des Bewusstseins, der Rationalität, des Denkens, der Welt abgewehrt werden müssen, weil alle diese Verfahren, die die Welt dem nächtlich-reinen Subjekt gegenüber anwenden kann, um es zu locken, nicht ausreichen, um es in seiner Wahrheit zu erfassen: in seinem tiefen Glück und in seinem tiefen Unglück? Die damit angesprochene Wechselbeziehung, ja Identität von Glück und Unglück ist ein Gedanke, der uns vollkommen fremd geworden ist. Glück ist ein positiver Wert ohne Beziehung zum Unglück, unzählige Ratgeber versuchen uns klarzumachen, durch welche Einstellungen, Techniken, Lebensweisen und Konsumgewohnheiten man dieses Glücks teilhaftig werden kann. An vielen Schulen ist Glück jetzt ein Unterrichtsgegenstand, und in diesem wird sicher nicht die nietzscheanische Einsicht verkündet, dass unser Glück gleichzeitig unser Unglück sein kann. Die empirische Glücksforschung, die im Wesentlichen an Zufriedenheitsindikatoren orientiert ist und gerne internationale Glücksrankings veranstaltet, weiß wenig davon, dass sich das so gemessene Glück womöglich als das eigentliche Unglück erweisen könnte.

Zarathustra identifiziert das tiefere Glück mit dem tieferen Unglück, und er verbietet sich vom Tag und dieser taghell erleuchteten Welt, nach ihm beziehungsweise dem nächtlichen Subjekt zu greifen. »Mein Unglück, mein Glück ist tief, du wunderlicher Tag, aber doch bin ich kein Gott, keine Gottes-Hölle: tief ist ihr Weh.« (KSA 4, 400) Weltlich – geistlich, Mensch – Gott: Das Verhältnis des Menschen zu seinem Gott ist im *Zarathustra* eine ganz zentrale Frage. Auf der einen Seite wird auch im *Zarathustra* immer wieder der Tod Gottes beschworen, auf der anderen Seite sagt Zarathustra einmal den wunderbaren Satz: »Wenn es Götter gäbe, wie hielte ich's aus, kein Gott zu sein! Also giebt es keine Götter.« (KSA 4, 110) Das ist sicher einer der originellsten Beweise für die Nichtexistenz Gottes: Ich bin nicht Gott, und weil ich nicht Gott bin, kann ich daraus schließen, dass es überhaupt keine Götter gibt, denn wenn es Götter gäbe, wollte ich Gott sein oder es würde mich wahnsinnig machen, kein Gott zu sein. Und Zarathustra setzte hinzu: »Gott ist eine Muthmaassung: aber wer tränke alle Qual dieser Muthmaassung, ohne zu sterben?« (KSA 4, 110) Ist das nicht wahrlich tief gedacht? Auch wenn wir Gott nur als eine Mutmaßung, modern gesprochen: als Hypothese auffassen, bedeutete das konsequente Durchdenken und Durchleben dieser Vermutung ein Leid, mit dem es sich nicht leben ließe. Gerade die fortschrittliche Theologie setzt deshalb seit geraumer Zeit alles daran, Gott zu entschärfen. Ein Gott mit Migrationshintergrund, der gendergerecht die Menschen bittet, doch mit der Erde achtsam umzugehen, stellt keine Qual mehr dar. Aber auch kein Glück. Immerhin gibt es die Deutung, dass Zarathustras Übermensch die Konsequenz aus dem Tod Gottes darstellt. Gerade weil Gott nicht existiert, hält es der Mensch nicht aus, kein Gott zu sein.

In der Selbstauslegung des *Mitternachtsliedes* verkündet unser Mitternachts-Ich, dass es kein Gott sei, auch keine Gottes-Hölle. Gottes-Hölle ist ein starkes Wort, eine Provokation, denn in der Regel denken wir die Hölle als den Wohnort des Teufels, des Antipoden Gottes. Die Unterwelt – wieder eine Tiefe – hatte immer ihren eigenen Herrscher. Die Gottes-Hölle aber markiert die Hölle als Ort eines Gottes; stärker: Die Gottes-Hölle ist schlimmer, als es sich die ehemaligen Verkünder eines teuflischen Höllenfeuers je hatten vorstellen können. Natürlich weiß die moderne Theologie, dass die Hölle kein transzendenter Ort ist, wo Menschen gequält, geröstet, durchs Fegefeuer geschickt oder ewig verdammt werden. Es ist unsere Sündhaftigkeit, die uns quält, es sind die inneren Unstimmigkeiten, die wir uns selbst durch eine falsche Lebensführung, inkorrekte Gedanken und egoistische Bestrebungen verschaffen, es sind unsere Unzulänglichkeiten, das schlechte Gewissen, das uns peinigt, mit einem Wort: Die Hölle ist in uns. Nein, nein, die furchtbare Gottes-Hölle ist nicht in uns, so Nietzsches Zarathustra. Die Hölle, das sind aber auch nicht, wie es Jean-Paul Sartre in seinem berühmten Theaterstück *Geschlossene Gesellschaft* formulieren wird, die anderen. Die anderen: das wäre doch die Welt, und wir in ihr, und in dieser werden wir uns wechselseitig zu Teufeln. Das ist schlimm, aber eine durch und durch irdische Angelegenheit. Nein, nein, die Gottes-Hölle liegt schon wie ein Schatten über aller Transzendenz, über allem Glauben, über aller Religiosität: Gott ist die Hölle.

Menschsein heißt zu erkennen, dass in aller Ambivalenz, Vieldeutigkeit und Zweideutigkeit das Unglück und das Glück nur in dieser Welt und in der Auseinandersetzung mit dieser Welt zu suchen sind. Den Horizont der Welt nicht überschreiten zu können, bleibt die schmerzhafte Erfahrung aller Weltbegegnung. Die Welt allein ist der Ort der Versuchung, und damit die Quelle allen Glücks und Unglücks, die größte Versuchung aber ist ein Gott, der nicht von dieser Welt sein soll, und dessen Glück erst recht unser aller Unglück bedeutete. Wenn unser Glück immer unser Unglück und unser Unglück womöglich unser Glück sein sollte, dann ist das Weh dieser Welt wahrlich tief.

Acht!
Lust – tiefer noch als Herzeleid:

DER ACHTE GLOCKENSCHLAG in Nietzsches *Mitternachtslied*
schlägt einen neuen Ton an, markiert eine deutliche Zäsur. Die
dunkel gefärbten, bisher dominierenden Begriffe Nacht, Schlaf,
Traum, Welt, Weh werden durch einen hellen Klang durchbro-
chen: Lust! Aus der Tiefe der Welt erhebt sich nun ein anderer
Schrei, kein Schmerzensschrei und diesem doch so nah verwandt. Mit der Anrufung der Lust bricht eine Erkenntnis in die
verdüsterte Nacht, die all das bisher Angeklungene und Angedeutete kräftig kontrastiert. Das tiefe Weh schlägt um in Lust, in
höchste Lust vielleicht. In der Nacht offenbart sich damit eine
weitere, eine andere Dimension der Einsicht, dass die Welt tiefer
sei, als der Tag es sich gedacht haben mag. Wohl gehört die Lust,
die ekstatische Erfahrung unmittelbarer Lebendigkeit, ebenfalls
der Nacht an, sie setzt jedoch ganz andere Assoziationen frei als
das Weh. Zu diesem steht sie in einem eigentümlichen Verhältnis. Lust überbietet die Tiefe und damit die physische und emotionale Intensität des Schmerzes: »Lust – tiefer noch als Herzeleid.« (KSA 4, 286) Wir haben hier einen der denk- und merk-
würdigsten Komparative vor uns. Nicht nur wechselt der Begriff
der Tiefe durch diese Steigerung noch einmal seine Farbe, gewinnt zusätzliche Bedeutungsnuancen, die Lust selbst wird damit in eine besondere Beziehung zu einer spezifischen Schmerzerfahrung gesetzt: dem Herzeleid. Sie geht *noch* tiefer als dieses.

Was aber bedeutet an dieser Stelle das »noch«? Verfehlen wir den Sinn des Ganzen, wenn wir paraphrasieren: Das Leid ist schlimm; die Lust ist schlimmer? Oder müssen wir Tiefe hier radikal anders denken? Und was verrät uns dieses rätselhafte Wechselspiel von Lust und Leid über den Menschen? Das mahnende »Oh Mensch! Gieb Acht!« steht auch, vielleicht gerade über diesem Vers: »Lust – tiefer noch als Herzeleid.« Unterschätzen wir die Lust und ihre Bedeutung nicht nur für unser Wohlbefinden, sondern für das Gefühl, lebendig zu sein? Zumindest eines ist mit diesem Vers unmittelbar behauptet: Lust ist kein Phänomen der Oberfläche, kein Nebenbei, kein Ornament des Lebens. Der Maßstab für ihre existentielle Dimension allerdings ist das Herzeleid. Die Lust vermag uns in unseren Grundfesten noch mehr zu erschüttern als das Herzeleid. Der Seelenschmerz wird damit als die tiefste, intensivste Schmerzerfahrung behauptet, peinigender noch als physische Schmerzen. Nur Lust reicht tiefer. Sie berührt den Menschen noch fundamentaler als der Schmerz. Diese Annahme verleiht dem Komparativ seinen Sinn. Herzeleid lässt sich nicht auf einen peripheren Liebeskummer reduzieren. Nur zu sagen, dass die »Liebesfreud« ein bisschen stärker sei als das »Liebesleid« – um zwei berühmte Kompositionen für Violine und Klavier von Fritz Kreisler zu zitieren – wäre wenig aufregend. Dass fast jeder Liebeskummer durch eine neue Liebeslust neutralisiert und vergessen werden kann, wissen außer romantisch gestimmten Teenagern fast alle.

Sehen wir uns dieses Herzeleid ein wenig genauer an. Das Wort, das auch im 19. Jahrhundert nicht sonderlich weit verbreitet war, beschreibt eher allgemein einen seelischen Schmerz, den man jemandem auch bewusst zufügen könnte: Psychoterror. Immanuel Kant konnte sich in seiner kleinen Abhandlung über das *Ende der Dinge* zum Beispiel dagegen verwehren, die Erde als ein »Tollhaus« zu betrachten, in dem »einer dem andern alles erdenkliche Herzeleid zufügt«.[127] Erst in einem engeren Sinn wird das Herzeleid zum Liebeskummer, gilt doch der Herzmuskel als zentrales Symbol für die Gefühlswelten der Zuneigung und des Begehrens. Herzeleid beschreibt einen Gemütszustand, der über die eine oder andere erotische Enttäuschung weit hinausgeht. Nur wenn eine Person durch diesen Kummer in ihrer Existenz getroffen wird, ist ihr das Herz – um eine andere Metapher zu bemühen – schwer geworden.

Welche Gefühlswelten durch das Herzeleid betroffen sind, kann ein Lied von Robert Schumann illustrieren, das tatsächlich den schlichten Titel *Herzeleid* trägt. Es ist das erste Lied seiner *Sechs Gesänge op. 107*, wohl aus dem Jahre 1851, der Text stammt von dem Gelegenheitsdichter, Literaturkritiker und späteren Beamten Titus Ullrich, mit dem Schumann befreundet war. Dieser Zyklus erlangte zwar nicht die Berühmtheit von Schumanns Eichendorff-Vertonungen und seiner auf Heinrich Heines *Buch der Lieder* basierenden *Dichterliebe*, ist aber nichtsdestotrotz als Kostbarkeit zu werten. Dafür spricht, dass Aribert Reimann, ein bedeutender Vertreter der musikalischen Moderne, für diese Lieder ein Arrangement für Sopran und Streichquartett geschaffen hat, das deren subtile Fragilität in berückender Weise betont.[128]

Darüber hinaus kannte Friedrich Nietzsche Robert Schumann. In jungen Jahren war er von diesem begeistert, ließ sich Noten kommen und spielte Schumann-Kompositionen wohl selbst am Klavier. In späterer Zeit werden Nietzsches Bemerkungen zu Schumann allerdings kritischer, distanzierter. Der Grund dafür mag verblüffen. Schumanns berühmte Heine-Vertonungen hielt Nietzsche für ein Missverständnis: »Heine hatte Geschmack genug, um die Deutschen nicht ernst nehmen zu können; dafür haben ihn die Deutschen ernst genommen, und *Schumann* hat ihn in Musik gesetzt – in Schumannsche Musik!«

(KSA 13, 533) Heines Ironie, gerade auch im Zusammenhang mit enttäuschter Liebe, war Schumann entgangen. Seine Vertonung des *Herzeleids* von Titus Ullrich trifft hingegen den Duktus des Textes ziemlich genau:

> *Die Weiden lassen matt die Zweige hangen,*
> *Und traurig ziehn die Wasser hin:*
> *Sie schaute starr hinab mit bleichen Wangen,*
> *Die unglückselge Träumerin.*

> *Und ihr entfiel ein Strauss von Immortellen,*
> *Er war so schwer von Tränen ja,*
> *Und leise warnend lispelten die Wellen:*
> *Ophelia, Ophelia!*[129]

Diese wenigen Verse enthalten fast alles, was nötig ist, um sich das Herzeleid auszumalen: Die Trauerweide als starkes botanisches Symbol der Melancholie, die traurig hinziehenden Wasser, die aus Heraklits dynamischem »Alles fließt« ein regressives und resignierendes »Alles fließt vorbei« machen, der starre Blick in den Fluss, der angesichts der Sogkraft des Wassers Schlimmes ahnen lässt, die bleichen Wangen, aus denen alles Blut gewichen ist und die auch eine seelische Erkaltung andeuten. Eine Frau also, die großen Kummer hat, die verlassen wurde oder verlassen will, die enttäuscht wurde oder die sich nach etwas sehnt, was nicht in Erfüllung geht, eine große, ungestillte Begierde: die unglückselige Träumerin. Wir erinnern uns: Auch in unserem *Mitternachtslied* erwacht jemand aus einem tiefen Traum. Ein schöner Traum, der nicht in Erfüllung geht, kann Leid verursachen, das Erwachen aus diesem Traum erweist sich als Schock; und der Melancholikerin entfällt ein Strauß jener widerstandsfähigen gelben Blumen, denen die Sehnsucht nach Unsterblichkeit vergebens in ihren Namen eingeschrieben ist. Nun treiben sie als leeres Versprechen im Wasser, und mit ihnen zerfließt auch eine unsterbliche Liebe, so wie die Tränen dieser Liebe nicht nur ein Herz, sondern auch den Blumenstrauß beschwert haben. Und dann warnt das Wasser leise lispelnd diese Frau, die Wellen flüstern nur einen Namen: »Ophelia, Ophelia!«. Diese Trauer ist literarisch gebildet. Ophelia, die unglückliche Geliebte von Hamlet in Shakespeares legendärem Drama, stirbt so, wie es hier beschrieben wird. Geistig umnachtet, ist sie mit einem Blumengebinde am Ufer eines Flusses, die Blumen fallen in das Wasser und, so legt es zumindest die Erzählung der Königin nahe, sie will diese Blumen noch retten und stürzt ins Wasser: »Doch lange währt' es nicht / Bis ihre Kleider, die sich schwergetrunken, / Das arme Kind von ihren Melodien / Hinunterzogen in den schlamm'gen Tod.«[130]

Ob Ophelias Tod ein Unglücksfall oder ein Suizid aus Verzweiflung war, bleibe dahingestellt. Das Oszillieren zwischen diesen Möglichkeiten ist selbst eine der intensivsten Erfahrungsmöglichkeiten von Herzeleid. Dieses bringt einen Schmerz zum Ausdruck, dessen Intensität durch den Zusammenbruch aller sozialen Beziehungen gekennzeichnet ist. Vielleicht ist die »unglückselge Träumerin« tatsächlich Hamlets Ophelia, zumindest leidet sie wie diese nicht nur an einer unerfüllten oder enttäuschten Liebe, an einer Sehnsucht, die zu einem verzehrenden, alles beherrschenden Motiv werden kann, sondern auch daran, dass damit eine lebensbedrohliche Isolation einhergeht. Der Schmerz stört und zerstört die Kommunikation, das Herzeleid, der große Kummer umfasst die ganze Person, umschließt sie und schließt sie dadurch aus. Nicht jeder soziale Konflikt, nicht jede zerrüttete Beziehung evozieren diese spezifische Form der stummen, aber tränenreichen Trauer. Die Ausbrüche, die sich Menschen leisten und zumuten, wenn wieder einmal eine Situation unerträglich, eine Partnerschaft zur Hölle geworden ist, mögen von Wut, Eifersucht, Hass, Enttäuschung gekennzeichnet sein, und im Toben und Kreischen, gar im Zuschlagen können sich solche aggressiven Affekte auf unangenehme Art äußern. Das Herzeleid jedoch bezeichnet einen stillen, inneren, verzehrenden Kummer, ein Bei-sich-Sein im Schmerz.

Vielleicht hält das Gedicht von Titus Ullrich auch einen seltsamen Trost bereit: Die Wellen lispeln der Frau mit dem gebrochenen Herzen ein geheimnisvolles »Ophelia« zu. Sprachen so die Wellen zu Shakespeares Ophelia, dann war es ein verlockender, verführerischer, unheilvoller Ton, der die junge Frau hinabzieht ins dunkle Nass. Oder das Geräusch des Flusses klingt wie der Name der unglücklichen Frau ans Ohr der Träumerin, eine Warnung vor dem Schicksal Ophelias, eine Mahnung, nicht der Versuchung nachzugeben, die Immortellen durch einen Sprung in die Wellen zu retten und das Leben zu verlieren. Nicht nur für den Leser, auch für die Protagonistin bedeutet diese anspielungsreiche Namensnennung ein »Gib Acht«, das sich aus der literarischen Tradition speist und dem Herzeleid seine Gestalt und seinen Gehalt gibt. Unsere Affekte, gerade auch die Gefühle der Einsamkeit, Trauer und Verlassenheit, werden durch paradigmatische Texte mitgeformt, die zu emotionalen Urszenen unserer Kultur geworden sind. Gefühle wurden und werden von ihrer ästhetischen Bearbeitung und Darstellung geprägt, und das gilt für die dramatischen Ausbrüche des großen Theaters ebenso wie für die kleinen Schluchzer des Schlagers. Die Faszinationskraft von »Herzeleid« spiegelt sich noch im gleichnamigen Debutalbum der deutschen Metal-Band »Rammstein«, die es sich nicht nehmen ließ, diesem konventionalisierten Beziehungsschmerz eine ironische Wendung zu geben: »Bewahret einander vor Herzeleid, denn kurz ist die Zeit, / die ihr beisammen seid. / Denn wenn euch auch viele Jahre vereinen, / einst werden sie wie Minuten euch scheinen. / Bewahret einander vor der Zweisamkeit / Herzeleid!«[131]

Lust – tiefer noch als Herzeleid. Wie ist dieser Komparativ also zu verstehen? Nietzsche bezieht ihn nicht unmittelbar auf das Weh der Welt, wie es naheliegend gewesen wäre, sondern dieses Weh erfährt durch das »Herzeleid« eine ganze besondere Spezifikation. Bei »Herzeleid« denken wir nicht unmittelbar an physische Schmerzen, auch nicht an Leiderfahrungen, die wir aufgrund unserer anthropologischen Konstitution mitunter an uns wahrnehmen können, es ist gerade nicht der schmerzende, verletzte, drangsalierte oder ausgesetzte Körper, der sich hier aufdrängt, aber auch nicht der Weltschmerz. Das Herzeleid ist einerseits subjektiver und andererseits noch erschütternder als alle anderen Leiderfahrungen. Der Begriff des Herzeleids kommt bei Nietzsche ansonsten nur selten vor, das ist kein Wort, das er oft verwendet. Eine Notiz aus dem Sommer 1884, entstanden im Umfeld des *Zarathustra*, gibt dieser romantisch anmutenden Prägung allerdings eine eigentümliche Bedeutung: »Noch war euch der Geist keine Sorge und Herzeleid: sauer wohl war eures Lebens Brod, aber noch nicht von Gedanken durchsäuert.« (KSA 10, 415) Diese Notiz ist von einer bemerkenswerten Zweideutigkeit. Vorab ist man geneigt, das Herzeleid als einen Schmerz des Bewusstseins zu denken, der sich erst in Reflexionsphasen einstellt, die den unmittelbaren Erfahrungsraum überschreiten. Dieses Leid wäre die unangenehme Begleiterscheinung des Denkens, das, was Sören Kierkegaard einmal das »Reflexions-Martyrium« genannt hatte.[132] Die Metapher, die Nietzsche hier wählt, ließe aber auch noch ein andere Deutung zu: Der Schmerz bekommt für das Brot des Lebens eine ähnliche Funktion, wie sie die Milchsäurebakterien für die Herstellung eines Sauerteigs aufweisen. Der Schmerz gibt dem Leben seine Würze, und auch die Gedanken werden erst so richtig bekömmlich, wenn sie von diesem Schmerz »durchsäuert« sind. Dass Denken wehtut, stellt die Grundlage jener Lust am Denken dar, von der viele etwas zu blauäugig schwärmen.

Lust und Qual. Das Herzeleid steht in deutlicher Opposition zur Lust. Diese geht noch tiefer, berührt noch intensiver als jenes. Wenn es stimmt, dass das Herzeleid eine Umschreibung für den Reflexionsschmerz ist, wäre die tiefere Lust als Steigerung desselben oder als gegenteilige Erfahrung zu denken. Lust: Das ist der Moment der Befriedigung eines eminenten Bedürfnisses, und Modell für alle Lust ist die Sexualität. Lust ist aber auch das Begehren in einem weiteren Sinn, so wie es die Sprache des Alltags formuliert: Lust haben auf etwas. Dieses Gerichtetsein auf ein Objekt der Begierde antizipiert gleichsam die lustbringende kommende Erfüllung. Gleichzeitig liegt in diesem Lusthaben auf etwas auch schon der Schmerz verborgen, denn etwas begehren bedeutet, warten zu müssen. Und jedes Warten, jeder Aufschub einer Befriedigung, jedes Triebziel, das in der Ferne liegt, tut weh. Aber es ist ein Schmerz, der immer schon versüßt ist durch die Erwartung. Frustrationen, verweigerte Befriedigungen sind auch deshalb so schwer zu verkraften, weil diese Erwartung enttäuscht wird und nur der Schmerz des Aufschubs übrigbleibt.

Das Verhältnis von Lust und Schmerz, ihre Ferne zueinander, aber auch ihre Nähe berühren fundamentale Fragen der menschlichen Existenz. Nietzsche wusste diesem Verhältnis noch manches abzugewinnen. In seiner Aphorismensammlung *Die fröhliche Wissenschaft* räsoniert Nietzsche an einer Stelle über die Frage, warum wir anderen Menschen nicht nur wohlgesonnen sind, sondern ihnen mitunter auch ohne Not wehtun. Er kommt zu dem wenig überraschenden Schluss, dass wir in beiden Fällen Macht an anderen ausüben. Mit Wohltaten beschenken wir jene, die schon von uns abhängen, um sie noch enger an uns zu binden und ihnen gleichzeitig das Gefühl zu geben, selbst an der Macht zu partizipieren. Schmerzen aber fügen wir jenen zu, die wir erst unserer Macht unterwerfen wollen, »denn der Schmerz ist ein viel empfindlicheres Mittel dazu als die Lust: – der Schmerz fragt immer nach der Ursache, während die Lust geneigt ist, bei sich selber stehen zu bleiben und nicht rückwärts zu schauen«. (KSA 3, 384) Uns interessieren in diesem Zusammenhang weniger die Mechanismen der Macht und die Beeinflussung von Menschen als vielmehr die damit verbundene Phänomenologie von Schmerz und Lust. Der Schmerz fragt immer nach der Ursache. Das ist eine leicht zu überprüfende, aber doch selten gemachte Beobachtung. Sobald uns etwas wehtut – sei es in oder an unserem Körper, sei es eine seelische Verstimmung –, fragen wir nach dem Warum dieses Unbehagens. Der Schmerz ist ein Indikator für ein Ungleichgewicht, für ein Defizit, für eine Dysfunktionalität, für eine Verletzung. Die Abwesenheit von Schmerz spüren wir nicht. Sobald sich unser Körper oder unsere Seele melden, wissen wir, dass etwas nicht stimmt. Wir wollen diesen unangenehmen Zustand so schnell wie möglich beenden, den Schmerz dämpfen, zum Verschwinden bringen und betreiben deshalb Ursachenforschung. Bei der Symptombehandlung stehenzubleiben und den Schmerz zu beruhigen, ohne seine Ursachen zu erkennen, kann nur eine vorläufige Therapie sein. Das gilt auch, ja sogar in besonderem Maße für psychische Leiden. Es gehört mittlerweile zu unserem Alltagsverständnis, seelische Leiden und ihre körperlichen Symptome auf traumatische Erfahrungen der Vergangenheit zurückzuführen, und das Aufspüren dieser bis weit in die frühe Kindheit zurückreichenden Ursachen aktuellen Leids grundiert das Selbstverständnis zahlreicher psychotherapeutischer Schulen, wie unterschiedlich im Detail die Akzente dabei auch gesetzt werden mögen. Zumindest für die Psychoanalyse gilt, dass eine Therapie nur dann erfolgreich sein wird, wenn sie Ängste, Phobien, Neurosen, Fehlleistungen, Lähmungen und Blockaden bis zur Wurzel zurückverfolgen kann, also radikal im Wortsinn ist.

Wenn wir unter einer seelischen Pein leiden, müssen wir irgendwann dazu eine Geschichte erzählen, denn die Ursache der Widrigkeiten liegt in unserer Vergangenheit. Die Krankengeschichte gehört in einem wesentlichen Sinn zur Krankheit, und nicht nur die Weltliteratur ist reich an solchen Narrationen, die um Verletzungen und Verwundungen aller Art kreisen. Das gilt auch für physische Schmerzen, und nicht nur bei modernen Infektionskrankheiten ist die Zurückverfolgung der Ansteckungsketten essentiell. Vor allem dort, wo Krankheiten als Resultate einer falschen Lebensführung interpretiert werden, steht mit der Analyse der Vergangenheit mitunter unsere bisherige Biographie zur Disposition. Falsche Ernährung, Bewegungsmangel, Übergewicht, ungesunde Wohnverhältnisse, leichtsinniger Umgang mit Alkohol oder Nikotin, ungeschützter Geschlechtsverkehr: Mit dem akuten Schmerz wirft die damit verbundene Diagnose einen langen Schatten auf das bisherige Leben, stellt dieses insgesamt infrage. Damit aber bindet uns der Schmerz auf gewaltsame Weise an uns selbst, an unsere Vergangenheit, an unsere Lebensgeschichte. Erst der Schmerz macht uns klar, dass wir die Vergangenheit nicht einfach durchstreichen können. Das gilt auch für kollektive Schmerzen, also soziale und politische Defizite, erlebte Ungerechtigkeiten, Konflikte und Auseinandersetzungen, die eine Gemeinschaft als schmerzhaft erfährt: Um solche Schmerzen zu verstehen, müssen Geschichten der Unterdrückung und Benachteiligung erzählt werden, die mitunter Jahrhunderte zurückreichen können.

Ganz anders die Lust. Sie blickt nicht zurück. Sie blickt auch nicht nach vorne. Sie ist einfach bei sich. Und sie nötigt nicht dazu, eine Geschichte zu erzählen oder gar aufzuarbeiten. Nur die vorenthaltene, die nicht befriedigte Lust, die Frustration, blickt empört zurück und sucht nach denjenigen, die unsere Lustansprüche offenbar sabotierten. In der schönen Theorie Sigmund Freuds durchkreuzen die Realität selbst, die banale und sperrige Wirklichkeit, und die Zumutungen der Arbeitsgesellschaft ein Leben nach dem Lustprinzip. Ob es die Umstände sind, die Gesellschaft oder gar ich selbst: Die Lust, die nicht zu sich kommen konnte, generiert unendlich viele, oft auch wehleidige Geschichten. Versagte Lüste prädestinieren die Menschen dazu, eine Opferrolle einzunehmen. Die Lust hingegen, die zu sich kommen kann, bleibt bei sich, schweift nicht ab, muss nicht nach Verantwortlichkeiten suchen. Das Schöne an der Lust ist: Sie benötigt keine Schuldzuschreibungen. Im Schmerz begegnet uns immer die Welt, der Andere, das Andere. In der Lust sind wir bei uns – und dies so sehr, dass es kaum möglich ist, sich später einmal angemessen an diese Lust zu erinnern. Die intensivsten positiven Erfahrungen verblassen am schnellsten. Nur Schmerzen hinterlassen lang sichtbare Spuren und Narben.

Nietzsche trifft sich hier mit einem Philosophen, mit dem er sich kurz vor seinem geistigen Zusammenbruch noch hatte beschäftigen wollen, obwohl oder weil er in ihm in erster Linie ein interessantes »psychologisches Problem« vermutete: Sören Kierkegaard. (KSB 8, 259) Der Däne hatte, unter anderem am Beispiel von Mozarts *Don Giovanni,* die erotische Lust als die Erfahrungsmöglichkeit von Unmittelbarkeit schlechthin gesehen, das Eintauchen in eine rein sinnliche Gegenwärtigkeit, die nicht zurückblickt, sich aber auch nicht um die Konsequenzen des eigenen Handelns, also um die Zukunft, kümmert, sondern im Augenblick lebt. Das Erotische ist deshalb bei Kierkegaard – wie später, allerdings anders akzentuiert, bei Nietzsche – jenseits aller Moral, jenseits von Gut und Böse. Es war eine der wesentlichen Einsichten von Kierkegaard, dass jede Form von Moralität,

dass jedes moralische Urteil eine Vergangenheit zur Voraussetzung hat. Erst aus der Distanz können die Handlungen reflektiert und moralisch bewertet werden, in der Unmittelbarkeit eines sinnlichen Vollzugs, in der Lust des Augenblicks zählt weder
ein Vorher noch ein Nachher. Es mag dies auch den Furor erklären, mit dem wir mit Vorliebe Vergangenes zum Gegenstand
moralischer Diskurse machen. Nicht die Gegenwart, die Vergangenheit ist der genuine Ort der Moral. Wir urteilen über das, was
getan wurde, nicht über das, was wir unmittelbar tun. Umgekehrt bedeutet dies aber auch, dass jede Auseinandersetzung mit
der Vergangenheit die Kontamination mit Moral schon in sich
trägt. Auseinandersetzungen mit der Vergangenheit haben die
Tendenz, in moralische Urteile und Verurteilungen umzuschla-
gen, und moralische Debatten befeuern sich durch die Glut-
kerne der Geschichte. Die entscheidende Frage der Moral wäre
nicht, wie noch Kant annahm: »Was soll ich tun?«, sondern:
»Warum hast du das getan?« Oder: »Wie konntest du das nur
tun?« Die Unmittelbarkeit der Lust fragt hingegen nicht nach
einem Warum, bestenfalls kann in der Erinnerung die Frage
nach der moralischen Wertigkeit der lustspendenden Handlungen gestellt werden. Aber dann ist es in der Regel mit der Lust
schon lange vorbei.

Lust – tiefer noch als Herzeleid. Nietzsche kannte das »Herzeleid« wohl auch noch aus einem anderen Zusammenhang, der
die Verbindung von Schmerz und Erinnerung, von Seelenqual
und versagter Lust in einen ziemlich intimen Rahmen stellt.
In jungen Jahren war Nietzsche ein enthusiastischer Anhänger
Richard Wagners gewesen, aus unterschiedlichen Gründen hatte er sich später von ihm distanziert, war aber dem Komponisten in einer Art unbändiger Hassliebe geistig verbunden geblieben.[133] Eine wesentliche Rolle spielte dabei Wagners letztes
Werk, das Bühnenweihfestspiel *Parsifal*. Nietzsche, der große

Religionskritiker, empfand dieses Erlösungs- und Mitleidsdrama als Kapitulation Wagners vor dem Christentum, als Verrat an dem vermeintlich gemeinsamen Projekt einer Wiedergeburt der antiken Tragödie aus dem Geiste der Wagnerschen Musik. Das »weihrauch-düftelnde Sinne-Reizen« (KSA 5, 204) widerte Nietzsche an, die im *Parsifal* intonierte »Predigt der Keuschheit« empfand er als eine »Aufreizung zur Widernatur«: »Ich verachte Jedermann, der den Parsifal nicht als Attentat auf die Sittlichkeit empfindet.« (KSA 6, 431) Immerhin besaß Nietzsche ein ihm von Wagner persönlich gewidmetes Exemplar des *Parsifal,* und darin konnte er nicht nur die entsagungsvolle Geschichte des Gralsritters lesen, sondern sich auch über das unglückliche Schicksal von dessen Mutter informieren: Herzeleide.

Richard Wagner hatte sich zu seinem *Parsifal* durch das große mittelalterliche Versepos *Parzival* des Wolfram von Eschenbach inspirieren lassen. Die Verschiebungen und Verdichtungen, die Wagner gegenüber dieser Vorlage vornahm, waren beträchtlich, bis hin zur Neudeutung des Namens des Titelhelden, den Wagner in einer Art Privatetymologie aus dem Persischen ableiten wollte, »fal parsi« sollte so viel wie »reiner Tor« bedeuten, und mit diesem Hinweis entdeckt auch die rätselhafte Kundry in der Schlüsselszene des zweiten Aufzugs dem Helden seinen Namen und die Geschichte seiner Herkunft. Parsifal verkörpert damit, lange ohne es selbst zu wissen, das zentrale Motiv des Bühnenweihfestspiels: »Durch Mitleid wissend, / der reine Tor [...].«[134]

Wagner hatte aus Wolfram von Eschenbachs großem und großartigem Versepos *Parzival* nur einige zentrale Motive übernommen und für seine Zwecke adaptiert. Entscheidend ist für unsere Frage die Herkunft des späteren Gralskönigs. Parzival ist in Wolframs Dichtung der Sohn Gahmurets, eines edlen Ritters, der, man höre und staune, vorher im Dienste des Kalifen von Bagdad gestanden hatte und in erster Ehe mit einer dunkelhäutigen Königin verheiratet gewesen war. Das Kind aus dieser Verbindung, Feirefiz, Parzivals Halbbruder, ist deshalb schwarz-weiß gefleckt wie eine Elster. Die Halbbrüder werden später im Kampf aufeinanderstoßen und sich erkennen, wobei der Heide Feirefiz durchaus als der edlere Charakter erscheint. Dieser Strang des Versepos zeugt doch, trotz kruder Details, von einer erstaunlichen Toleranz und Souveränität gegenüber der Welt des Orients, religiöse Gegensätze verblassen vor der wichtigeren Frage nach den ritterlichen Tugenden. Gahmuret hatte nach seinem Orientaufenthalt in einem Turnier Herzeloyde zur Frau gewonnen, zeugt mit ihr Parzival, verlässt sie aber schnell, noch vor der Geburt des Sohnes, um wieder nach Bagdad zu ziehen, er fällt dort im Kampf, Opfer einer gemeinen List. Herzeloyde will ihrem Sohn solch ein Schicksal ersparen und zieht Parzival in völliger Abgeschiedenheit und Weltferne auf. Vergebens, wie wir wissen. Bei erster Gelegenheit verlässt Parzival seine Mutter, auch dass sie ihn in ein Narrenkleid steckt, hindert ihn nicht daran, auf vielen Wegen und Umwegen ein Ritter zu werden. Er wird in König Artus' legendäre Tafelrunde aufgenommen und erringt das Gralskönigtum. Herzeloyde aber stirbt, als sie erkennen muss, dass sie ihren Sohn, den sie vor der Welt schützen wollte, an die Welt verloren hat. Herzeloyde stirbt an Herzeleid.

Bei Wagner wird aus Herzeloyde Herzeleide, aus Parzival Parsifal. Das Herzeleid, das Parsifal seiner Mutter zugefügt hatte und an dem sie starb, wird für den Sohn zum schmerzhaften Schlüsselerlebnis, das seine Läuterung bewirkt. Wagners Parsifal ist in eine moderne präfreudianische inzestuös-ödipal besetzte Mutterbeziehung verstrickt, aus der er sich nur mit Gewalt lösen kann. Nietzsche hat die Schwüle dieser Szenerie wohl richtig gespürt, vielleicht aber falsch gedeutet. In der großen Verführungsszene im zweiten Aufzug, die darüber entscheidet, ob Parsifal »rein« bleiben und damit zur Herrschaft gelangen wird oder ob er den Verlockungen des Eros, der Lust nachgeben und damit für das Erlösungsgeschäft untauglich wird, versucht ihn Kundry mit der traurigen Geschichte seiner Mutter zu verführen: »Sie harrte Nächt' und Tage, / bis ihr verstummt die Klage, / der Gram ihr zehrte den Schmerz, / um stillen Tod sie warb: / ihr brach das Leid das Herz, / und – Herzeleide – starb.«[135] Und dann neigt sich Kundry über den nun von Schuldgefühlen übermannten Parsifal und bietet ihm »als Muttersegens letzten Gruß, / der Liebe – ersten Kuß«.[136] Deutlicher geht es kaum. Das Herzeleid, das die Mutter durch den Liebesverrat ihres Sohnes erlitten hat und an dem sie starb, soll gesühnt werden durch einen mütterlichen Kuss, der gleichzeitig der große Liebeskuss ist, der den Knaben zum Manne machen soll und doch nur eine grauenvolle »Qual der Liebe« bedeutet: »Wie Alles schauert, bebt und zuckt / in sündigem Verlangen!«[137] Parsifal wird diesem Verlangen in buchstäblich letzter Sekunde widerstehen und zum keuschen Ritter und Despoten mutieren. So zumindest wollte es Wagner. Nietzsche hat ihn dafür verachtet. Und dennoch offenbart diese Szene eine entscheidende Variante des Herzeleids, unter der auch Nietzsche in seinem Verhältnis zu Wagner gelitten haben mag: Es ist der Trennungsschmerz.

In Herzeloyde / Herzeleide erscheint uns ein doppeltes Vergehen: Die schöne Frau begeht ein Unrecht, indem sie ihr Kind an sich binden, von der Welt fernhalten möchte, und sie verkümmert ob des Misslingens dieses Vorhabens. Wir haben es hier mit einer Dynamik von Liebesschmerz, von Sehnsucht, von Verlorenheit und Verlassenheit zu tun, die sich nicht nur auf der erotischen Ebene zwischen Liebenden abspielt, sondern auch zwischen Mutter und Kind. Zum Herzeleid wird das Weh, das sich bei gestörten, misslungenen, durch Schicksalsschläge abrupt beendeten emotionalen und erotischen Beziehungen einstellt. Es ist der Schmerz in umfassenden Liebesbeziehungen, und wenn für Nietzsche dieses Leid tiefer geht als jede körperliche Verletzung, erschließt sich, was es bedeutet zu sagen: Lust – tiefer noch als Herzeleid. Wenn Lust tiefer ist als Herzeleid, dann reicht sie in Dimensionen unseres Seins, unserer Persönlichkeit, die vom Schmerz nicht tangiert werden. Damit aber überbietet die Lust auch den Schmerz als Medium der Erkenntnis und Selbsterkenntnis. In der *Fröhlichen Wissenschaft* hieß es, der Schmerz erlaube es, in unsere eigene Tiefe hinabzusteigen; die Lust, die tiefer ist als das Herzeleid, ist, um eine räumliche Metapher zu verwenden, noch eine Etage darunter angesiedelt. Diese Lust lässt wahrlich tief blicken!

Was Wagner und viele andere Autoren ästhetisch präformierten, was Friedrich Nietzsche spannungsvoll umkreiste, hat später Sigmund Freud in verstörender Form explizit gemacht. Freuds Unbewusstes enthält ja nicht nur negative, traumatische und deshalb verdrängte Erfahrungen, sondern auch jene Lust, jenes Begehren, das nicht zugelassen werden kann, weil es in der sozialen Wirklichkeit auf Widerstand stößt, sich dieser letztlich unterordnen muss. Freuds Dualität von Lustprinzip und Realitätsprinzip kennt hier keine Romantik. Der Schmerz ist real, die Lust imaginär. Sie muss im Verborgenen bleiben und ist doch die letzte Quelle des Schmerzes. In diesem Sinn ist Lust tiefer als Herzeleid: Sie geht diesem voraus, ohne ihre Verwirrungen und Verstrickungen wäre das Weh ein anderes.

Die Versuchung ist groß, an das Schicksal von Wagners Herzeleide, das Nietzsche vielleicht unbewusst in unserem *Mitternachtslied* zitiert, die eine oder andere sinnige Spekulation anzuschließen. Gründet nach Freud nicht alle Lust, sofern sie nicht autoerotisch gefärbt ist, in jener »phallischen Phase«, in der das Kind den gegengeschlechtlichen Elternteil als Objekt seines libidinösen Begehrens entdeckt? Solch ein Begehren und die damit verbundene Lust wird durch das für Freud universelle Inzesttabu in die tiefsten Regionen des Unbewussten verbannt, und nur, wenn es dem Kind nicht gelingt, sich anderen Liebesobjekten zuzuwenden, wächst sich dieser innere Konflikt zu jenem ominösen Ödipus-Komplex aus, dem Freud seinen umstrittenen Ruhm verdankt. Benannt ist diese seelische Störung nach jenem antiken und natürlich auch Nietzsche wohlbekannten Mythos von Ödipus, dem König von Theben, der, ohne dass es ihm bewusst gewesen wäre, seinen Vater erschlägt und seine Mutter heiratet. Das Konfliktpotential der traditionellen Familie ist damit skizziert. Der Sohn erblickt im Vater den Rivalen im Kampf um die Mutter, manchmal mag dies kaum spürbar sein, manchmal mündet es wie in der Tragödie des Sophokles in Mord und Totschlag. In der Regel wird dieses Begehren, diese Lusterwartung zivilisatorisch gebändigt, nicht zuletzt durch die Verbannung solcher Regungen in Bereiche, die dem Bewusstsein nicht zugänglich sind. Das Verhältnis zu den Eltern wird für die Kinder zu einer Schule der Gefühle, in der sie jene Muster erwerben, mit der sie dann in die Welt treten. Nur wenn dieser Lernprozess scheitert und Söhne zum Beispiel libidinös an ihre Mütter gebunden bleiben, kommt es zu jenen neurotischen Störungen, zu jenen seelischen Verwirrungen, die therapeutisch behandelt werden müssen oder den Stoff zu einem Thriller wie Alfred Hitchcocks *Psycho* liefern.

Durch diese Brille könnte man auch die Geschichte von Herzeloyde und ihrem Sohn Parzival retrospektiv als eine klassische libidinöse Beziehung deuten, bei der das problematisch-erotische Verhältnis der Mutter zum Sohn im Zentrum steht. Zwar wurde Gahmuret nicht von seinem Sohn getötet, aber er ist noch vor der Geburt des Sohnes verschwunden, als Vater und Ehemann wird er zur reinen Imagination, schon als Säugling muss nun der Sohn an die Stelle des abwesenden Vaters treten. Wolfram von Eschenbach lässt in seinem Epos daran keinen Zweifel:

»an ir brüste si in zôh, die wîbes missewende vlôch. si dûht, si hete Gahmureten wider an ir arm erbeten.«[138] Die erotische Konnotation dieser Szene ist unübersehbar: Herzeloyde glaubt, nicht den Säugling, sondern den Mann an ihrem Busen zu spüren. Parzival, das Kind, tritt an die Stelle des Vaters, er ist jetzt der Partner seiner Mutter, die ihn nicht hergeben will. Ob sie ihm nur das gefährliche Leben eines Ritters ersparen will oder ob ihre Liebe stark von egoistischen Gefühlen der Macht begleitet ist, macht die Spannung dieser Figur aus. Parzival jedenfalls soll immer bei ihr bleiben, sie umfängt ihn mit all ihrer besitzergreifenden Liebe: mit der Liebe, die ihrem Mann gegolten hatte, mit der Liebe, die nun ihrem Kind gilt, das sie von der Welt, das heißt von anderen Objekten möglichen Begehrens, abschließen will. In jeder Form von Weltfremdheit steckt so auch ein Begehrensverbot. Fremd ist, wer sich die Welt nicht heimisch machen kann, fremd bleibt, wer sich die Welt nicht heimisch machen darf. Das Weh dieser Welt ist wahrlich tief. Das Schmerzpotential, das in der Verlusterfahrung liegt, der sich Herzeloyde ausgesetzt sieht, als der geliebte Sohn verschwindet, verstärkt sich dramatisch. Sie verliert zum zweiten Mal das Objekt ihrer Liebe, das Objekt ihres Begehrens, das Objekt ihrer Sehnsucht, das Objekt ihrer Anmaßung, das Objekt ihrer Sinnerfüllung. All ihre Liebe war vergeblich. Diese Einsicht, dieses Wissen ist für sie tödlich.

Das Leid, das Herzeloyde widerfährt, als sich Parzival ihrer Obhut und ihrer Liebe entzieht, ist ein dreifaches: Im Abschied von Parzival wiederholt sich der Verlust des Gatten, zum doppelten Trennungsschmerz gesellt sich der gekränkte Dominanzanspruch, der einsehen muss, dass alle Liebe vergeblich war. Wenn die These des *Mitternachtsliedes*, dass Lust tiefer sei als Herzeleid, stimmt, dann bedeutete dies, dass der Seelenschmerz, das gebrochene Herz, ein Sekundärphänomen ist. So weh dies getan haben mag und so tragisch dies endete: Vorgängig, grundlegender, fundamentaler war die Lust, das Begehren nach einem Objekt, das sich verwehrt hat oder das verwehrt bleiben musste. Das tiefste Herzeleid ist die Konsequenz jener Lust, die selbstherrlich alle Schranken durchbrechen will und dennoch scheitert. Und deshalb dieses »tiefer noch«. Um dieser Lust willen nimmt man den Schmerz, das Leid, die Pein und Qual in Kauf. Ja, diese Lust muss in ihrer Ambivalenz und Fragilität tiefer sein als alles Herzeleid, das ihr doch nur wie ein Schatten folgen kann.

Der achte Glockenschlag. Zarathustra bereitet seine Gefährten, die ohnehin nicht verstehen werden, auf diesen vor. Was flüstert, stöhnt, jammert, unkt die Glocke dem Propheten ins Ohr? Was spricht die tiefe Mitternacht nun? Hören wir ein wenig zu, was die Schallwellen dieses Schlages an unser Ohr tragen: »Dahin! Dahin! Oh Jugend! Oh Mittag! Oh Nachmittag! Nun kam Abend und Nacht und Mitternacht, – der Hund heult, der Wind [...]. Ach! Ach! wie sie seufzt! wie sie lacht, wie sie röchelt und keucht, die Mitternacht!« (KSA 4, 401) Und wieder dieses »Oh« und dieses »Ach«. Damit ist eine Klage eingeläutet, die noch einmal rekapituliert, was die Mitternacht immer schon in sich getragen hatte: den Jammer über den verflossenen Tag, die verlorene Zeit, die dahineilenden Stunden. Schon wieder ist es Mitternacht. Es ist die Mitternacht, die noch einmal alles beschwört, was an Sinneseindrücken von Nächtlichkeit aufgeboten werden kann: der heulende Hund, der Wind, alles kläfft, alles seufzt, alles lacht, alles röchelt, sie keucht, die Mitternacht, als würde sie um etwas kämpfen. Diese Mitternacht ist das sprechende Subjekt dieses Textes, aber sie befindet sich dabei in einem gar seltsamen Zustand: »Wie sie eben nüchtern spricht, diese trunkene Dichterin! sie übertrank wohl ihre Trunkenheit? sie wurde überwach? sie käut zurück?« (KSA 4, 401)

Die Nacht als Dichterin, als Träumerin, als Klägerin, die im Zustand der »Übertrunkenheit« erst so richtig nüchtern wird. Nietzsche schwärmt von einer Klarheit des Denkens, die sich im Rausch einstellen mag. Das Dionysische der Nacht bricht hier unmittelbar hervor, führt zu einem hypersensiblen Wachsein um Mitternacht, das sich vom geschäftigen Wachzustand des Tages deutlich unterscheidet. Nur in der Nacht kann man, obwohl müde, einen Grad der Schlaflosigkeit erreichen, der den Menschen überwach werden lässt, alle Sinnesorgane scheinen geschärft, reagieren überempfindlich auf jeden Schatten, jede Bewegung, jedes Geräusch und befeuern die Imaginationen. Und: Die Mitternacht »käut« zurück. Eine wahrlich seltsame Formulierung! Ist jetzt aus der Mitternacht plötzlich eine Kuh geworden, ein Wiederkäuer? Naheliegend, dass Nietzsche auf dieses Wiederkäuen hier anspielt, das bei ihm immer wieder auftaucht, oft mit einem negativen Beigeschmack.

In seiner »unzeitgemäßen Betrachtung« *Vom Nutzen und Nachteil der Historie für das Leben* verglich Nietzsche den Menschen, »der durch und durch nur historisch empfinden wollte« mit einem Tier, »das nur vom *Wiederkäuen* und immer wiederholten *Wiederkäuen* leben sollte«. (KSA 1, 250) Der Mensch ist ein Wesen, das seine Vergangenheit immer wiederkäuen muss, so wie das Rindvieh das Gras. Kurz vor seiner mitternächtlichen Rede an seine Gefährten begegnet Zarathustra einem seltsamen, friedlichen »Berg-Prediger«, der zu den Kühen spricht und auch Zarathustra empfiehlt, von den Kühen das Wiederkäuen zu lernen, nur so käme man zum Glück – nebenbei eine glänzende Persiflage einer berühmten Stelle des Neuen Testamentes[139]: »Und wahrlich, wenn der Mensch auch die ganze Welt gewönne und lernte das Eine nicht, das *Wiederkäuen*: was hülfe es! Er würde nicht seine Trübsal los.« (KSA 4, 334) Durcharbeiten, immer wieder durcharbeiten, empfiehlt uns die moderne Psychotherapie! Und dies so lange, bis uns unser eigenes Ich schal geworden ist. Und nun käut die Mitternacht, als wäre sie eine Kuh. Sie ist aber kein Wiederkäuer, sie käut *zurück*. Das ist eine interessante Formulierung. Nietzsche verwendet das veraltete hochdeutsche »Käuen«, das wie unser gewohntes »Kauen« nicht nur die Zerkleinerung der Nahrung im Mund, sondern im übertragenen Sinn gedankliches Zergliedern, Umwälzen, Hin- und Herwenden bedeuten kann. An Problemen, die wir nicht lösen können, haben wir deshalb immer wieder zu kauen. In diesem Zurückkäuen ist nicht nur die gemütliche Aufbereitung einer Speise zum Schlucken aufbewahrt, sondern auch eine aggressive, im Wortsinn beißende Abwehr, die gleichzeitig eine Wiederholung darstellt. So wie jemand, der zurückredet, die Rede des Vorredners aufgreift, käut die Mitternacht etwas zurück, was ihr droht, im Halse steckenzubleiben. Der Doppel-, ja Dreifachsinn dieses Zurückkäuens ist evident. Etwas wird gedanklich unablässig durchgekaut, dabei zurückgewiesen und doch immer wieder aus dem geistigen Magen, der Erinnerung hervorgeholt. Was aber ist es, was die Nacht in dieser Weise bearbeitet? »[…] ihr Weh käut sie zurück, im Traume, die alte tiefe Mitternacht, und mehr noch ihre Lust. Lust nämlich, wenn schon Weh tief ist: Lust ist tiefer noch als Herzeleid.« (KSA 4, 401)

Das ist es: Im Traum, der als Schärfung und Aufhellung der Sinne nur missverstanden worden war, wird das Weh, das Leid, der Schmerz immer wieder in Erinnerung gerufen und abgewehrt, thematisiert und verleugnet, analysiert und verdrängt. Mehr aber als dieses Weh käut die mitternächtliche Erfahrung die Lust zurück, mehr noch als um den Schmerz kreist unser Denken und Fühlen um die Lust, mehr noch als die Seelenqualen holen wir die Lust aus den Tiefen des Unbewussten empor und müssen sie im selben Moment nur allzu oft zurückweisen. Wenn schon das Weh tief ist, weil es unabweisbar ist, dann muss die Lust als Wegbereiterin dieses Wehs noch tiefer liegen. Auch wenn es uns frivol erscheinen mag: Auf dem Grund unseres Seins liegt nicht der Schmerz, nicht das Herzeleid, nicht das Leid, sondern die Lust.

Neun!

Weh spricht: Vergeh!

»WEH SPRICHT: VERGEH!« In nuce enthält dieser knappe Vers eine umfassende Phänomenologie des Schmerzes. Kaum ein Philosoph hatte zum Schmerz, zum Weh solch ein ambivalentes Verhältnis wie Friedrich Nietzsche. Die Dramatik dieses Verses erschließt sich vielleicht erst, wenn deutlich wird, wie dieses Weh beschaffen ist, welche Funktionen, Bedeutungen, Befürchtungen und Hoffnungen sich daran knüpfen. In der *Fröhlichen Wissenschaft* riskierte Nietzsche einmal einen bestechenden Gedanken: »Im Schmerz ist soviel Weisheit wie in der Lust: er gehört gleich dieser zu den arterhaltenden Kräften ersten Ranges. Wäre er diess nicht, so würde er längst zu Grunde gegangen sein; dass er weh thut, ist kein Argument gegen ihn, es ist sein Wesen.« (KSA 3, 550) Das gemahnt nahezu an eine evolutionsbiologische These. Nietzsche hatte ein sehr kritisches Verhältnis zum Darwinismus – allerdings nicht, weil er dessen Materialismus anzweifelte, sondern weil es ihm bei Darwin zu bieder zuging. Die These vom Überleben der Tüchtigsten im Kampf ums Dasein – auf die Nietzsche Darwin reduzierte – schien ihm viel zu einfach gestrickt. Oft nämlich, so Nietzsche in der *Götzen-Dämmerung*, läuft dieser Kampf »zu Ungunsten der Starken, der Bevorrechtigten, der glücklichen Ausnahmen«: »Die Gattungen wachsen nicht in der Vollkommenheit: die Schwachen werden immer wieder über die Starken Herr, – das macht, sie sind die grosse

Zahl, sie sind auch klüger … Darwin hat den Geist vergessen.« (KSA 6, 120 f.) Darwin übersah gleichsam das Raffinement im Ressentiment, er unterschätzte nach Nietzsche die Fähigkeiten des Menschen, natürliche Schwäche durch Geist und Kultur zu kompensieren. In diesem Zusammenhang wäre die arterhaltende Funktion des Schmerzes zu sehen, von der Nietzsche spricht. Dass die Lust, zumindest in ihrer sexuellen Spielart, ihren unmittelbaren Beitrag zur Reproduktion der Gattung leistet, liegt auf der Hand. Dass dem Schmerz eine ähnliche Funktion zukommt, muss erst erschlossen werden. Dass wir Schmerzen verspüren, erlaubt es nicht nur Individuen, sondern auch Kollektiven, auf Verletzungen und Erkrankungen zu reagieren und nach Therapien zu suchen. Der Schmerz als tiefes Weh der Welt ließe sich als jene Sensibilität interpretieren, die es ermöglicht, soziale, ökonomische und politische Missverhältnisse wahrzunehmen und Konzepte zu entwickeln, die verhindern, dass die Gattung sich selbst zur Gefahr wird. Alle Weltverbesserer warten auf den Moment, in dem soziale Spannungen oder die Folgen der Klimaveränderung so schmerzhaft werden, dass dagegen etwas getan werden muss. Dass sie sich dabei auf Nietzsche stützen könnten, mag manche von ihnen dann doch verblüffen. Umgekehrt zehrt die neuerdings erhobene Klage, dass wir uns auf eine überlebensunfähige »Palliativgesellschaft« hinbewegen,[140] die Schmerzen nicht mehr zulassen und sofort betäuben will, ebenfalls von diesem nietzscheanischen Gedanken.

Der Schmerz, und deshalb kann Nietzsche von dessen Weisheit sprechen, hat eine Wachsamkeitsfunktion gegenüber den Irrtümern, denen wir immer wieder unterliegen. Schmerzen, die nicht wehtun, sind keine Schmerzen, und nur was wehtut, ist ein Schmerz. Niemand aber erträgt einen Schmerz gerne. Zur Logik des Schmerzes gehört seine Abwehr, der Versuch, ihn zum Schweigen zu bringen. Die Schmerzen gibt es, damit sie aufhören. Das perennierende Leid schmerzt doppelt, weil es dieser Abwehr keine Chance gibt. Wenn es so ist, dass Schmerzen art-erhaltende Kräfte darstellen, die uns Erkenntnismöglichkeiten über uns und unser Dasein in der Welt offerieren, dann ist die Möglichkeit der Leiderfahrung eine anthropologische Grund-voraussetzung dafür, als Menschen überhaupt in einer reflek-tierten Weise existieren zu können.

Die Versuchung liegt nahe, Schmerz und Lust als eine Einheit zu betrachten. Diese intensiven Empfindungen stellen die Pole dar, zwischen denen unser Leben aufgespannt ist, sie definieren unser Verhältnis zur Welt: die Lust in einer bejahenden, affirma-tiven Weise, der Schmerz als erlebte Negativität. Schmerz und Lust gehören aber auch in anderer Weise zusammen: Schmerz kann in Lust umschlagen, Lust kann in tiefem Schmerz enden, und antike Weisheitslehrer wie Epikur oder auch die Stoiker empfahlen, es mit den Lüsten nicht zu übertreiben, ansonsten wären unangenehme Folgeschmerzen nicht zu vermeiden. Nicht Lustfeindlichkeit bestimmte dieses Denken, sondern das Wissen um den inneren Zusammenhang von Leid und Lust. Wenn es darum geht, sowohl in körperlicher als auch in seelischer Hin-sicht Schmerzen zu vermeiden, zumindest zu minimieren, soll-te man mit seinen Lüsten achtsam und in wohldosierter Form umgehen und sich auch von jenen Eruptionen der Affekte frei halten, die eine schmerzfreie Ruhe des Seelenlebens nur stören können. Distanz und Gelassenheit sind keine besonderen Tu-genden, sondern Methoden der Schmerzvermeidung. Dass es zum Wesen der Lust gehört, weil sie sich in der Unmittelbarkeit entfaltet, mögliche schmerzhafte Konsequenzen einfach auszu-blenden, ist dabei mitunter übersehen worden.

Dem modernen Menschen stoßen solche guten Ratschläge bitter auf. Die glücksversessene Moderne ist überzeugt davon, dass sich Leid und Lust trennen lassen. Die Convenience-Industrien unserer Tage, von den Ernährungs- und Gesundheitsanbietern bis zu den digitalen Verführern, suggerieren, dass das Paradies möglich ist: eine Lust nach der anderen zu erleben und nie die Erfahrung von Schmerz und Leid machen zu müssen. Über solche Konzepte, die, beflügelt vom naturwissenschaftlich-medizinischen Fortschritt, schon das 19. Jahrhundert entwickelte, hat sich Nietzsche einigermaßen mokiert. Wenn Lust und Leid eine untrennbare Einheit bilden, dann bedeutet dies, dass alle Versuche, eine Welt zu schaffen oder ein Leben zu konzipieren, in dem die Lust alles durchflutet, der Schmerz und das Leid aber zum Verschwinden gebracht werden, zum Scheitern verurteilt sind. Und dies nicht deshalb, weil die Arbeit an der Schmerzfreiheit unsinnig wäre. Schmerzstillende Mittel und Psychopharmaka, die uns ruhigstellen können, gibt es genug, und jeder Leidende wird im Ernstfall mit Recht zu solchen Mitteln greifen. Zum Lebensprinzip erhoben, greift die Sedierung jedoch die Lust selbst an. Lüste ohne Leid sind keine wirklichen Lüste. Das sind mit den Worten aus Nietzsches *Zarathustra* bestenfalls die vielzitierten Lüstchen für den Tag und die Lüstchen für die Nacht, die keine intensiven, gefährlichen Erfahrungen mehr sind.

Der Prophet der Härte und Kälte, als der Nietzsche apostrophiert wird, litt selbst zeitlebens unter ständigen Unpässlichkeiten, verbunden mit starken Schmerzen. Der Philosoph laborierte an einer unangenehmen Augenkrankheit, an einer chronischen Magenverstimmung, an einer schweren seelischen Zerrüttung, womöglich auch an den Folgen einer in früher Jugend erworbenen Syphilis. Er wusste, was körperliche Leiden sind. Es überrascht deshalb, dass Nietzsche nahezu höhnisch über den Schmerz sprechen konnte. In einem Aphorismus der *Fröhlichen Wissenschaft* heißt es: »Es will mir scheinen, dass vom Schmerze und Unglücke immer übertrieben geredet werde, wie als ob es eine Sache der guten Lebensart sei, hier zu übertreiben: man schweigt dagegen geflissentlich davon, dass es gegen den Schmerz eine Unzahl Linderungsmittel giebt.« (KSA 3, 554) Die Liste dieser Selbstmedikationen ist bei Nietzsche lang: Betäubungen, eine ruhige Lage, gute und schlimme Erinnerungen, Absichten, Hoffnungen und viele Arten von Stolz und Mitgefühl, die »beinahe die Wirkung von Anästheticis haben«. Und wenn gar nichts mehr hilft, sorgt der Körper selbst für die Befreiung vom Schmerz, indem er in Ohnmacht fällt. Nietzsche überlegt an dieser Stelle, ob das vielzitierte Unglück der leidenschaftlichen Menschen nicht eine Lüge der Moralprediger sein könnte, die mit der Beschwörung des Schmerzes die Lust vertreiben wollten. Und Nietzsche stellt für sich dann die spannende Frage: »Ist dieses unser Leben wirklich schmerzhaft und lästig genug, um mit Vorteil eine stoische Lebensweise und Versteinerung dagegen einzutauschen? Wir befinden uns nicht schlecht genug, um uns auf stoische Art schlecht befinden zu müssen!« (KSA 3, 554) Mit anderen Worten: Der Schmerz, vor allem der Seelenschmerz, die Emotion, die Leiden schafft, ist noch lange kein Grund, auf die Ekstasen des Körpers und des Geistes zu verzichten. Ja, die Lust führt den Schmerz in ihrem Gefolge; aber das bedeutet nicht, auf die Lust zu verzichten, um den Schmerz zu vermeiden. Nietzsche war nicht nur Anti-Platoniker, er war auch Anti-Stoiker – zumindest manchmal.

In seiner Vorrede zur *Fröhlichen Wissenschaft* entdeckt Nietzsche den Zusammenhang von schmerzhafter Empfindungsfähigkeit und der Kraft des Denkens. Der tiefe Gedanke steht in einem unmittelbaren Zusammenhang zu jener Qual, durch die er ausgelöst wurde und die er zur Folge haben wird. Eine Erkenntnis, die nicht wehtut, ist keine. Mit einer nur prophetisch zu nennenden Kraft schreibt Nietzsche: »Wir sind keine denkenden Frösche, keine Objektivir- und Registrir-Apparate mit kalt gestellten Eingeweiden, – wir müssen beständig unsre Gedanken aus unsrem Schmerz gebären und mütterlich ihnen Alles mitgeben, was wir von Blut, Herz, Feuer, Lust, Leidenschaft, Qual, Gewissen, Schicksal, Verhängniss in uns haben.« (KSA 3, 349) Auch wenn Nietzsche hier von den Philosophen spricht, wird der fundamentale Zusammenhang von Reflexion, Leidenschaft und Schmerz deutlich gemacht. Denkende Menschen sind keine Apparate, die nur Daten registrieren und verrechnen. Nietzsches Bemerkung enthält eine Kritik der digitalen Vernunft avant la lettre. Die Überantwortung von immer mehr Entscheidungen an Algorithmen, die scheinbar objektiv Daten sammeln, ordnen, auswerten, Muster destillieren und daraus nach vorgegebenen Parametern Handlungsanweisungen ableiten, unterstreicht den Wunsch der Menschen, sich einem Mechanismus zu unterwerfen, dem jeder Schmerz, jede Leidenschaft, auch jedes Vorurteil und jedes Verhängnis fehlen. Dass Menschen Fehler machen, Impulsen folgen, Lebensgeschichten mit sich tragen, verzerrt und ungerecht urteilen, aber auch durch ihr Gewissen in Zweifel gestürzt werden können, darf in einer Welt keinen Platz mehr haben, in der der Anspruch auf Wahrheit mit Berechenbarkeit verwechselt wird und einem anonymen und vermeintlich unbestechlichen Algorithmus mehr Macht eingeräumt wird als einem Menschen. Vom Objektivierungswahn bei Bewerbungsverfahren bis zur Frage, wie sich ein autonomes Automobil in kritischen Situationen verhalten wird,[141] reicht die Palette der Tätigkeitsfelder, in denen man sich durch Quantifizierungsexzesse von der tendenziell stets defizitären Qualität menschlichen Handelns befreien will. Dass nun mit großem Entsetzen erkannt wird, dass die vielgelobten Algorithmen die Vorurteile ihrer Programmierer und die Interessen ihrer ökonomischen Herren widerspiegeln und weitertreiben,[142] kann Nietzsche-Leser wahrlich nicht erstaunen. Für das Denken aber bedeutet dies schlicht, dass Registrierapparate, wie komplex sie auch konstruiert sein mögen, in einem empathischen Sinne nicht denken. Es fehlt ihnen dazu schlicht die Erfahrung eines leiblichen Schmerzes. Solange Menschen leidensfähige Wesen sind, müssen sie sich vor der Künstlichen Intelligenz, diesen modernen »denkenden Fröschen«, nicht fürchten. Wer uns weismachen will, wir könnten ein Leben ohne Leid- und Schmerzerfahrung führen, der will eigentlich, dass wir aufhören, wie Menschen zu denken, der will vielleicht, dass wir überhaupt aufhören zu denken. Also, könnte man mit Nietzsche sagen: Halten wir den Schmerz hoch. Nietzsche weiß zwar, dass uns dieser Schmerz nicht moralisch verbessert, aber er ist eine Vorbedingung für jene Form der Reflexion, die uns als Menschen auszeichnet, weil sie an die Dialektik von Lust und Leid gebunden ist. »Uns organische Wesen«, schreibt Nietzsche in *Menschliches, Allzumenschliches*, »interessirt ursprünglich Nichts an jedem Dinge, als sein Verhältniss zu uns in Bezug auf Lust und Schmerz.« (KSA 2, 39) Erkennen, Reflexion, Denken, sogar Logik setzen nach Nietzsche an mit der Frage aller Fragen: Was verschafft mir Lust, was tut mir weh? Dinge, die sich demgegenüber als indifferent erweisen, sind für uns »interesselos«. (KSA 2, 39) Dass Nietzsche hier einen Begriff seines Erzfeindes Immanuel Kant, den er später einmal einen »Idioten« (KSA 6, 177) nennen wird, verwendet, lässt tief blicken. Nach Kant ist das Schöne dadurch gekennzeichnet, dass es in uns ein interesseloses Wohlgefallen auslöst. Es interessiert uns nicht, deshalb können wir es als schön empfinden. Würde es uns interessieren, würden wir es begehren oder verachten, wir würden es suchen oder meiden; mit der Schönheit wäre es dann nach Kant vorbei. Ach nein, könnte man mit Nietzsche antworten, mit dem Begehren ist es mit der Schönheit noch lange nicht vorbei. Genau genommen beginnt es erst damit. Was wir nicht begehren, was uns nicht interessiert, ist nicht schön, es lässt uns nur kalt.

Das, was uns interessiert, interessiert uns, weil es imstande ist, in uns die Spannung von Leid und Lust zu erregen. Eine Schönheit, die ihren Namen verdient, muss zwischen diesen Polen aufgespannt sein.

Wem aber gilt unser Interesse, wenn es dem Schmerz gilt? In der Vorrede zur *Fröhlichen Wissenschaft* schrieb Nietzsche: »Erst der grosse Schmerz ist der letzte Befreier des Geistes, als der Lehrmeister des grossen Verdachts. [...] Erst der grosse Schmerz, jener lange langsame Schmerz, der sich Zeit nimmt, [...] zwingt uns Philosophen, in unsre letzte Tiefe zu steigen und alles Vertrauen, alles Gutmüthige, Verschleiernde, Milde, Mittlere [...] von uns zu thun.« (KSA 3, 350) Es gibt einen Schmerz, der dazu zwingt, radikal im Denken zu werden. Alles infrage zu stellen heißt, alles unter einen Verdacht zu stellen: Es könnte auch anders sein. Das bedeutet, mit dem Urvertrauen zur Welt zu brechen; solch eine Distanzierung tut weh. Die Ebene des Mittleren und Gutmütigen zu verlassen, ist nicht einfach, und aus freien Stücken wird kaum jemand diesen Weg gehen. Wir müssen aus diesem Paradies der Indifferenz gewaltsam vertrieben werden, um mit dem Denken überhaupt erst beginnen zu können. Man kann nicht im Konsens, in der Affirmation, im Modus der Zufriedenheit, im Gefühl des Glücks denken. Wenn wirklich gedacht wird, wird aus Schmerzen gedacht, und dieses aus Schmerzen gedachte Denken verursacht selbst wiederum Schmerzen.

Der Schmerz verändert. Der Schmerz macht uns zwar nicht zu besseren Menschen, so Nietzsche, aber »vertieft« uns. Warum? Wohl können wir uns dem Schmerz entgegenstellen, mit Hohn, mit Spott, mit unserer Willenskraft, wir können es »dem Indianer gleichthun, der, wie schlimm auch gepeinigt, sich an seinem Peiniger durch die Bosheit seiner Zunge schadlos hält«, wir können uns vor dem Schmerz in das »stumme, starre, taube Sich-Ergeben, Sich-Vergessen, Sich-Auslöschen«, in das »Nirvana«, das »orientalische Nichts«, zurückziehen. (KSA 3, 350) Nietzsche kannte offenbar das zu seiner Zeit vor allem durch die Amerika-Romane seines Landsmannes Karl May kolportierte Bild des Indianers, der keinen Schmerz kennt und noch am Marterpfahl seine Peiniger verspottet. Diese Koinzidenz ist geistesgeschichtlich durchaus spannend. Nietzsche hat Karl May wahrscheinlich nicht gelesen, sehr wohl aber hat sich der umstrittene Großschriftsteller mit Nietzsche beschäftigt, und dessen Konzeption des Übermenschen aus dem *Zarathustra* hat durchaus ihren Einfluss auf Karl Mays späte Romane und seine Utopie des »Edelmenschen« gehabt.[143] Die Schmerzverachtung des Indianers kontrastiert Nietzsche mit der Schmerzakzeptanz des Buddhisten, die nicht unempfindlich gegenüber der Qual macht, sondern die Empfindungsfähigkeit selbst neutralisiert. Aber wie immer wir dem Schmerz begegnen, man kommt aus solch einer schmerzhaften Selbstbegegnung »als ein andrer Mensch heraus, mit einigen Fragezeichen mehr«; man wird »tiefer, strenger, härter, böser, stiller« fragen als bisher. Und noch einmal: »Das Vertrauen zum Leben ist dahin: das Leben selbst wurde zum Problem.« (KSA 3, 350) Nichts stellt unsere Sinnkonzepte so sehr in Frage wie der Schmerz. Im Schmerz wird vieles hinfällig, die Ordnungen des Lebens brechen zusammen. Der Schmerz radikalisiert das Reflexionsvermögen des Menschen, vor allem in Hinblick auf die Selbsterkenntnis. Im Schmerz und in der Erfahrung im Umgang mit dem Schmerz verändert sich das Verhältnis des Menschen zu sich selbst. Vielleicht nicht unbedingt so, wie das Klischee es will, dass der Schmerz uns läutert, weiser, klüger und menschlicher macht, aber wir werden tiefer, weil der Schmerz tiefer geht. Der Schmerz ist jene Erfahrung, durch die wir uns selbst radikal wie nie zuvor infrage stellen müssen, weil der Schmerz an unsere Daseinsmöglichkeiten rührt. Auch wenn die Lust tiefer reicht als der Schmerz und dieser, vor allem als

Seelenqual, eine Folge von jener ist: Wir müssen ihn abwehren. Sonst sind wir ihm nicht nur ausgeliefert, sonst übernimmt er die Herrschaft über uns.

»Weh spricht: Vergeh!« In dieser knappen Zeile wird das Weh in ein präzises Verhältnis zu uns gerückt. Der Schmerz spricht. Das ist nicht nur metaphorisch gemeint. Der Schmerz kommuniziert sich, teilt sich mit. Der Schmerz, das Weh ist ein Signal. Dieses zeigt uns etwas an. Unsere alltagspsychologische Rede weiß davon. Wie oft werden wir in psychodynamischen Sitzkreisen, aber auch von wohlmeinenden Freunden aufgefordert, auf unseren Körper zu hören. Der Körper ist nicht stumm, er spricht. Wir interpretieren den Körper, das, was wir von ihm spüren, als Signalsystem, auf das wir achten sollten. Oh Mensch, gib Acht!

Im Wesentlichen kennt der Leib nur zwei Zustände, über die er uns unablässig informiert: Lust und Leid. Über die Botschaft der Lust werden wir noch nachdenken. Hier interessiert uns das, was das Weh, was der Schmerz, was Leiderfahrungen, was Seelenqualen uns mitteilen können. Im Grunde ist der Schmerz ein Hinweis auf etwas Tieferes. Er gibt uns Auskunft über das, was unter der Oberfläche liegt. Etwas, das uns tief berührt, geht sprichwörtlich unter die Haut. Wenn wir in medizinischen oder therapeutischen Zusammenhängen davon sprechen, dass uns etwas wehtut, dann deuten wir diesen Schmerz auch intuitiv als Symptom, als Zeichen und Anzeichen dafür, dass etwas nicht stimmt. Der Schmerz ist stets eine Warnung. Der Schmerz ist nicht identisch mit den Ursachen des Schmerzes, weshalb Schmerztherapien nicht nur den Schmerz beruhigen müssen, sondern die Ursachen beseitigen sollten. Der Schmerz als Symptom kann – das wusste auch Nietzsche – durch Betäubungsmittel aller Art neutralisiert werden, für den Herzeleidschmerz genügt manchmal schon eine Flasche Wein. Damit ist aber nicht das beseitigt, was in uns nagt und zehrt und aufbricht. Natürlich ist auch Warten eine Möglichkeit – aber das kann manchmal lange dauern. Die Zeit heilt nicht alle Wunden, sie lehrt nur Formen der Gewöhnung und das Vergessen. Es gibt aber Schmerzen, an die können wir uns weder gewöhnen noch können wir sie vergessen.

Jeder Schmerz, jedes Weh, jedes Leid, zumal das Herzeleid, aber auch der physische Schmerz, spricht in einer Weise mit uns, die diesen Signalcharakter weit übersteigt. Im Schmerz werden wir mit uns selbst konfrontiert, im Schmerz kommunizieren wir nicht nur mit unserem Körper und unseren Empfindungen, im Schmerz erfahren wir überhaupt erst, dass und in welcher Weise wir leibliche Wesen sind. Dass Menschen nach einem ungewohnten sportlichen Training im Spüren der schmerzenden Körperteile gerne halb ironisch, halb ernsthaft bekennen, sie hätten gar nicht gewusst, wo ihr Körper überall Muskeln hat, die wehtun können, demonstriert die harmlose Seite dieser Erkenntnismöglichkeit. In der Schmerzerfahrung offenbart sich radikal ein altes Problem der Philosophie: Wie kann ich mir selbst zu einem Gegenstand werden? Wir sind Wesen, die als Subjekte ein Bewusstsein von der Welt entwickeln, in diesem Bewusstsein aber selbst als Objekt erscheinen. Wir sprechen deshalb im Alltag in der Regel als gespaltene Wesen, wenn wir sagen: *mein* Körper, *mein* Auge, *mein* Kopf, *meine* Hand, *mein* Fuß, *meine* Lust, *mein* Weh, *mein* Schmerz. Als wären die Teile des Körpers und die damit verbundenen Erfahrungen etwas mir Zugehöriges, über das ich im Modus des Besitzens verfügen kann. Ohne diesen Körper aber gibt es kein Ich. Im Schmerz entdecken wir die fatale Seite dieses Objektseins: Etwas an uns, etwas in uns tut weh und das soll nicht sein. Der Schmerz macht mich nicht nur zum Objekt meiner selbst, er entfremdet mich auch gleichzeitig von mir, bringt mich in Negation zu Teilen von mir selbst. Zu meinem Schmerz kann ich mich nicht bekennen.

Die Botschaft des schmerzenden Körpers oder der schmerzenden Seele ist einfach und doch so schwer: »Weh spricht: Vergeh!« Der in diesem Vers formulierte Imperativ ist jedoch alles andere als eindeutig. Wem gibt das Weh diesen Befehl? Naheliegend ist die Deutung, dass der Schmerz diese Aufforderung an sich selbst richtet. Es gehört zur Bestimmung des Schmerzes, dass er vergehen soll, dass er nicht von Dauer sein darf, um das Leben nicht zu gefährden. Schmerzen wollen – sieht man vom Lustschmerz des Masochisten einmal ab – therapiert werden. In der Terminologie der Moralphilosophie ließe sich diese Selbstbezüglichkeit im Schmerz auch so formulieren: Der Schmerz ist da, aber er soll nicht sein. Leid ist prinzipiell zu vermeiden, zumindest zu lindern. Wenn es einen moralischen Imperativ gibt, der mit rascher Zustimmung rechnen darf, dann ist es die Aufforderung zur Leidvermeidung. An dieser Maxime orientierten sich antike Philosophen wie Epikur ebenso wie Arthur Schopenhauer, die klassischen Utilitaristen so gut wie moderne Vertreter der Tierethik. Das Gebot der Leidensvermeidung liegt in der modalen Logik des Schmerzes selbst: Es ist das Sein, das sein Nichtseinsollen in sich trägt. Von allen Dingen auf dieser Welt, von denen sich sagen lässt, dass sie sein sollen oder dass es gut ist, dass sie da sind, gilt: Sie tun nicht weh. Würden sie wehtun, würden wir ihnen zurufen: Verschwindet, weg mit euch, ihr sollt vergehen!

Der Schmerz ist per definitionem dasjenige, das beseitigt werden soll. Wir nehmen ihn nur in Kauf, um größere oder bedrohlichere Schmerzen zu vermeiden. Das gilt für die schmerzhaften Einschnitte des Chirurgen ebenso wie für die der Ökonomen. Wer den Schmerz zulässt, gar fordert, steht unter Rechtfertigungsdruck. Die Aufforderung zur Schmerzbesänftigung, zur Leidreduzierung, zur Leidvermeidung ist deshalb nicht nur Konsequenz eines zentralen moralphilosophischen Prinzips, sondern auch individuelle und gesellschaftliche normative Praxis. Maßnahmen, die notwendig sind, um das Leben des Einzelnen oder die Entwicklungschancen einer Gesellschaft zu wahren, dürfen nicht allzu sehr schmerzen. Dass die Sehnsucht nach Schmerzfreiheit zu einer ruhiggestellten Gesellschaft führen kann, die keine Verletzungen etwa im Rahmen intellektueller Auseinandersetzungen mehr dulden will, ist aus diesen Gründen unmittelbar nachvollziehbar. Wenn allerdings umgekehrt der Schmerz gerade in seiner Negativität ein Medium der Erkenntnis ist, brächte sich solch eine Gesellschaft um die Möglichkeit, den Schmerz in seiner Tiefe auszuloten und die Übel an der Wurzel zu packen. Die verordnete Schmerzfreiheit der Diskurse, die nun überall eingerichteten Safe Spaces gleichen synthetischen Beruhigungsmitteln, die über die Ursachen des Leids eine Zeit lang hinwegtäuschen können. Oder, um im nietzscheanischen Duktus zu sprechen, es gibt einen Grad von Wehleidigkeit, der diesen Imperativ des »Vergeh!« dazu benützt, nichts mehr an sich heranzulassen, das nur im Entferntesten die eigene emotionale und geistige Befindlichkeit trüben könnte. Noch der legitime Wunsch nach Schmerzfreiheit kann schmerzhaft missbraucht werden.

Weh spricht: Vergeh! Dieser Vers könnte auch anders gelesen werden. Spricht wirklich der Schmerz zu sich? Enthält dieser Imperativ tatsächlich die Aufforderung an den Schmerz, dass er verschwinden soll? Was, wenn der Adressat dieses »Vergeh!« der leidende Mensch selbst ist, der vom Schmerz Befallene, dem das Weh nun sein »Vergeh!« zuflüstert, zuruft, ins Gesicht schreit? Wer unter Schmerzen leidet, hat mitunter das Gefühl, zu vergehen, wer vor Schmerz wie von Sinnen ist oder in Ohnmacht fällt, hat zumindest für eine bestimmte Phase die Welt des kontrollierten Bewusstseins verlassen. Der Schmerz kann so rasend sein, dass ich den betroffenen Körperteil am liebsten entfernen möchte, und eines der zentralen Argumente für Sterbehilfe beruht auf der Annahme, dass es einen Schmerz gibt, von dem nur die Beendigung des Lebens erlösen kann. Als Imperativ formuliert bedeutet dies: Ich soll verschwinden, soll diese Welt verlassen, ich soll den Schmerz beenden, indem ich mich beende. Das ist vielleicht die tiefste Dimension des Schmerzes, dieses Vergehen im doppelten Sinn des Wortes: Nur wenn ich vergehe, vergeht auch der Schmerz.

Schmerz ruft immer nach der Beendigung von Zuständen. Das Unerträgliche des Schmerzes besteht jedoch darin, dass sich diese Zustände nicht so einfach beenden lassen, außer um den Preis des Lebens. Leben wollen kann auch bedeuten, Schmerzen auszuhalten. Menschen, so sagt man, kommen aus Schmerzerfahrungen als andere heraus, ihre Biographie weist dadurch einen signifikanten Bruch auf. Wer diesem Appell des Schmerzes, doch zu verschwinden, Widerstand leistet, wer gegen eine Krankheit kämpft, wer dem Leid etwas entgegensetzt, hat dadurch ein Bekenntnis zum Leben abgelegt, das uns mit Respekt und Bewunderung erfüllen kann. Durchlebte und überwundene Krankheiten können Menschen in ihrer Persönlichkeitsstruktur verändern.

Nietzsche hat für diese Ambivalenz des Schmerzes sehr viel Gespür gehabt. Seine Leiden und Krankheiten nötigten ihn zu einem unsteten Leben, ständig auf der Suche nach Orten, von deren Klima er sich zumindest Linderung erhoffen konnte: Genua, Sils Maria, Nizza, Turin ... In seiner intellektuellen Autobiographie *Ecce homo* schreibt Nietzsche im Rückblick auf seine geistige Entwicklung: »Die Freiheit vom Ressentiment, die Aufklärung über das Ressentiment – wer weiss, wie sehr ich zuletzt auch darin meiner langen *Krankheit* zu Dank verpflichtet bin! Das Problem ist nicht gerade einfach: man muss es aus der Kraft heraus und aus der Schwäche heraus erlebt haben.« (KSA 6, 272)

Seinen Zarathustra lässt Nietzsche diesen Vers »Weh spricht: Vergeh!« in einer Weise umspielen, die imstande ist, zu all dem noch weitere, ungeahnte Facetten des Schmerzes freizulegen. Seine Gefährten, die unverständigen höheren Menschen, konfrontiert Zarathustra mit einer geradezu biblischen Genealogie des Schmerzes, die es, salopp gesagt, in sich hat.

Der neunte Glockenschlag. Weh spricht: Vergeh! Wir nähern uns der Mitternacht. Und Zarathustra schwelgt wieder einmal in neutestamentlichen Gleichnissen, nun spricht er mit einem Weinstock: »Du Weinstock! Was preisest du mich? Ich schnitt dich doch! Ich bin grausam, du blutest –: was will dein Lob meiner trunkenen Grausamkeit?« Und der Weinstock antwortet: »Was vollkommen ward, alles Reife – will sterben!« Deshalb soll das Winzermesser gesegnet sein, aber: »Alles Unreife will leben: wehe!« (KSA 4, 401) Bedenkt man, dass Jesus sich einmal als den »wahren Weinstock« und seinen Vater als den »Weingärtner« bezeichnet hat,[144] gewinnt diese Rede an dramatischer Bedeutung. Zarathustra wäre dann der trunkene Gott, der seinen Sohn schneidet und bluten lässt. Der trunkene Gott ist aber nicht der biblische Vater, sondern der antike Dionysos, der in anderen mythologischen Kontexten auch mit Jesus selbst enggeführt worden ist.

Die christologische Leid- und Erlösungsmetaphysik ist in dieser Anspielung in einem enthalten und dementiert. Blut und Wein sind neutestamentarisch identisch. Der heilige Gral, der im Zentrum von Wagners *Parsifal* steht, war der Legendenbildung nach jener Kelch, in dem das Blut des sterbenden Jesus Christus, das ihm aus der Seitenwunde floss, die ihm gestochen worden war, aufgefangen wurde. Es ist das Blut des Erlösers, das wie Wein getrunken wird. Die Grundlage dafür ist das letzte Abendmahl, das Jesus mit seinen Jüngern feiert: »Und indem sie aßen, nahm Jesus das Brot, dankte und brach's und gab's ihnen und sprach: Nehmet, esset; das ist mein Leib. Und nahm den Kelch, dankte und gab ihnen den; und sie tranken alle daraus. Und er sprach zu ihnen: Das ist mein Blut [...].«[145] Nietzsche erinnert daran, dass die Identität von Wein und Blut auch gleichzeitig die Identität von Erlösung und Grausamkeit bedeutet. Denn Blut fließt nur, wenn zuvor ein Schmerz zugefügt worden ist. Und das verweist wieder darauf, dass es eine vielleicht historische, zumindest geistige Verwandtschaft zwischen Dionysos, dem antiken, und Jesus, dem christlichen Gott, gibt. Denn Dionysos war ein Gott, dem genau das widerfahren ist, was bei Jesus zentral wird: Er hat sich geopfert, er ist zerschnitten worden, er ist von seinen Anhängerinnen und Anhängern aufgezehrt worden, sein Leib und sein Blut speisten die Adepten, und er ist wiedergeboren worden. Das Kauen und Käuen bekommt hier noch eine andere Bedeutung: Es ist der Leib des Gottes, der hier zerkaut wird, es ist das Blut des Gottes, das als Wein getrunken wird und das trunken macht. Die agrikulturelle Metaphorik, die Jesus und Zarathustra verwenden, erlaubt zudem ein raffiniertes Spiel mit dem Begriff der Reife. Alles Reife will sterben. Wenn die Zeit erfüllt ist und die Ernte eingebracht werden kann, muss etwas zu Ende gehen. Das heißt nicht, dass jedes Sterben Resultat eines Reifungsprozesses ist, aber jeder Reifungsprozess mündet in ein Absterben. Nur das Unreife, dies ein genialer Gedanke Zarathustras, will leben. Nur das Unreife kann leben. Wehe! Das ist der ewige Triumph der Jugend: Auf ihrer Seite ist das Leben, aber es ist das unreife, unvollkommene, noch nicht erfüllte, es ist das ungenügende Leben. Aber ein anderes ist nicht zu haben. Und noch einmal: Wehe!

Und deshalb stößt es dann aus Zarathustra hervor: »Weh spricht: ›Vergeh! Weg, du Wehe!‹ Aber Alles, was leidet, will leben, dass es reif werde und lustig und sehnsüchtig, – sehnsüchtig nach Fernerem, Höherem, Hellerem.« (KSA 4, 401) In dieser Sequenz wird deutlich, wem der kategorische Imperativ des Schmerzes, dieses »Vergeh!«, gilt: Weg mit dir, du Wehe! Aber was ist jetzt dieses Wehe? Der Sprachkünstler Nietzsche arbeitet sehr eigenwillig und präzise mit der Doppeldeutigkeit von Weh. Weh kann ein Ausdruck oder anderes Wort für Leid und Schmerz sein, das Weh als Wehe aber wird zur Drohung – Wehe dir! Nicht nur das unmittelbare Weh und das Leid sollen verschwinden, auch das Verhängnis, das über dem Menschen liegt, die Drohung des misslungenen Lebens, möchte damit abgewehrt werden. Das Leidende ist nicht das Reife. Das Reife, das Zu-sich-Gekommene, das Erlöste leidet nicht mehr. Nebenbei: Auch das erinnert an Wagners *Parsifal*. Parsifal ist die Erlöserfigur, die einen gepeinigten Menschen, nämlich den mit einer unheilbaren Wunde geschlagenen Gralskönig Amfortas, von seinem Leiden erlöst. Dieser verliert dafür die Herrschaft. Die letzten Worte des Bühnenweihfestspiels von Richard Wagner lauten, kryptisch und mehrdeutig genug: »Erlösung dem Erlöser.«[146] Erlösung ist hier das zentrale Motiv. Aber nur das Reife, zum Sterben Bereite kann erlöst werden. Das Leid, das vergeht, zeigt nicht nur in Wagners *Parsifal*, dass dies den sanften Tod bedeuten kann. Kundry, die rätselhafte Wanderin zwischen den Welten und Zeiten, muss sich diesem Schicksal beugen: »[Sie] sinkt, mit dem Blicke zu ihm auf, vor Parsifal entseelt langsam zu Boden.«[147] Erlösung ist kein Weg zu einem glücklichen Leben. Wir kennen die sehr dramatische Formulierung: Jemanden von seinem Leid erlösen – indem er vom Leben in den Tod gebracht wird. Die Sterbehilfedebatte unserer Tage arbeitet auch mit dieser Gedankenfigur: Das Leben ist zur Genüge gelebt worden, es gibt nichts Neues mehr, es gibt nur noch Schmerz, Krankheit, nichts Unreifes mehr, das noch reifen könnte, keine Glückserwartungen, die noch ihrer Erfüllung harren – Erlösung würde bedeuten, den Menschen von diesem Zustand zu befreien und sein Leben zu beenden. Alles aber, was noch leidet, will auch leben. Das tiefe Weh artikuliert sich hier in einem bedenkenswerten Gedanken: Im Leid, das seine Abwehr impliziert, artikuliert sich am intensivsten der Wille zum Leben. Denn dieses Leid ist nicht Ausdruck des herangereiften und vollendeten Lebens, sondern es ist Moment eines Lebens, das noch »lustig« sein will und »sehnsüchtig nach Fernerem, Höherem, Hellerem« ist. (KSA 4, 401) Lustig: Das meint wohl weniger die Spaßgesellschaft als die Unterwerfung unter den Imperativ der Lust, jener Lust, die noch tiefer ist als alles Herzeleid. Nur das Unvollendete, das Unreife, das in der Tiefe Angelegte und Verborgene, nur das Niedrige kann nach Höherem streben.

Worin aber drückt sich dieser aus dem Leid am Ungenügen geborene Wille zum Leben aus? Es folgt vielleicht einer der abgründigsten Gedanken Nietzsches: »›Ich will Erben, so spricht Alles, was leidet, ich will Kinder, ich will nicht *mich*,‹ – Lust aber will nicht Erben, nicht Kinder, – Lust will sich selber, will Ewigkeit, will Wiederkunft, will Alles-sich-ewig-gleich. Weh spricht: ›Brich, blute, Herz! Wandle, Bein! Flügel, flieg! Hinan! Hinauf! Schmerz!‹ Wohlan! Wohlauf! Oh mein altes Herz: *Weh spricht:* ›*vergeh!*‹« (KSA 4, 401 f.)

Zarathustra riskiert die Behauptung, dass das Leiden als Leiden sich vererben will. Furchtbar. Das Leiden will Erben. Das Leiden soll weitergehen. Ist das nicht eine grausame Vorstellung? Nicht unbedingt. Solange man das Leiden nicht beenden kann, soll es wenigstens weitergehen. Denn Leid bedeutet, noch nicht fertig zu sein. Und genau deshalb gibt es eine Zukunft. Der Sinn der nachfolgenden Generationen liegt in den Defiziten und Versäumnissen der Lebenden. Wir vererben nicht nur Vermögen, wir vererben vor allem Wunden. Diese Deutung entspricht unserem Umgang mit diesem Problem. Die moderne Geschichtsphilosophie geht spätestens seit Hegel davon aus, dass die offenen Probleme unserer Zeit durch unsere Nachkommen gelöst werden können. Unser Leid, unsere Fehler, unsere Versäumnisse, unsere Verbrechen verlangen geradezu nach Erben, die vielleicht die Möglichkeit haben, das besser zu machen, zu vollenden, was wir bestenfalls als Ansätze übermitteln können und worunter wir leiden. Das geht bis in die banalsten Dinge unserer Alltagskultur. Die Älteren sind mit der Digitalisierung und der Automatisierung vollkommen überfordert, sie leiden daran, es tut weh, dass sie diese Geräte nicht beherrschen, aber die Erben, die Nachkommen, die Digital Natives gehen spielerisch damit um, lustvoll, sie beherrschen die neue Technologie souverän. Das ist wohl eine Verklärung der Jugend, ein romantischer Traum, der befreit und tröstet. Doch darin bestätigt sich Nietzsches These: Das Leid, das Ungenügen, das sich nicht selbst zum Vergehen bringen kann, muss auf das Fernere, das Höhere, das Hellere, muss – nennen es wir beim Wort – auf die Zukunft hoffen. Und deshalb ist gegenwärtig so viel von Zukunft die Rede. Wir müssen alles auf die Zukunft setzen, die Zukunft wird alle die Probleme lösen, die wir nicht lösen können. Weil es aber Probleme sind, die wir nicht lösen können, leiden wir darunter, also ist es völlig klar: Leid will Erben. Alles, was leidet, will Kinder. Das heißt aber auch, alles, was leidet, will nicht sich selbst. Was zwingend ist: Mich als Leidenden kann ich ja nicht wollen. Wenn ich den Zustand in unserer Gesellschaft als unbefriedigend, als schmerzhaft, als ungerecht empfinde, kann ich weder mich noch die Gesellschaft affirmieren. Aber in der Zukunft wird es besser werden. Ich bejahe dadurch nicht mich, sondern ich bejahe, wenn überhaupt, eine Zukunft, die mir noch nicht verfügbar ist, ich vertraue auf eine Zukunft, die sich in den Kindern, in den Erben materialisieren wird.

Und dann setzt Nietzsche diesen großen Kontrapunkt: Die Lust will nicht Erben, sie will auch keine Kinder, die Lust will nichts als sich selbst. Die Schmerzen des Körpers und der Seele können als Botschaft interpretiert werden, als Aufforderung, tätig zu werden: entweder den Schmerz zum Vergehen zu bringen, sich selbst zum Vergehen zu bringen oder Kinder zu zeugen oder zu gebären, die in Zukunft das zur Vollendung bringen können, an dem wir jetzt leiden. Nebenbei: Die Medizintechnologie lebt von diesem Gedanken, wir leiden und sterben jetzt noch an Herz-Kreislauf-Erkrankungen, an Krebs, an Alzheimer, an Covid-19, aber in Zukunft, wenn wir die richtigen Impfstoffe und Gentherapien entwickelt haben, wird keiner mehr darunter leiden. Der Schmerz ist eine Botschaft, und diese Botschaft erfordert eine Reaktion von uns: den Schmerz aushalten, den Schmerz bekämpfen, die Bekämpfung des Schmerzes in die Zukunft verlegen oder uns selbst diesem Schmerz unterwerfen bis hin zum Versuch, sich selbst zum Verschwinden zu bringen. Die Lust hingegen sagt gar nichts. Die Lust ist keine Botschaft. Die Lust fordert uns auch nicht auf, etwas zu tun, sondern die Lust will sich selbst. Die Lust will nichts anderes als sich. Man könnte jetzt etwas pathetisch formulieren: In der Lust haben wir uns ganz verloren, weil wir ganz bei uns sind und nicht an etwas anderes, schon gar nicht an die Zukunft denken. In der Lust sind wir reine Unmittelbarkeit.

Die Lust kennt keine Vergangenheit, keine Erinnerung, sie muss nichts wiederkäuen, sie kennt auch keine Zukunft, sie muss nichts hinausschieben, nichts verlagern. Dadurch aber kann und muss sie auch für nichts einstehen. »Weh spricht: ›Brich, blute, Herz!‹« Noch einmal: Herzeleid. Es ist nicht nur der körperliche Schmerz, es ist in erster Linie der seelische Schmerz, der diese Spannungen evoziert und zum großen Aufbruch animiert: »Wandle, Bein!« Geh also, versuche zu vergehen, versuche dem Weh zu entgehen, »Flügel, flieg! Hinan! Hinauf!«, sogar wenn du dem Schmerz nicht entkommst. »Oh mein altes Herz« – in diesem Aus- und Anruf offenbart sich nicht nur das Lebensalter, sondern auch der Gedanke an die historische Tiefendimension dieses Schmerzes. Und dieses alte Herz, dieser alte Schmerz spricht unmissverständlich zu uns: Vergeh! Geh weg, ich soll weggehen, der Schmerz soll weggehen, wir sollen uns bewegen, wir sollen von uns weggehen. Der Schmerz entzweit uns mit uns selbst, weil er uns in seiner Ambivalenz auf unsere eigene Widersprüchlichkeit aufmerksam macht. Im Weh sind wir Zerrissene, die sich haben und nicht haben wollen. In der unmittelbaren Pein spüren wir uns in ungeahnter Intensität und wollen uns in dieser doch nicht haben. Nur in der Lust sind wir bei uns, aber die Lust spricht nicht zu uns. Die Reflexion und damit die Erkenntnis müssen den Weg des Schmerzes gehen.

Zehn!
Doch alle Lust will Ewigkeit –,

DOCH ALLE LUST will Ewigkeit. Der zehnte Glockenschlag, nur noch zwei Herzschläge von der Mitternacht entfernt, bringt einen gleichermaßen zentralen wie umstrittenen Begriff Nietzsches zum mystischen Erklingen: Ewigkeit. Zumindest als Formel ist Nietzsches – oder Zarathustras – Lehre von der ewigen Wiederkehr des Gleichen noch immer gegenwärtig, nahezu ins Alltagsbewusstsein abgesunken. Die Schlussverse des *Mitternachtsliedes*, diese Apotheose von Lust und Ewigkeit, unter diesem Aspekt zu sehen, liegt nahe. Doch Vorsicht: Ob sich diese Zeilen in Nietzsches umstrittene Wiederkunftsthese einbetten lassen, ob sie überhaupt dazu in Beziehung gebracht werden müssen, ist alles andere als selbstverständlich. Besser ist es, sich auch in Hinblick auf diesen bedeutungsschwangeren, pathetischen Begriff der Ewigkeit auf die innere Dynamik des *Mitternachtsliedes* zu verlassen, die in ihrer atemberaubenden Konzentration und Dichte immer wieder für überraschende Wendungen sorgen wird.

Doch alle Lust will Ewigkeit! Bevor wir nach der Beschaffenheit dieser Lust und nach der Bedeutung dieses schweren Begriffs der Ewigkeit fragen, sei auf eine entscheidende Kleinigkeit verwiesen: Weh *spricht*. Lust aber *will*. In der Lust, in der Lusterfahrung, im Lusterlebnis, im Lustgefühl nehmen wir den Körper und seine Empfindungen nicht wie beim Schmerz als Signale wahr. In der Regel denken wir bei der Lust nicht wie beim Schmerz daran, einen Therapeuten aufzusuchen – außer wir interpretieren die eigenen Lusterfahrungsmöglichkeiten als pathologisch, also als schmerzhaft. Dann fielen Lust und Schmerz zusammen und versetzten uns in einen Widerstreit zwischen dem Beharrungsvermögen der Lust und dem Schrei einer Qual, die vergehen soll. Lust als Lust jedoch, phänomenologisch und nicht als pathologische Abirrung unseres Körpers verstanden, spricht nicht zu uns, gibt uns keine Auskunft, tritt in keine Kommunikation mit uns, sondern sie will etwas: Ewigkeit. Lust will nicht aufhören, sie will Dauer – das wäre zumindest eine naheliegende Interpretation. Das könnte ganz knapp auch wie folgt formuliert werden: Alles, von dem wir wollen, dass es vergeht, ist eine Form des Schmerzes. Wenn wir von einer Sache den Eindruck haben, es wäre gut, wenn das bald zu Ende ginge, muss diese Sache wehtun oder wehgetan haben. Wenn hingegen etwas nicht beendet werden soll, wenn wir wollen, dass etwas bleibt, wenn wir einer Beziehung, einer Erfahrung oder einem Gegenstand Dauer verleihen wollen, dann offensichtlich deshalb, weil er uns Lust bereitet. Und schon der von Nietzsche verehrte Baruch Spinoza wusste, dass wir Dinge, denen wir zuschreiben, für unsere Lust verantwortlich zu sein, lieben werden und sie immer bei uns und in unserer Nähe behalten wollen. Wir wären nicht bei Sinnen, wenn wir freiwillig auf etwas verzichten würden, das uns Lust bereitet. Lust besteht im Gegenteil zum Leid darin, dass wir nicht wollen können, dass sie endigt. Nur was wehtut, soll vergehen, Lust jedoch soll bleiben. Ach, wenn es so einfach wäre!

Gehen wir einmal davon aus, Ewigkeit hätte hier nur die saloppe Bedeutung von Dauerhaftigkeit: Es soll nicht aufhören. Wir wissen allerdings, dass alles irgendwann aufhört und aufhören muss, weil wir in einer endlichen Welt leben, in der auch unsere Lüste endlich sind. Dazu kommt, dass Lust eine Dynamik entfaltet, die auf einen Höhepunkt zustrebt, der gleichzeitig das Ende der Lusterfahrung bedeutet. Lust ist in sich paradoxal strukturiert. Sie soll nicht aufhören und dennoch möglichst schnell zu ihrem Höhepunkt und damit zu ihrem Ende kommen. Die Kunst wäre, die Intensität aufrechtzuerhalten und das Ende zu verschieben, ohne dass die Lust schal wird. Unzählige Lehrbücher der Erotik versprechen jene Kunstgriffe, die es erlauben, die Lüste hinauszuzögern, den sexuellen Höhepunkt, der nicht zu Unrecht als *petite mort*, als »kleiner Tod«, beschrieben wurde, hinauszuschieben, womöglich ganz auf ihn zu verzichten. In diesem Fall verfehlte man aber das Triebziel, das einen Höhepunkt und ein Ende will. Die Intensität der Lust wüchse nach diesen Konzepten mit der Fähigkeit, auf die finale Befriedigung zu verzichten. Wäre Ewigkeit das, dann wollte die Lust wohl die ewige Anspannung, die dauerhafte Vorbereitung, die unendliche Steigerung – nicht jedoch die Erfüllung. Auch wenn es etwas entlegen scheint: Liegt nicht dem Wachstumsparadigma der bürgerlichen Gesellschaft eine ähnliche Konzeption zugrunde? Die Befriedigung von Grundbedürfnissen könnte längst gewährleistet sein, doch die Lust als Begleiterscheinung dieser Satisfaktionen will nicht aufhören. Also müssen neue Bedürfnisse produziert werden, die ihrer Befriedigung harren. Für Karl Marx war dies gar eine anthropologische Grundbestimmung des Menschen: »Die Erzeugung neuer Bedürfnisse ist die erste geschichtliche Tat.«[148] Das kann ewig so weitergehen.

Aber lässt sich Ewigkeit wirklich auf unendliche Dauer reduzieren? Und bedeutet dieses »will« tatsächlich, dass ein Zustand erreicht werden soll, der auch erreicht werden könnte? Ist es nicht so, gerade was die schönen Dinge des Lebens betrifft, dass wir etwas wollen, von dem wir wissen, dass wir es nicht erreichen werden? Solch ein Wille ist stärker als ein frommer Wunsch, denn er hält an etwas fest, setzt etwas in Bewegung;

aber er ist doch von Vergeblichkeit gekennzeichnet, bleibt uneingelöst, ein Wille, der weiß, dass er an seine Grenzen stoßen wird, auch wenn ihm das als widersinnig erscheinen mag. Wohl will alle Lust Ewigkeit, aber dieses Wollen könnte prinzipiell vergebens sein. Es ist ein beharrendes Wollen, das bei sich bleiben muss, nicht verwirklicht werden kann, aber eine tiefe Sehnsucht hinterlässt. Es ist ein Wollen, das vor der Realität nicht kapituliert, aber stets von neuem an ihr scheitert. Es ist ein Begehren, das nicht erfüllt werden kann, denn Ewigkeit ist in einem endlichen Lebensprogramm nicht vorgesehen.

Doch alle Lust will Ewigkeit. Lust und Ewigkeit sind zweifellos die bedeutungsstarken zentralen Begriffe dieser mitternächtlichen Botschaft. Man ist geneigt, das einleitend-verbindende »doch« zu übersehen. Zu offenkundig stellt dieses Adverb eine oppositionelle Beziehung zum vorhergehenden Weh her: Der Schmerz soll vergehen, die Lust hingegen will Dauer. Eine kleine Bedeutungsverschiebung ergibt sich schon, wenn man dieses »doch« auf die Möglichkeit des Gefühls einer ambivalenten Schmerzlust bezieht. Wenn es Erfahrungen gibt, die einerseits wehtun, andererseits Lust verschaffen, versetzen diese das betroffene Subjekt in eine unerträgliche Spannung: Den Schmerz möchte man fliehen, doch die damit verbundene Lust will bleiben. In dieser Lesart verwandelt sich die Zeile »Doch alle Lust will Ewigkeit« in einen resignativen Stoßseufzer. Gerne würden wir die Schmerzen zum Verschwinden bringen, doch die Lust, die Ewigkeit will, die uns weitertreibt, zwingt uns dazu, den Schmerz auszuhalten, denn dieser ist der Preis der Lust.

Diese Ambivalenz spitzt sich zu und eröffnet eine neue Perspektive, wenn man sich vergegenwärtigt, dass Zarathustra in seiner Selbstauslegung des *Mitternachtsliedes*, die er seinen Gefährten, den höheren Menschen, vorträgt, diese Zeile folgendermaßen zitiert: »Denn alle Lust will – Ewigkeit!« (KSA 4, 402) Hat sich Zarathustra an der Glocke verhört? Oder hat er seinen Text nicht mehr richtig im Gedächtnis? Aus dem bekannten »Doch alle Lust will Ewigkeit« macht er im Furor der Ansprache an seine Gefährten ein »Denn alle Lust will Ewigkeit« und gibt damit dem Schluss des *Mitternachtsliedes* eine neue Wendung. Mit dem »Denn« ist eine Kausalbeziehung zwischen dem Weh, dem Leid, das vergehen soll, und der Lust, die bleiben will, hergestellt – so, als wollte die Lust ihre Ewigkeit, *weil* das Weh diesem Imperativ des Vergehens unterliegt. Dieses selten bemerkte »Denn« steht in engem Zusammenhang mit den Worten, durch die Zarathustra seine Zuhörer auf die Schlusspointe des *Mitternachtsliedes* vorbereiten will.

Zarathustra begann seine Ansprache mit einer eher seltsamen Frage an die Gefährten: »Ihr höheren Menschen, was dünket euch? Bin ich ein Wahrsager? Ein Träumender? Trunkener? Ein Traumdeuter? Eine Mitternachts-Glocke?« (KSA 4, 402) Zarathustra bezieht alle Bestimmungsstücke des *Mitternachtsliedes* auf sich selbst. Er ist der Schlaf, der Traum, das Erwachen, der Glockenschlag. Und er fragt weiter: Bin ich »ein Tropfen Thau's? Ein Dunst und Duft der Ewigkeit?« (KSA 4, 402) Hier ist es, dieses schwere Wort der Ewigkeit, und zwar in einer ganz leichten, flüchtigen, aromatischen Form, ein Duft, der uns anweht. Das ist noch nicht die Ewigkeit selbst, sondern ihre Spur, gedacht für feine Nasen.

Wie riecht aber die Ewigkeit? Das ist die Frage, die sich hier Zarathustra stellt: Spürt ihr an mir den Duft der Ewigkeit, einen Hauch, den man riechen kann? Wie existentielle Bestimmungen des Daseins riechen und schmecken können, ist ein Gedanke, den vor Nietzsche schon Sören Kierkegaard gehabt hat. Einer seiner Protagonisten bekennt: »Mein Leben ist bis zum Äußersten gebracht; es ekelt mich des Daseins, welches unschmackhaft ist, ohne Salz und Sinn […] Man steckt den Finger in die Erde, um zu riechen, in welch einem Lande man ist, ich stecke den Finger ins Dasein – es riecht nach nichts.«[149]

Von der existentiellen Verzweiflung Kierkegaards ist Zarathustra in dieser Nacht weit entfernt. »Hört ihr's nicht? Riecht ihr's nicht?«, ruft er seinen Gefährten zu, die Ewigkeit erscheint als Rausch der Sinne, dröhnende Glockenschläge und ein betörendes Aroma, das wenig zu tun hat mit dem Geruch von »Eternity«, dem schon einmal erwähnten Parfum. Und doch: Gleich diesem erfüllt sich die Ewigkeit vielleicht in einer zarten Andeutung, in einer flüchtigen Begegnung, in einer Duftcharakteristik, die alles Verfaulende der Vergänglichkeit abgeworfen hat.

Zarathustra setzt seine eindringliche Ansprache fort: »Eben ward meine Welt vollkommen, Mitternacht ist auch Mittag, – Schmerz ist auch eine Lust, Fluch ist auch ein Segen, Nacht ist auch eine Sonne, – geht davon oder ihr lernt: ein Weiser ist auch ein Narr.« (KSA 4, 402) Alles, worum es im Leben geht, enthält auch sein Gegenteil in sich. Nietzsche betreibt hier keine Dialektik in einem krypto-hegelianischen Sinn, es ist kein Denken, das sich über Widersprüche weitertreibt, sondern es ist eine Variante von Nietzsches Perspektivismus, die an den Dingen selbst ihre schillernde Mehrdeutigkeit wahrnimmt. Der Schmerz verbirgt in sich eine Lust. Das, was uns wehtut und von dem wir wollen, dass es vergeht, sollte vielleicht doch auch bleiben. Ein Fluch erweist sich unter bestimmten Aspekten als Segen, eine Nacht kann etwas zum Leuchten bringen, der blendende Blitz der Erkenntnis ermöglicht in dunklen Stunden einen Blick auf die Wahrheit. Die Gleichsetzung von Mitternacht und Mittag spielt nicht nur mit dem Zwölf-Stunden-Rhythmus, sondern auch mit der Idee des Höhe- und Wendepunkts eines zyklischen Zeitablaufes, die damit verbunden ist: Das Ende ist ein Anfang. Es gibt keine eindeutigen Bestimmungen, der Weise ist ein Narr, der Narr ein Weiser. Nietzsche hat hier wohl den Hofnarren im

Blick, der immer schon unter seiner Kappe das Privileg hatte, unangenehme Wahrheiten zu verkünden. Gerade an letzterem Beispiel zeigt sich die Schwierigkeit, mit solchen Gleichsetzungen umzugehen. Die Weisheit des Hofnarren ist stets durch dessen Funktion entwertet, die Narrheiten der anerkannten Weisen erscheinen ob ihres sozialen Status als verzeihlich.

Es kann also nicht darum gehen, auf die Markierung von Unterschieden zu verzichten und lediglich zu behaupten, dass alles eins sei. Nicht jede Mitternacht ist auch ein Mittag, nicht jeder Narr ein Weiser. Wohl aber ist jederzeit damit zu rechnen, dass sich die Dinge als ihr Gegenteil entpuppen. Nicht nur, wenn der Mensch seine Perspektive, seinen Blickwinkel im Wortsinn verschiebt, kann solch ein Umschlag stattfinden, auch wenn sich die Situationen ändern, kann sich ein Fluch als Segen, ein vermeintlicher Segen als Fluch erweisen. Damit solche Einsichten nicht zum Kalenderspruch verkommen, müssen sie in ihrer Radikalität erfasst werden. Es ist keine Kleinigkeit und selbst ein veritabler Auslöser von Schmerzen, im Kleinen das Große, in der Nacht den Tag, in der Dummheit die Weisheit zu erblicken. Von solchen Mehrdeutigkeiten und den damit verbundenen Anstrengungen ist freilich eine Zeit frei, die ihre moralischen Haltungen und politischen Überzeugungen auf Eindeutigkeit festlegen muss. Wer hätte heute die Kraft und den Mut, in einer mediokren Figur die darin trotz allem verborgene Größe zu erblicken?

Und dann die Lust. »Sagtet ihr jemals Ja zu Einer Lust? Oh, meine Freunde, so sagtet ihr Ja auch zu allem Wehe. Alle Dinge sind verkettet, verfädelt, verliebt [...].« (KSA 4, 402) Die Worte Zarathustras klingen wie eine frühe Bewerbung der heute grassierenden Netzkultur und haben doch mehr von dieser erfasst, als diese selbst von sich weiß. Nietzsche brauchte kein Internet, um zu wissen, was es bedeutet, wenn eine Welt vernetzt ist.

Aber dann schreibt er: Alle Dinge sind auch verliebt. Auf die Idee sind unsere Netzgurus noch nicht gekommen: dass im Internet der Dinge der Kühlschrank mit dem Smartphone und das Auto mit dem Navigationssystem eine »Liebesbeziehung« eingehen. Nicht nur unsere Einstellung zu den Dingen ist notgedrungen emotional gefärbt, Wechselbeziehungen aller Art nehmen emotionale Bedeutung an, ob wir es wollen oder nicht. Dies ist vielleicht ein Grund, warum gerade über Technik nie ohne Gefühle gesprochen werden kann. Die Dinge suchen einander, und ihre »Verliebtheit« ist natürlich nicht der Ausdruck einer leidenschaftlichen Ekstase, sondern eine Umschreibung für einen mitunter höchst prekären Zusammenhang: In einem vernetzten System sind die Dinge auf Gedeih und Verderb einander verbunden, das eine kann ohne das andere nicht sein. Wer sich in solch ein Netz wechselseitiger technischer Abhängigkeiten einbettet, sollte zumindest Bescheid wissen, mit wem er es zu tun hat. Der Philosoph Günther Anders hatte deshalb schon frühzeitig eine »Soziologie der Dinge« gefordert,[150] da Apparate in ihrer Vernetztheit eine eigene soziale Dynamik entwickeln, die durch unsere einfältige Vorstellung von Technik als Werkzeuggebrauch überhaupt nicht mehr erfasst werden kann. Wie bei allen Liebesbeziehungen führt auch die der Dinge und die zu den Dingen zu einem Ineinander von Lust und Leid, technisch gesprochen zu einer Dialektik von Bequemlichkeit und Abhängigkeit. Für unser Verhältnis zur Technik gilt die Maxime der Leidenschaft: Wir können ohne den anderen nicht mehr sein.

Dass alles verkettet ist, hat einen Preis und eine Voraussetzung: Man kann nicht ein Glied einer Kette isoliert affirmieren, man kann nicht einen Faden aus einem Netz für sich betrachten, man kann ein Liebespaar nicht nur nach dem einen oder dem anderen Teil beurteilen. Dass Lust und Leid ineinander verwoben sind, führt zur Konsequenz, dass die Bejahung der Lust auch die Akzeptanz des Leides zur Voraussetzung hat – und diese Kette reicht prinzipiell tief in die Vergangenheit zurück. Das betrifft die unmittelbar erlebte Lust so gut wie nahezu jedes affirmative Verhältnis zur Welt. Eine Notiz Nietzsches vom Frühjahr 1884 hält einen verblüffenden Gedanken fest: »Grundsatz: jedes Erlebniß, in seine Ursprünge zurückverfolgt, setzt die ganze *Vergangenheit* der Welt voraus. – Ein factum gut heißen, heißt Alles billigen! Aber indem man Alles billigt, billigt man auch alle vorhandenen und gewesenen Billigungen und Verwerfungen!« (KSA 11, 107) Diese Einsicht Nietzsches ist heute, wenn nicht vergessen, so doch in hohem Maße verdrängt. Über den Kolonialismus der Vergangenheit zu klagen und die Globalisierung, die diesen doch notwendig voraussetzt, zu feiern, gehört mittlerweile zum guten Ton. Die Vergangenheit vom Standpunkt der heutigen Moral zu verurteilen, vergisst, dass sich die Gegenwart damit ihrer Grundlagen beraubt. Der Gedanke, dass wir, indem wir die Errungenschaften der Moderne bejahen, auch alle Ungerechtigkeiten, Grausamkeiten und alle Kriege, die zu deren Voraussetzung gehören, bejahen *müssen*, ist freilich unangenehm. Am liebsten wäre es uns doch oft, wir könnten so manche Vergangenheit ungeschehen machen, ohne dabei zu bedenken, dass dies streng genommen unsere Nichtexistenz zur Folge hätte haben müssen. Es mag ehrenwert sein, wenn junge weiße Amerikaner die Kolumbusstatuen stürzen und damit ihr Missfallen über den Initiator kolonialistischer Welterschließung ausdrücken. Nähmen sie diese Kritik ernst, müssten sie sich ins Meer stürzen und dorthin zurückschwimmen, woher ihre Vorfahren sich nach der Neuen Welt aufgemacht hatten. Das tiefe Ungenügen am Leben gründet in einer Verstrickung, in der das Gute nicht ohne das Böse zu haben ist. Man könnte diesen Gedanken vielleicht auch anders formulieren: Wer eine Lust bejaht, sollte sich bewusst sein, dass er damit notwendigerweise auch all das an Leid und Weh und Schmerz bejahen muss, was mit der Lust ursächlich verbunden, mit dieser vernetzt ist, zu ihrer Vorgeschichte gehört. Solche Konsequenz widerstrebt uns allerdings. Gerne hätten wir uns die Vernetzung lockerer gedacht. Doch es lohnt sich, bei Netzwerken aller Art einen Blick darauf zu werfen, wer mit wem vernetzt ist. Auch hier gilt: Die einen sind ohne die anderen nicht zu haben. Die Versuchung liegt nahe, im Netz selbst jenes Verhängnis zu sehen, gegen das es geknüpft worden war.

Was bedeutet es, zu einer Sache, einem Menschen, einem Ereignis, einer Erfahrung »Ja« zu sagen? Zarathustra lässt daran keinen Zweifel: Es bedeutet die Wiederholung; den Wunsch nach einem zweiten Mal, den Impuls, das, was ist, jetzt festzuhalten: »– wolltet ihr jemals Ein Mal Zwei Mal, spracht ihr jemals ›du gefällst mir, Glück! Husch! Augenblick!‹ so wolltet ihr Alles zurück!« (KSA 4, 402) Ach, der Augenblick! »Verweile doch! du bist so schön!« – Goethes Faust hat mit dem Teufel gewettet, dass das Leben ohnehin keine Momente bereithalten könne, die den Wunsch, den Augenblick festzuhalten, aufkommen ließen.[151] Faust ist der durch und durch moderne Mensch, der immer strebend sich bemüht, über sich hinauswachsen will, das Neue ergründen und seine Macht ausdehnen möchte, der keine Befriedigung, keine Ruhe findet, keinen Stillstand duldet, immer über das gerade Erreichte hinauswill, im Jetzt nichts festhalten will. Erst am Ende seiner theatralischen Fahrten und Irrfahrten möchte er, längst erblindet, »im Vorgefühl« eines höchsten Glücks einen Augenblick festhalten, der sich als teuflische Täuschung entpuppt. Kühl kommentiert Mephisto: »Den letzten, schlechten, leeren Augenblick, / Der Arme wünscht ihn festzuhalten.«[152] Wohl verehrte Nietzsche den Autor des *Faust*, und doch entwirft sein Zarathustra ein gegenläufiges Konzept: Es gibt unzählige Situationen, in denen wir eine Lust genießen, die wir festhalten wollen, es ist sinnlos, immer auf das noch intensivere, bessere, auf das vollkommene Erlebnis zu warten. Die Lust aber hat ihren Preis, ihre Kehrseite: Wir wollen sie, wenn sie verflogen ist, wieder zurück. Und nicht nur das: Wir wollen *alles* zurück, *alles* noch einmal durchleben, was diese Lust, diesen Augenblick, den wir bejahen, ermöglicht hat. Und doch kann auch hier der Akzent anders gesetzt werden: Dieses Ja-Sagen bedeutet: Wir *wollen* alles zurück. Und zwar für immer und ewig. Der Wille, den die Lust freisetzt, kann sich nicht bescheiden und rational limitieren, er kann sich nicht die Begrenztheit, Vergänglichkeit und Vergeblichkeit allen Begehrens eingestehen. Zu einer Sache, einem Menschen, einer Entscheidung, einer Erfahrung Ja zu sagen bedeutet, für ewig daran festhalten zu wollen. Wer hier Vorbehalte äußert, hat seine Sache schon verraten, hat das Nein, die Abwehr, die Abkehr und die Verachtung schon in seine nur noch vermeintliche Affirmation eingeschmuggelt. Das *Mitternachtslied* des Zarathustra kennt keinen Pragmatismus, kein: Ja, aber! Wer die Welt in dieser Radikalität bejaht und liebt, der wird dann auch zum Weh, zum Schmerz, zum Leid diesen ungeheuren Satz sagen: »Vergeh, aber komm zurück!« Und jetzt, an dieser Stelle ertönt die Glocke zum zehnten Mal: »Denn alle Lust will – Ewigkeit!« (KSA 4, 402)

Oh, dieses »Denn«. Die Lust muss auch den Schmerz wollen, *denn* sie will bei sich bleiben, nicht enden, will ein Immer-wieder, will die Ewigkeit als festgehaltenen Augenblick, und da sie dies nicht kann, ohne den Schmerz miteinzubeziehen, fordert sie auch diesen ein, holt das Weh zurück, das doch auf immer hätte vergehen sollen. Gerade weil die Lust Ewigkeit will, muss dieser Wille auch wollen, dass der Schmerz zurückkehrt, weil der Schmerz eine notwendige Begleiterscheinung, Vorbedingung und Konsequenz der Lust ist. Die Lust zu wollen, ohne den Schmerz in Kauf zu nehmen, ist nicht denkbar.

Nach dem Ende seiner Rede fordert Zarathustra seine Gefährten, die seltsamen höheren Menschen, auf, diesen Rundgesang, das *Mitternachtslied*, mitzusingen, er ruft noch einmal alle
Verse in Erinnerung, gibt ihnen den Text vor – und bringt den
vorletzten Vers in die ursprüngliche Form zurück: »Doch alle
Lust will Ewigkeit.« Das Weh, das Leid, der Schmerz sollen vergehen, zu ihnen gehört die Vergänglichkeit. Die Lust jedoch will
bleiben. Im »Denn« steckt die Einsicht, dass die Lust stärker ist
als der Schmerz, tiefer als das Herzeleid; sie wird diese negativen
Gefühle weder abwehren noch überwinden, sie wird das Weh
wegen ihres unbedingten Anspruchs bejahen. Eine schmerzbe-
freite Gesellschaft, die wir anstreben, wäre eine lustbefreite Gesellschaft. Intensive Lusterfahrungen sind immer auch intensive
Schmerzerfahrungen. Im »Doch« artikuliert sich eine unauf-
hebbare Differenz: Sofern wir leidende Wesen sind, müssen wir
etwas zum Verschwinden bringen; sofern wir lustempfindende
Wesen sind, wollen wir etwas festhalten. Der Schmerz soll vergehen, aber die Lust will bleiben.

Alle Lust will Ewigkeit. Wie immer wir das Verhältnis der
Lust zum Leid bestimmen, ob als inneren Zusammenhang, ob
als äußerste Differenz – eines können wir mit Sicherheit festhalten: Die Lust als Lust möchte sich gegenüber dem Wechselspiel
von Vergangenheit und Zukunft als reine unmittelbare gegen-
wärtige Erfahrung behaupten. Anders formuliert: Sie möchte
einfach sein. Sie will nicht gewesen sein – erinnerte Lust ist keine –, sie möchte auch nicht irgendwann einmal erst kommen
dürfen. Lust möchte im Strom der Zeit nicht vergehen, sie möchte aus diesem herausragen. Sie ist so auch ein Aufschrei gegen die
Vergänglichkeit an sich, aber auch ein Protest gegen die schalen
Vertröstungen auf eine bessere Zukunft. Sie ist nicht Vorschein
des Todes, mit diesem weder verschwistert noch verschwägert,
sie ist sein anderes. Die Lust ist aber auch kein Vorgefühl einer

utopischen Hoffnung, wohl will Lust Ewigkeit, aber als Lust kann sie nicht warten.

Mit den Schlussversen des *Mitternachtsliedes* »Doch alle Lust will Ewigkeit – / – will tiefe, tiefe Ewigkeit« wendet sich Zarathustra nicht nur an seine Gefährten; mit diesen Versen wendet sich Nietzsche nicht nur an seine Leser; diese Verse hatten einen ganz speziellen Adressaten. Sie waren an jemanden gerichtet, und zwar in kritischer Absicht. Es war eine Widerrede, eine Gegenrede zu einem anderen Gesang, den Nietzsche konterkarieren wollte. Es war der Aufruf zum Leben angesichts der Klänge einer schwülen Todessehnsucht, die an Nietzsches Ohr gedrungen waren. Das *Mitternachtslied*, so zumindest die These der italienischen Nietzscheforscherin Vivetta Vivarelli, richtet sich an und gegen Richard Wagner, wendet die in Wagners Musikdrama *Tristan und Isolde* verkündete ekstatische Einheit von Liebe und Tod in eine dieser »diametral entgegengesetzte Botschaft«.[153] Die »nächtliche Wollust«, die in Wagners *Tristan* nur als Apotheose des Todes möglich ist, verkehrt sich »beinahe zauberhaft« im *Mitternachtslied* des *Zarathustra* in einen »nächtlichen Hymnus an das Leben«.[154] Die besondere Pointe dieser These ergibt sich durch die Beobachtung Vivarellis, dass die Schlüsselbegriffe des *Mitternachtsliedes* von Wagner inspiriert waren, zum Teil wörtlich übernommen wurden. Das bezieht sich nicht nur auf das Herzeleid, das an Parsifals Mutter Herzeleide sinnig erinnert, sondern auch und vor allem auf die raffinierten Spiele von Lust und Schmerz, die Nietzsche im *Tristan* präformiert fand, aber gegen die Wagnerschen Intentionen zu kehren wusste. »Ohne Bangen – / Süß Verlangen / Ohne Wehen / hehr vergehen« konnten Tristan und Isolde in der prekären Liebesnacht singen[155] und damit die Utopie einer Lust ohne Leid beschwören, von der sie wissen, dass sie in diesem Leben nicht zu finden ist. Nietzsche wird aus diesem Reimpaar Wehen / Vergehen die Ontologie des

Schmerzes ableiten, der die Aufforderung zu seiner Beseitigung in sich trägt, aber das Vergehen wird dabei die Tristan-Konnotationen nicht verlieren: Man kann auch vor Lust vergehen!

In Richard Wagners *Tristan und Isolde* wird paradigmatisch ein Liebesverhältnis musikalisch realisiert, das gleichzeitig eine tiefe Leidensbeziehung ist. Die Protagonisten fügen einander von körperlichen Verletzungen bis hin zu peinigenden Seelenschmerzen alles Erdenkliche zu und erfahren dabei die höchste und deshalb radikal rücksichtslose Lust. Dass sich im dritten Aufzug der schwer verwundete Tristan angesichts des Herannahens seiner heilbringenden Isolde in der Liebesekstase die Wunde aufreißt und damit seinem Leben ein Ende setzt, was wiederum Isolde den legendären Liebestod sterben lässt, markiert diese Doppelung von lüsterner Todessehnsucht und tödlicher Lust. Und die Ewigkeit, die Isolde in der Liebestodszene implizit als höchste Lust beschwört, ist nur in einem Moment denkbar, in dem »Tod und Verklärung« – so auch der Titel einer Tondichtung von Richard Strauss – eine Einheit bilden: »Soll ich schlürfen, / untertauchen? / Süß in Düften / mich verhauchen / In dem wogenden Schwall / in dem tönenden Schall, / in des Weltatems wehendem All –, / ertrinken, / versinken –, / unbewusst –, / höchste Lust!« Nach diesen verglimmenden Worten sinkt Isolde, wie es in der Regieanweisung heißt, verklärt auf Tristans Leiche.[156] Rührung und Entrücktheit ergreift die Umstehenden. In diesem Schlussgesang, in »Isoldes Liebestod«, findet sich dieselbe Palette von Sinneswahrnehmungsmöglichkeiten als Ausdruck gesteigerten Begehrens, wie sie Zarathustra zur Erläuterung des Ewigkeitsanspruches der Lust gebraucht. Es wehen die Düfte, klingen die Zeiten, man spürt den Atem der Welt in einer kosmischen Dimension. Das Weltall, der Kosmos – das sind Ewigkeitsmetaphern. In diesem All versinken, in diesem All ertrinken, in diesem psychischen, seelischen, körperlichen

Untergang verspürt Wagners Heldin »unbewusst« ihre höchste Lust.

Richard Wagners um 1857 fertiggestellter Tristan-Text lässt noch offen, wie dieses »unbewusst« zu verstehen sei. Möglich, dass die höchste Lust, die im Angesicht des Todes erfahren wird und zum eigenen Tod führt, nur unbewusst empfunden werden kann: eine Lust, die nie zu sich kommen darf. Möglich aber auch – und das wäre gleichsam eine präfreudianische Lesart –, dass diese höchste Lust unbewusst weiß, dass sie dem Tod verschwistert ist, also die Identität von Eros und Thanatos erahnt. Sigmund Freud wird später im Todestrieb die Kehrseite des libidinösen Verlangens erkennen. Wie immer wir dieses »unbewusst« deuten wollen: Die intensivste Liebesbezeugung, zu der Isolde fähig ist, kann nicht mehr darin bestehen, den Geliebten zu heilen, ins Leben zurückzubringen, sondern sein Sterben zu akzeptieren und darauf mit dem eigenen Liebestod zu antworten. Isolde stirbt in und an dieser Lust. Sie stirbt nicht an einem Herzeleid.

Nietzsches *Mitternachtslied* kann auch als Kontrapunkt zu diesem todesversessenen Verlangen gelesen werden. Wohl kann die Verletzung, der Schmerz, das Leid, das Weh zum Tode führen und damit alles beenden. Doch alle Lust will Ewigkeit. Sie will gerade nicht diese Verschwisterung mit dem Sterben. Die Lust will nicht untergehen, nicht verschwinden, nicht versinken und sich nicht verhauchen. Sie will leben! Es geht nicht darum, sich im Aroma der Ewigkeit aufzulösen, sondern darum, diesen Duft zu spüren und als Lebenselixier zu begreifen. Zarathustras *Mitternachtslied* kann als Gegenprogramm zu Richard Wagners Konzept der Identität von höchster Lust und emphatisch begrüßtem Tod aufgefasst werden. Das Lied enthält in nuce das Programm einer unbedingten Lebensbejahung. Und es ist die Lust, die dieses Leben will. Im Anspruch auf Ewigkeit sind dieser

Wille zum Leben und die damit verbundene Abwehr des Todes artikuliert. Und deshalb irrte Richard Wagner, als er die Lust zu einem Indikator für das Nein-Sagen zum Leben machen wollte. Isolde stirbt nicht in tiefstem Weh, sondern in höchster Lust. Indem sie an ihrer Lust und nicht, wie Parsifals Mutter Herzeleide, am Leid stirbt, verneint Isolde das Leben. Zumindest Zarathustras Phänomenologie der Lust, wie er sie im *Mitternachtslied* anklingen lässt, verdeutlicht: Es ist ein Irrtum zu glauben, dass man in der Lust vergehen will; in der Lust will man bleiben. Und zwar für alle Ewigkeit.

Für alle Ewigkeit? Was bedeutet Ewigkeit in dem Sinne, in dem Friedrich Nietzsche diesen Begriff immer wieder umspielt hat? Und wirft das ein Licht auf die letzten Verse unseres *Mitternachtsliedes*, das in der Gattungsbezeichnung »Rundgesang« und in Zarathustras Benennung als »Noch ein Mal« (KSA 4, 403) den umstrittenen, dennoch zentralen Gedanken Nietzsches von der ewigen Wiederkunft des Gleichen zu enthalten scheint? Diese Formel ist selbst schon rätselhaft. Näher läge es doch, betont man das sich wiederholende Noch-einmal, von einer Wiederkehr zu sprechen. Wohl kennt Nietzsche auch die Formulierung von der ewigen Wiederkehr, gebraucht diese aber nur selten. Der Begriff der Wiederkunft erinnert an die christliche Vorstellung der Parusie, der Wiederkunft Christi am Jüngsten Tag. Wiederkunft ist, genau betrachtet, eine einmalige Nochmaligkeit, nicht unbedingt die regelmäßige Wiederkehr von Ereignissen in einem zyklischen Kreislauf. Die ewige Wiederkunft ist eigentlich ein Paradoxon, so als würde das, was zu Ende gegangen und verschwunden ist, ewig wiederkehren müssen. Das ist ein Gedanke, der sich auch in den antiken Dionysos-Riten, die Nietzsche studiert und von denen er seine Konzeption des Dionysischen entlehnt hatte, findet: der Gott, der immer wieder zugrunde geht und wiedergeboren wird, Jahr für Jahr. Die ewige Wiederkunft gliche dann der Idee der Wiedergeburt, angereichert durch eine zyklische Unendlichkeit.

Dass sich alles wiederholt, dass alles wiederkehrt, war ein Gedanke, den Nietzsche bei vielen Autoren gefunden hat, unter anderem bei Schopenhauer. Bei diesem Denker ist dieses Bild der Wiederkehr Ausdruck eines tiefen Pessimismus. Dass das Elend des Menschen immer wieder von vorne beginnt und es keine Erlösung gibt, dass in der Wiederkehr des traurigen Daseins gerade die Ankunft oder Wiederkunft eines Erlösers ausbleiben muss, macht den Grundzug dieser melancholischen Weltsicht aus. Die Menschen »gleichen Uhrwerken, welche aufgezogen werden und gehen, ohne zu wissen warum; und jedes Mal, daß ein Mensch gezeugt und geboren worden, ist die Uhr des Menschenlebens aufs Neue aufgezogen, um jetzt ihr schon zahllose Male abgespieltes Leierstück abermals zu wiederholen.«[157] Nietzsche, so könnte man dieser Metaphorik gehorchend sagen, möchte dieser Leier ganz neue Töne ablauschen, möchte sie zu einer Glocke umdeuten, die anderes zu verkünden weiß als den ewigen Kreislauf der Tristesse.

Gehen wir einmal davon aus, dass Zarathustras dunkle Lehre von der ewigen Wiederkunft des Gleichen tatsächlich meint, dass alles wiederkehrt und sich auf ewig wiederholt: Dann gilt das nicht nur für die Lust. In der Vorstellung die Wiederholung der Lust zu wollen, den Wunsch zu verspüren, alles Angenehme noch einmal zu erleben, ist eigentlich noch kein besonders aufregender Gedanke und uns aus dem Alltag bestens vertraut. Wer hat noch nicht daran gedacht, Höhepunkte seines Lebens, Glückserfahrungen, Urlaubserlebnisse noch einmal zu erleben? Auch eine Gesellschaft, die stets das Neue sucht, verkennt, wie viel Glück in der Wiederholung liegen kann, übersieht, dass wir geradezu süchtig danach sind, an Orte des Glücks zurückzukehren und die sogenannten unvergesslichen Momente in den sozialen Netzwerken mit der ganzen Welt auf ewig zu teilen. Das, was uns Lust bereitet, noch einmal zu wollen, ist das eine; das andere aber ist, zu begreifen, dass in diesem Noch-einmal auch das Negative, der Schmerz, die dunklen Begleiterscheinungen des Schönen inkludiert sind. Wer die Wiederholung, die Wiederkunft will, muss mit allem rechnen. Und das bedeutet in letzter Konsequenz – und darauf macht Zarathustra aufmerksam –, dass alles Schreckliche, all das, was wir verneinen, was wir bekämpfen, was wir aus unserem Leben mit Erfolg eliminiert haben, ebenfalls wiederkehren könnte. Eine furchtbare Vorstellung. In der Regel gehen wir zumindest in der offiziösen moralisierenden Geschichtsphilosophie davon aus, dass wir alles tun müssen, um die Schrecknisse der Vergangenheit *nicht* zu wiederholen, und dass, nach einem vielzitierten, aber falsch verstandenen Wort von George Santayana nur der gezwungen ist, die Vergangenheit zu wiederholen, der es verabsäumt hat, sich ihr zu stellen. Santayana selbst zielte auf einen anderen Aspekt, der allerdings durchaus mit unserer Thematik zu tun hat: Der Fortschritt in der Entwicklung des Menschen ist nur erkennbar, so der spanisch-amerikanische Philosoph, wenn man sich erinnern und Veränderungen gegenüber der Vergangenheit feststellen kann. Nur dann ist es auch möglich, Dinge nicht mehr zu tun, denn nun weiß man es besser. Fehlt diese Erinnerung, müssen wir unsere Handlungen immer aufs Neue setzen, wir haben keinen Maßstab für Veränderungen. Diesen Maßstab kann nur das Gedächtnis liefern. Wenn gemachte Erfahrungen nicht festgehalten werden können – wie unter »Wilden«, die Santayana offenbar für geschichtslose Menschen hielt –, lebten wir in einer ewigen Kindheit, die alles wiederholen muss, weil es keine Kriterien gibt, an denen sich eine Entwicklung messen ließe.[158] Die beliebte Aufforderung, sich zu erinnern, um die Wiederholung einer Vergangenheit, die man nun moralisch verurteilt, zu vermeiden, lässt sich daraus wohl nur schwer ableiten. Streng betrachtet ist Erinnerungslosigkeit kein moralisches Problem, denn man weiß nicht, dass man etwas tut, das man schon einmal getan hat und besser lassen sollte. Der Imperativ der Erinnerung setzt einen geschärften Sinn für Geschichtlichkeit voraus, der in einer nietzscheanischen Wendung allerdings mit der Einsicht in Konflikt gerät, dass die verwerfliche Vergangenheit zu den Bedingungen des Fortschritts zählen kann. Wie soll man etwas verurteilen, dem man doch alles verdankt?

Nietzsche untersucht nicht die Bedingungen der Möglichkeit, Vergangenheiten nicht wiederholen zu müssen, sondern er behauptet die Unhintergehbarkeit der Wiederkehr. Wiederkehr allein ist aber noch kein Urteil über die Dignität der Dinge. Wenn alles wiederkehrt, wie es die Lehre von der ewigen Wiederkunft des Gleichen verkündet, muss dies kein Grund zur Freude sein. Zarathustra wusste es. Im dritten Teil von *Also sprach Zarathustra* finden sich einige Stoßseufzer des Weisheitslehrers, die dies eindringlich bestätigen: »›Ewig kehrt er wieder, der Mensch, dess du müde bist, der kleine Mensch‹ […] ›ach, der Mensch kehrt ewig wieder! Der kleine Mensch kehrt ewig wieder!‹ […] Allzuklein der Grösste! – Das war mein Überdruss am Menschen! Und ewige Wiederkunft auch des Kleinsten! – Das war mein Überdruss an allem Dasein! Ach, Ekel! Ekel! Ekel! – – Also sprach Zarathustra und seufzte und schauderte.« (KSA 4, 274 f.)

Diese Vorstellung, dass wirklich alles wiederkehrt, sich wiederholt, kann ekelhaft sein. Nietzsche rang schon mit der Frage, was seine Konzeption der ewigen Wiederkunft des Gleichen eigentlich für diejenigen Dinge bedeutet, von denen man nicht wollen kann, dass sie wiederkehren. Alle Lust will Ewigkeit – das kann vielleicht doch bedeuten, dass nur die Lust legitim diese Ewigkeit wollen kann. Damit aber wäre eine Wertung vorgenommen worden, die den Ewigkeitsanspruch der Dinge daran misst, ob und inwiefern sie Ausdruck einer Lust sein können. Das Ekelhafte wäre davon dann ausgenommen. Ekel ist etwas anderes als Schmerz, als das große Weh, das Herzeleid. Schmerz mag der Lust untrennbar beigemischt sein, Ekel nicht. Wohl gehört der Ekel mit Angst und Hass zu den großen Gefühlen der Abwehr, aber der Ekel richtet sich nicht gegen große Bedrohungen, sondern entzündet sich am Kleinen, allzu Nahen, Schmierigen, Verwesenden, Klebrigen, Verdorbenen und Stinkenden. Ekelgefühle sind Nahsinnerfahrungen, nur das, was unsere Nase, gar unseren Gaumen widerwärtig reizt, führt zur typischen Ekelreaktion: dem Erbrechen. Im Ekelgefühl drückt sich immer auch ein herablassender Gestus aus, man hält sich die Nase zu, wendet sich ab. Das Ekelhafte ist ungustiös, lästig, eine Zumutung. Nicht mehr, aber auch nicht weniger. Man will es weghaben. Und dieses Weghabenwollen erlaubt es nicht, dem Ekelhaften gegenüber den Gedanken der ewigen Wiederkunft auch nur zu erwähnen. Hass kann man wollen, Angst, gepaart mit Lust, kann man wollen – Ekel kann man nur vermeiden wollen.

Ist von der ewigen Wiederkunft die Rede, muss eine spezielle Form des Ekels ins Auge gefasst werden: der Ekel am Zuviel, der Ekel am Zu-oft, der Ekel am immer Gleichen, der Überdrussekel. Auch das Angenehmste kann Ekel hervorrufen, wenn es zu viel davon gibt – es genügt, an Cremeschnitten oder Unterhaltungssendungen zu denken. Wenn es stimmen sollte, dass die Lust die Ewigkeit will, dann ist die Lust vielleicht die einzige Erfahrung, die Ekelgefühle nicht kennt. Das trifft sich auch mit der psychologischen Beobachtung, dass vieles, was uns im Alltag als ekelhaft erscheinen mag, in Phasen der Lustempfindung seine Anstößigkeit verliert und erst in anderen Kontexten seine negative Konnotation wiedergewinnen kann. Zarathustra ekelte vor der Kleinheit des Menschen, die vor den vermeintlichen Größen nicht haltmacht. Aber Friedrich Nietzsche hatte selbst seine Schwierigkeiten mit einer ewigen Wiederkunft, die das Ekelhafte einschließen müsste.

Gegen seine eigene Lehre von der ewigen Wiederkunft hat Nietzsche einen zentralen, sehr persönlichen Einwand vorgebracht. Das ist nicht ohne Pikanterie. In seiner intellektuellen Autobiographie *Ecce homo* reflektiert Nietzsche auch sein Verhältnis zu seiner Mutter und seiner Schwester, zwei Frauen, aus deren Bann er sich nie lösen konnte und denen er nach seinem geistigen Zusammenbruch hilflos ausgeliefert war. Seine Schwester Elisabeth, die den von Nietzsche gehassten Antisemiten Bernhard Förster geheiratet hatte, spielte eine maßgebliche, verhängnisvolle Rolle bei der Bearbeitung von Nietzsches Nachlass. Dass eine tendenziöse und ideologisch verzerrte Auswahl daraus unter dem von Nietzsche selbst längst schon wieder verworfenen Titel *Der Wille zur Macht* veröffentlicht wurde, ging in erster Linie auf Elisabeth Förster-Nietzsche zurück. In *Ecce homo* schreibt Nietzsche über sein Verhältnis zu seiner Schwester und seiner Mutter Folgendes: »Wenn ich den tiefsten Gegensatz zu mir suche, die unausrechenbare Gemeinheit der Instinkte, so finde ich immer meine Mutter und Schwester, – mit solcher canaille mich verwandt zu glauben wäre eine Lästerung auf meine Göttlichkeit.« (KSA 6, 268) Nietzsche notierte diese Sätze kurz vor seinem geistigen Zusammenbruch, in einer Zeit, als er die These vertrat, dass er selbst ein »polnischer Edelmann pur sang« sei, dem nicht »ein Tropfen« deutsches Blut beigemischt sei. (KSA 6, 268) In Kenntnis dieses Eingeständnisses erscheint es übrigens umso verwunderlicher, dass manche Nationalsozialisten ausgerechnet in Nietzsche einen Geistesverwandten erkennen wollten. Wie auch immer: Die Behandlung, die er durch Mutter und Schwester erfährt, erlebt Nietzsche als »vollkommene Höllenmaschine«, die ihn genau in seinen höchsten Augenblicken blutig trifft, in jenen Augenblicken der Kreativität, in denen er sich nicht gegen dieses »giftige Gewürm« wehren kann – dazu fehlt ihm die Kraft. (KSA 6, 268) Keine Frage: Vor solch einem giftigen Gewürm kann, ja muss man sich ekeln. Und dann konfrontiert sich Nietzsche selbst mit einer furchtbaren Wahrheit: »Ich bekenne, dass der tiefste Einwand gegen die ›ewige Wiederkunft‹, mein eigentlich abgründlicher Gedanke, immer Mutter und Schwester sind.« (KSA 6, 268)

Die Vorstellung, dass diese beiden Frauen wiederkommen könnten, bis in alle Ewigkeit, muss für Nietzsche schrecklich gewesen sein. Die Existenz dieser Frauen empfand er als schärfstes Argument gegen seine Lehre von der ewigen Wiederkunft, als leibhaftige Widerlegung seines »abgründlichen«, also tiefsten Gedankens. Dieser Gedanke führt tatsächlich in einen Abgrund. Dies mag vor allem auch für jene Variante dieser Lehre gelten, in der Nietzsche, wie wir aus einigen Fragmenten wissen, damit spekuliert hat, ob es sich bei der ewigen Wiederkunft tatsächlich um ein kosmologisches Prinzip handelt: dass alles sich im Universum wiederholen muss, irgendwann einmal. Das klingt abstrus, aber einige moderne Konzepte erinnern von ferne doch an Nietzsches Vermutung. Sollte es eine unendliche Anzahl von Universen geben, ist es theoretisch nicht ausgeschlossen, dass sich immer wieder alles wiederholt. Nietzsches Überlegung ging davon aus, dass die Anzahl der Lebensmöglichkeiten endlich, das Universum aber unendlich ist, und wenn endliche Lebensmöglichkeiten in einem unendlichen Universum stattfinden, dann muss irgendwann einmal das, was schon einmal da war, wiederkehren. Konfrontiert mit seiner Mutter und seiner Schwester sind diese Spekulationen sofort in sich zusammengebrochen.

Ganz anders klingen die gebetsartigen Beschwörungen der Ewigkeit, wie sie Nietzsche seinem Zarathustra an einer anderen

Stelle in den Mund gelegt hat. Hier erscheint die Ewigkeit als offener, verheißungsvoller Horizont. In rhythmischen, wiegenden Elogen auf die Ewigkeit besingt Zarathustra das Meer, er beschwört die »suchende Lust«, die »Seefahrer-Lust«, die »nach Unentdecktem die Segel treibt«, er schwärmt von der Fahrt hinaus ins Ungewisse, wenn »das Grenzenlose« um ihn braust und »Raum und Zeit« weit hinaus glänzen, und er bekennt, dass er in diesem Moment »nach der Ewigkeit brünstig« ist, und nach dem »hochzeitlichen Ring der Ringe«, dem »Ring der Wiederkunft« giert, und dass er, der noch nie ein Weib begehrt hat, mit diesem Weib, mit der Ewigkeit, Kinder möchte: »Denn ich liebe dich, oh Ewigkeit!« (KSA 4, 290)

Nun, die Ewigkeit als Sinnbild der Weiblichkeit zu allegorisieren war dem 19. Jahrhundert kein besonders ungewohnter Gedanke. Goethes *Faust II* endet mit den kryptischen Versen »Das Ewig-Weibliche / Zieht uns hinan.«[159] Was bedeutet es aber, sich mit der Ewigkeit zu vermählen, mit der Ewigkeit Kinder zu zeugen? Alle sieben Strophen dieses Hymnus enden mit dieser Verszeile »Denn ich liebe dich, oh Ewigkeit!« Auch wenn es verführerisch wäre, den erotischen Konnotationen der Ewigkeit nachzugehen und in dieser geschlechtertraditionellen Konzeption den Ewigkeitswillen der Lust an die Erotik der Frau zu binden, scheint ein anderer Gedanke dieser Anrufung produktiver zu sein. Die Lust, die hier beschworen wird, ist die Lust am Entdecken, die Lust am Offenen, die Lust an der Neugier, die Lust am Grenzenlosen, die Lust, die entsteht, wenn man alle Brücken hinter sich abgebrochen hat und mit Frohlocken rufen kann: »Die Küste schwand.« (KSA 4, 290) Es ist die paradigmatische Erkenntnislust, die Neugier des modernen Menschen damit angesprochen. Die Seefahrer-Metaphorik war zur Kennzeichnung des modernen Bewusstseins unerlässlich, sie verbürgte eine Haltung, die sich in unbekannte Weiten vorwagt. Wir sprechen noch immer von Raumschiffen, auch wenn diese keine Meere, sondern die Tiefen des Alls erkunden sollen. Der offene Raum und die offene Zeit glänzen hier dem mutigen Entdecker, und vielleicht hatte Nietzsche dabei auch die Worte Gurnemanz' aus Wagners *Parsifal* im Ohr: »Du siehst, mein Sohn, / zum Raum wird hier die Zeit.«[160] Das ist, wenn man so will, das Raum-Zeit-Kontinuum der Relativitätstheorie avant la lettre. Das moderne Zukunftsdenken, das sich die Zeit als einen unendlichen, linearen und offenen Prozess denkt, trifft sich paradoxerweise mit der Idee der ewigen Wiederkehr. Nietzsche ist an dieser Stelle widersprüchlich. Er feiert die unendliche Weite der Zeit und des Raumes, und müsste als Lehrer der ewigen Wiederkunft des Gleichen doch sagen: Wohin du auch segeln wirst, irgendwann einmal landest du dort, wo du schon immer gewesen bist. Der hochzeitliche Ring der Wiederkunft enthält einerseits den Gedanken des Kreislaufs, einer zyklischen Bewegung in sich, andererseits gebiert diese Vermählung etwas Neues, erkundet oder erschafft unbekannte Welten. Diese aber könnten sich als Varianten des schon Bekannten, Erlebten und Erlittenen erweisen. Die lustvolle Gier nach Neuem kann durch die Erfahrung frustriert werden, dass tatsächlich, wie schon der Prediger des Alten Testamentes wusste, »nichts Neues unter der Sonne« geschieht.[161] Man kann diesen Gedanken Nietzsches auch kritisch gegen den Innovationsfuror unserer Tage wenden, hinter dem sich nur allzu oft das Alte in einer neuen Phrase verbirgt.

Im Ewigkeitsanspruch der Lust steckt der Wille, sich nicht mit dem Üblichen abzufinden. Gleichzeitig findet dieser Wille an der Realität immer seinen Meister. Keine Lust ist ewig, alles endet in Erschöpfung, Langeweile, in der Sehnsucht nach dem neuen, stärkeren, noch unbekannten Reiz. Das macht die Lust wie die Liebe so verhängnisvoll: Sie will bleiben, und muss doch weiter. Und sie weiß es nicht besser, selbst wenn sie es besser weiß. Wilhelm Müller und Franz Schubert wussten davon ein Lied zu singen: »Die Liebe liebt das Wandern, – / Gott hat sie so gemacht – / Von einem zu dem andern – / Fein Liebchen, gute Nacht!«[162]

Elf!

– will tiefe, tiefe Ewigkeit!

DIE LUST WILL nicht nur Ewigkeit. Sie will tiefe Ewigkeit. Die doppelte Nennung dieses zentralen Begriffs des *Mitternachtsliedes* verdankt sich wohl nicht nur dem Rhythmus dieser Verse. Die tiefe Ewigkeit soll schon mit der tiefen Mitternacht, dem tiefen Traum, der tiefen Welt, dem tiefen Weh korrespondieren. Die unterschiedlichen Bedeutungen, die diese Tiefe annehmen kann, sind in der Ewigkeit aufgehoben, alles, was an Schwere mit diesen Tiefen verbunden sein mag, trifft auch die Ewigkeit. Nietzsches Ewigkeit hat nichts von der Leichtigkeit einer fröhlichen Unsterblichkeit, die tiefe Ewigkeit ist nicht nur Ausdruck des Begehrens der Lust, sondern auch eine Hypothek, die alle Lust gezwungen ist, auf sich zu nehmen.

Nietzsche hatte das Konzept der ewigen Wiederkunft des Gleichen seinen »abgründlichen« Gedanken genannt. Eine Notiz macht vielleicht deutlich, was damit gemeint sein kann: »– sehnsüchtig starr blickt er in den Abgrund – den Abgrund, der sich hinab in immer tiefere Tiefen ringelt.« (KSA 11, 333) Wie tief diese Tiefe gehen kann, illustriert ein Aphorismus, der die Vorstellung der ewigen Wiederkunft philosophisch explizit formuliert – allerdings mit einer überraschenden Pointe. Dieser berühmte 341. Abschnitt aus der *Fröhlichen Wissenschaft* trägt den Titel »Das grösste Schwergewicht«. Nietzsche imaginiert einen Dämon, der uns in unserer »einsamsten Einsamkeit« nachschleicht und uns kundtut, dass wir das Leben, das wir führen, »noch einmal und noch unzählige Male« werden leben müssen. Es wird nichts Neues in diesen Leben sein, »sondern jeder Schmerz und jede Lust und jeder Gedanke und Seufzer und alles unsäglich Kleine und Grosse« des Lebens wird wiederkommen, die »ewige Sanduhr des Daseins wird immer wieder umgedreht« und wir mit ihr. Würden wir, so fragt Nietzsche, diesen Dämon nicht verfluchen? Oder wäre ein »ungeheurer Augenblick« denkbar, in dem wir antworten würden: »Du bist ein Gott und nie hörte ich Göttlicheres!« Sollte dieser Gedanke über uns Gewalt gewinnen, er würde uns »verwandeln«, vielleicht sogar »zermalmen«. Denn nun läge bei allem, was wir denken, tun und lassen, die eine Frage als das »grösste Schwergewicht« auf uns: »willst du diess noch einmal und noch unzählige Male?« Oder, anders formuliert: Wie müssten wir uns selbst und dem Leben so gut werden, »um nach Nichts mehr zu verlangen, als nach dieser letzten ewigen Bestätigung und Besiegelung«? (KSA 3, 570)

Was uns Nietzsche hier offeriert, könnte man als ein konjunktivisches Gedankenexperiment bezeichnen: Was wäre, wenn? Gesetzt den Fall, es gäbe einen Dämon, der uns klarmacht, dass das Leben, das wir führen und geführt haben, mit allem, was dabei eine Rolle spielte und von Bedeutung war, von uns in derselben Form, in derselben Reihenfolge noch einmal und noch unzählige Male gelebt werden muss. Der Dämon, mit dem Nietzsche hier spielt, ist übrigens in der Geschichte der Philosophie eine berüchtigte Figur. Sie hat ihren ersten Auftritt als *Daimonion* des Sokrates, als innere, warnende Stimme, wird richtig böse als *genius malignus*, als der übelwollende Dämon des René Descartes, der sich darin gefällt, den Menschen ihre Welt vorzutäuschen, und legt sich ein modernes Gewand als Laplacescher Dämon zu, der in Kenntnis aller Naturgesetze imstande sein sollte, sämtliche Ereignisse des Universums für alle Zeiten vorauszuberechnen. Nietzsches Dämon gehört zu dieser illustren Runde. Er kann als innere Stimme ebenso gedeutet werden wie als böser Geist, der uns einen furchtbaren Gedanken in den Kopf setzt, oder als Genius, der mit der Verkündigung einer Weltformel lockt: Alles kehrt ewig wieder. Dieser Dämon verfolgt allerdings noch eine andere Intention. Er stellt, radikal wie es nur nächtliche Stimmen können, die Frage, was es denn heißt, ein gutes Leben zu führen.

Dieser Dämon fragt nicht nach den physikalischen Möglichkeiten einer zyklischen Zeit, er fragt auch nicht danach, was sich im Laufe der Geschichte der Menschen und der Menschheit stets wiederholt, er erkennt auch nicht in gerne als neu oder innovativ gefeierten Errungenschaften die Wiederkehr des Gleichen, er stellt uns schlicht auf eine Probe: Was wäre, wenn wir uns vorstellten, es kehrte alles wieder? Wie würden wir darauf reagieren, wenn uns jemand verkündete, wir müssten unser Leben noch einmal leben, Tag für Tag? Würden wir im ersten Moment nicht an all das denken, von dem wir froh sind, dass es vorbei ist und sich nicht wiederholt? Und im zweiten Moment fielen uns wahrscheinlich die Weggabelungen unseres Lebens ein, bei denen wir uns, könnten wir dort noch einmal stehen, anders entscheiden würden?

Als moderne Menschen messen wir die moralische Qualität eines geglückten Lebens an Kriterien wie radikaler Offenheit, neuen Perspektiven, kühnen Grenzüberschreitungen, wechselnden Identitäten, ergriffenen Chancen und innovativen Konzepten. Ein Leben lang auf eine Rolle, eine Identität, einen Beruf, einen Partner, eine Anschauung festgelegt zu sein, erscheint uns mittlerweile schlicht reaktionär. Auf der Höhe der Zeit sind wir, wenn wir es kaum erwarten können, dass alles anders wird. Sogar wenn wir wünschen, dass etwas bleibt, glauben wir der Phrase, dass dies nur erreicht werden kann, wenn alles sich ändert.

Wir können, dürfen von einem Menschen, einer Institution, einer Technologie, einer Lebensform nicht mehr sagen: Wie es ist, ist es gut, und deshalb soll es auch weiterhin so sein. Wir glauben an die Veränderung, nicht an die Wiederholung.

Die Vorstellung, wir wären gezwungen, alles noch einmal genauso zu machen, ist furchtbar. Wir sind doch Menschen, wir können, sollen und müssen aus Fehlern lernen, wir können uns verbessern, optimieren, perfektionieren! Würden wir einen Dämon, der uns dazu verurteilte, alles ewig zu wiederholen, nicht tatsächlich verfluchen? Oder gäbe es, und das ist das Entscheidende, den einen ungeheuren Augenblick, den wir erlebt haben und von dem wir wollen können, dass er immer wiederkehrt? Nietzsches Dämon flüstert uns nun ins Ohr, dass wir dem Leben nur dann gut sind, wenn wir imstande sind, uns nicht nur einmal zu solchen ekstatischen Momenten zu bekennen, sondern wieder und immer wieder. Das ist, wohlgemerkt, kein Konservativismus, kein Festhalten an althergebrachten Traditionen, kein unreflektiertes Beharren auf fragwürdigen Positionen. Es ist nur eine Probe aufs Exempel: Wenn wir wirklich etwas richtig finden, von einer Sache, einem Menschen, einem Lebensstil überzeugt sind, dann müssen wir doch wollen, dass sich all dies wiederholt. In dem Moment, in dem uns etwas anderes besser oder attraktiver erscheint, war es wohl für uns nicht gut genug. Bekäme dieser Gedanke der Möglichkeit der Wiederholung über uns Gewalt, er würde uns verwandeln, vielleicht auch zermalmen. Warum? Weil sich nun, müssten wir mit dieser Idee der Wiederholung rechnen, bei allem und jedem, was wir tun, die eine ungeheuerliche Frage stellte: Willst du dieses noch einmal und noch unzählige Male? Vielleicht offenbart diese Frage den Charakter des letzten Verses des *Mitternachtsliedes:* Will tiefe, tiefe Ewigkeit. Welche Lust ist es denn, von der ich wollen kann, dass sie sich ewig wiederholt? Das ist das größte Schwergewicht, das nun auf unserer Seele lastet: Welchen Wert hat denn mein Leben, wenn ich *nicht* will, dass es sich wiederholt?

Die Frage des Dämons eröffnet eine aufregende moralisch-ethische Konzeption. Die Versuchung liegt nahe, diesen Gedanken Nietzsches in einen nahezu kantianisch anmutenden Imperativ umzuformulieren, wenigstens mit diesem zu kontrastieren. Immanuel Kants berühmte Formel lautet: »Handle nur nach derjenigen Maxime, durch die du zugleich wollen kannst, daß sie ein allgemeines Gesetz werde.«[163] Damit ist ein Universalisierungsgebot für jede denkbare Moral ausgesprochen. Die Richtlinie meines Handelns soll jederzeit und überall auch für alle Menschen gelten können, und zwar nicht, weil ich sie meiner Moral unterwerfen will, sondern weil sie aus freien Stücken und aufgrund vernünftiger Überlegungen dieser Maxime ebenfalls zustimmen können. Die Grundlagen meiner Moral sollen also für alle Menschen gelten oder diesen zumindest zumutbar sein. Friedrich Nietzsche hat sich mitunter äußerst kritisch, an manchen Stellen sogar bösartig über Kants kategorischen Imperativ geäußert. Nietzsche vermutete sogar, dass sich hinter der rigorosen Allgemeingültigkeit des kategorischen Imperativs nichts als kleinliche Selbstsucht verberge: »Selbstsucht nämlich ist es, sein Urtheil als Allgemeingesetz zu empfinden; und eine blinde, kleinliche und anspruchslose Selbstsucht hinwiederum, weil sie verräth, dass du dich selber noch nicht entdeckt, dir selber noch kein eigenes, eigenstes Ideal geschaffen hast: – diess nämlich könnte niemals das eines Anderen sein, geschweige denn Aller, Aller!« (KSA 3, 562) Jede Forderung nach der Verallgemeinerbarkeit einer handlungsleitenden Maxime kann nach Nietzsche ein Paradoxon nicht umgehen: Entweder ist dieses Allgemeine nicht meine Maxime, dann bin ich in ihr als motivational handelndes Subjekt ausgelöscht, oder es ist meine Maxime, dann ist es selbstsüchtig, sie allen anderen anzuempfehlen. Zudem wäre es kleinlich, da ich nicht *meine* Maxime zu einem Imperativ erkläre, sondern mich hinter der unterstellten Allgemeingültigkeit verstecke. Nietzsches Kritik des kategorischen Imperativs lässt sich mit jener Formel umschreiben, mit der Günther Anders einmal die unterwürfige Haltung des Menschen gegenüber einer als überlegen empfundenen Technik charakterisiert hatte: »angemaßte Selbsterniedrigung«.[164] Es gibt Gesten der Unterwürfigkeit, die im Grunde Ausdruck von Arroganz und Überheblichkeit sind.

Nietzsche, der Menschenkenner, ventilierte noch ein anderes, sehr scharfes Argument gegen Kants kategorischen Imperativ, den er im Sinne der »Goldenen Regel« versteht, was Kant wohl zurückgewiesen hätte. Für Nietzsche ist dies jedoch klar. Eine Notiz aus dem Herbst 1883 lautet: »Was ich euch thun will, das könntet ihr mir nicht thun! Und was ich nicht will, daß ihr mir thut, warum sollte ich dies euch nicht thun?« (KSA 10, 554) Und wenige Wochen später variierte Nietzsche: »Was ich nicht will, daß ihr mir thut, warum sollte ich dies nicht euch thun dürfen? Und wahrlich, das, was ich euch thun muß, gerade das könntet ihr mir nicht thun!« (KSA 10, 603) Es gibt, so Nietzsche, keinen motivationslogischen Grund, das nicht zu tun, von dem man nicht will, dass es einem angetan wird, denn es gibt weder eine Identität von Tun und Leiden, noch eine von Subjekt und Objekt oder vom Ich und dem Anderen. Es ist, so könnte man salopp formulieren, lediglich eine strategische Machtfrage, ob ich es mir erlauben kann, jemandem etwas anzutun, von dem ich nicht möchte, dass es mir selbst angetan wird. Man kann solch eine Überlegung im kantischen Sinne böse nennen, denn sie setzt das situative Kräfteverhältnis über eine allgemeine Norm. Sofern in der Realität des Handelns Kalküle entworfen werden, dürften sie eher den nietzscheanischen Varianten denn der Goldenen Regel oder gar dem kategorischen Imperativ gehorchen. Das Böse liegt schon darin, dass es keinen Garanten für die tatsächliche Reziprozität von Handlungsweisen gibt.

Im 341. Aphorismus der *Fröhlichen Wissenschaft* entwirft Nietzsche das anti-kantische Modell einer ethischen Maxime, die auf der einen Seite subjektbezogen ist, aber auf der anderen Seite die Idee des Allgemeinen enthält – allerdings in einer prinzipiell anderen Form. Dieser Grundsatz bezieht sich nicht mehr auf andere Menschen, sondern auf die Zeitlichkeit. Wenn man die Einflüsterungen von Nietzsches Dämon zu einem Imperativ umformulierte, dann könnte dies in etwa so lauten: Handle nach derjenigen Maxime, durch die du zugleich wollen kannst, dass du deine Handlungen jederzeit und immer wieder in gleicher Weise vollziehen kannst – bis in alle Ewigkeit. Das nietzscheanische Kriterium zur Überprüfung der moralischen Dignität unserer Handlungen bestünde in der einfachen Frage: Würde ich es noch einmal tun und würde ich wollen, dass ich das, was ich getan habe, immer wieder tun werde? Wenn ich diese Frage zumindest in Form einer inneren Zustimmung bejahen kann, habe ich offensichtlich das Richtige getan. An Handlungen, die ein schales Gefühl hinterlassen, bei denen man froh ist, dass sie vorbei sind, an Aktionen, die man nie wieder oder gar rückgängig machen möchte, war offensichtlich etwas falsch.

Das, was der Dämon uns nahelegt, könnte man auch die Ewigkeitsprobe unserer Handlungen nennen. Nicht dass Nietzsche in diesem Aphorismus davon ausgeht, dass wir tatsächlich gezwungen sind, alle unsere Handlungen bis in alle Ewigkeit zu wiederholen. Er legt uns nur nahe, so zu handeln, *als ob* unsere Handlungen viele Male wiederholt werden müssten. Es liegt damit ein Konjunktiv vor, an dem wir unsere Handlungen überprüfen können. Sollten unsere Handlungen wiederholbar sein: Würden wir diese Wiederholung tatsächlich *wollen*? Das wäre eine Auskunft über die moralische Qualität, die Dignität und die

Würdigkeit unseres Lebens. Dieses Noch-einmal, dieser konjunktivische Imperativ der Wiederholbarkeit enthält ein Urteil über die ethischen Qualitäten des Handelns. In der Vorstellung, ich könnte etwas noch einmal wollen, ich könnte es unzählige Male wollen, liegt die letzte Bestätigung und Besiegelung unserer Handlungen, beziehungsweise der zugrundeliegenden Konzepte und Maximen: »Wie müsstest du dir selber und dem Leben gut werden?« Ja, es geht auch Nietzsche um das gute Leben. Und das gute Leben, wie immer es inhaltlich bestimmt sein mag, ist eines, das als wiederholbar gedacht werden muss. Ein Leben, das von der Einmaligkeit und von einem »endlich vorbei« zehrt, ist kein gutes Leben. Ein Leben, das gedanklich auf die Einmaligkeit setzen muss, ist kein gutes Leben. Ein gutes Leben erfordert eine Zustimmungsfähigkeit, die über den Moment hinausgeht, wenigstens diesen Moment, den berühmten Augenblick, festhalten möchte. In der Realität unserer Handlungen werden wir selten auf tatsächliche Wiederholbarkeit setzen. Aber die Sehnsucht danach ist so stark, dass nahezu alle Kulturen Strategien entwickelt haben, um ihre Handlungen vor diesem unerbittlichen Prüfstein der Zeit zu rechtfertigen: Rituale. Rituale haben die Erinnerung an diesen moralischen Imperativ der Wiederholbarkeit aufbewahrt, sie sind selbst ein Versuch, diesem Imperativ jenseits der Kontingenzen und Wechselfälle des Lebens zu gehorchen. Rituale verweisen in die Zukunft, weil sie in der Vergangenheit schon gültig waren, Rituale versprechen den Akteuren, richtig zu handeln, sofern die Präskriptionen des Rituals befolgt werden, Rituale entlasten so den Einzelnen von der Aufgabe, die Wiederholbarkeit seiner Handlungen zu überprüfen, denn Rituale haben die allgemeine Wiederholbarkeit immer schon unter Beweis gestellt. Das Festhalten an Ritualen, deren Ursprung und Sinn der Ritualgemeinschaft mitunter gar nicht mehr präsent sind, erklärt sich aus dieser Vergewisserung: das moralisch Richtige zu tun, in dem man einer Form, einem Skript, einem vorgegebenen Handlungsablauf mit festen Formeln, Attributen und Gegenständen folgt. Als Akteur in einem Ritual weiß ich nicht nur, *jetzt* richtig zu handeln, sondern ich weiß auch, dass ich *in Zukunft* richtig handeln werde, denn das Ritual wird wiederholt werden. Solch ein Wille zur Wiederholbarkeit kann nicht nur zu erstarrten, zunehmend als dysfunktional empfundenen, einengenden Ritualen führen, sondern geradezu pathologisch werden. Sigmund Freud konstruierte mit wörtlichem Bezug auf die »ewige Wiederkehr des Gleichen«[165] – allerdings ohne den Namen Nietzsches dabei zu erwähnen – einen »Wiederholungszwang«, der die Menschen dazu bringt, bestimmte Konstellationen, Abläufe, Beziehungsmuster, auch tragische Konflikte zwanghaft zu wiederholen. Sich aus solch einem Zwang zu befreien, ist das eine. Aus freien Stücken die Wiederholung zu wollen und damit sein Dasein zu bejahen, ist das andere. Während der Wiederholungszwang Ausdruck der Verzweiflung ist, ist die Möglichkeit der Wiederholbarkeit des Lebens die Geste einer Zustimmung, die umso kostbarer ist, als uns dieses Noch-einmal verwehrt bleibt.

Der letzte Vers, mit dem Zarathustra das *Mitternachtslied* ausschwingen lässt, verleiht diesen Überlegungen zur ewigen Wiederkunft eine besondere Spitze: Vieles in uns sehnt sich danach, dass etwas zu Ende geht, aufhört, verschwindet. Nur die Lust will dieses Noch-einmal und dieses Immer-wieder. Nur sie will tiefe, tiefe Ewigkeit.

Ewigkeit. Damit ist nicht nur eine lineare, unendliche Zeitdauer gemeint. Ewigkeit ist nicht mit Unendlichkeit gleichzusetzen; aber auch nicht ausschließlich mit einem zyklischen Kreislauf der Zeit. Ewigkeit, vor allem in einer theologischen Tradition, die Nietzsche wohl kannte, kann als Gegenentwurf zu jeder Vorstellung von Zeitlichkeit überhaupt aufgefasst werden. Berühmt geworden ist die Reflexion von Aurelius Augustinus über das rätselhafte Phänomen der Zeit. Ausgangspunkt dafür war für den Kirchenvater eine naheliegende, aber doch etwas blasphemisch klingende Frage: Was tat Gott, bevor er Himmel und Erde schuf? Augustinus bemerkt nun dazu: »Ich gebe nicht die Antwort, die einst jemand gegeben haben soll, der mit einem Scherz dieser drängenden Frage auswich: [Gott] machte Höllen für die, die solche Geheimnisse ergründen wollen. Doch Witze helfen nicht zum Wissen. Nein, diese Antwort gebe ich nicht […]. Aber ich sage: Du, unser Gott, bist Schöpfer aller Kreatur, und wenn die Worte Himmel und Erde ein Inbegriff aller Kreatur sind, sage ich getrost: Ehe Gott Himmel und Erde machte, machte er nichts.«[166]

Das Nichts, das Gott machte, ist ernst zu nehmen. Wo nichts gemacht wird, ist auch nichts. Indem Gott einen absoluten Anfang setzt, verliert die Frage, was vor diesem Anfang war, ihren Sinn. Damit hat Augustinus eine erste Antwort auf die Frage nach der Zeit gegeben. Die Zeit ist kein ewiges Prinzip, die Zeit ist Teil der Schöpfung. Es gibt deshalb keine Schöpfung in der Zeit. Erst mit der Schöpfung wurde auch Zeit geschaffen – modern gesagt: Die Zeit ist selbst eine Funktion des Universums. Die Frage, was war *vor* dem Urknall, ist genauso unsinnig wie die Frage, was tat Gott, bevor er Himmel und Erde schuf, denn vor dem Urknall, der »Schöpfung«, hat es keine Zeit gegeben. Es existierte, so Augustinus, noch kein *Bevor*, sondern das, was vorher war, war *Ewigkeit*. Augustinus ist der Erste, der Ewigkeit nicht als unendliche Zeitdauer, sondern als das Außerhalb-von-Zeit-Sein bestimmt. Ewigkeit ist das Zeitlose, das Nicht-Zeitliche, deshalb das nicht zu Verzeitlichende. Später, viel später wird Ludwig Wittgenstein in seinem *Tractatus logico-philosophicus* ähnlich formulieren: »Wenn man unter Ewigkeit nicht unendliche Zeitdauer, sondern Unzeitlichkeit versteht, dann lebt der ewig, der in der Gegenwart lebt.«[167] Man könnte auch sagen, und da schließt sich ein Kreis: Ewigkeit ist Gegenwärtigkeit als radikale Unmittelbarkeit. Aber können wir überhaupt etwas anderes erfahren als Gegenwärtigkeit? Sind die vielbeschworenen Dimensionen der Zeit, nämlich Vergangenheit und Zukunft, überhaupt mögliche Gegenstände unserer Erfahrung? Solange es Zeitreisen nur als Science-Fiction gibt, müssen wir sagen: nein. Tatsächlich hat schon Augustinus darauf aufmerksam gemacht, dass es sich bei Vergangenheit und Zukunft um intrapsychische Zustände handelt, um Erinnerung und Erwartung, genauer um die Gegenwart der Erinnerung und die Gegenwart der Erwartung. Wenn diese inneren seelischen Zustände aber unsere Zeitbegriffe konstituieren und Gegenwärtigkeit als reine Unmittelbarkeit »Ewigkeit« ist, dann bedeutet dies, dass es in dieser Ewigkeit weder Erinnerung noch Erwartung geben kann. In beiden Fällen lebte ich nicht in der Gegenwart, sondern entweder nostalgisch, vielleicht auch reuevoll in der Vergangenheit, oder ängstlich, vielleicht auch hoffnungsfroh in der Zukunft. Die ewige Wiederkunft des Gleichen wäre ein geniales Konzept, das es erlaubt, das Vergangene und Zukünftige in die Gegenwart zu integrieren, ohne diese gedanklich oder emotional verlassen zu müssen: Wenn alles wiederkehrt, kann ich darauf verzichten, die Vergangenheit aufzuarbeiten oder die Zukunft herbeizusehnen. Ich kann dem vielzitierten Imperativ folgen, den Zarathustra einer Ode Pindars entlehnte: »Werde, der du bist.« (KSA 4, 297) Dass Nietzsche seiner intellektuellen Autobiographie *Ecce homo* den Untertitel »Wie man wird, was man ist« gab, überrascht deshalb wenig.

Eher verblüfft ein Gedanke, mit dem Zarathustra seine Gefährten, diese seltsamen höheren Menschen, auf den letzten Vers des *Mitternachtsliedes* vorbereitet: Will tiefe, tiefe Ewigkeit. Klar, es ist die Lust, die Ewigkeit will. Es ist die Lust, die sich aus dem

Zeitstrom herausnehmen will, nicht zurück und nicht nach vorne blicken will. Es ist die Lust, die bei sich bleiben will. Das aber bedeutet noch etwas ganz anderes: »Alle Lust will aller Dinge Ewigkeit.« (KSA 4, 403) Die Lust will nicht nur sich, alle Lust, also jede Form, jede Variante der Lust, will die Ewigkeit *aller Dinge*. Die Lust erfährt sich nur über ihre Objekte, ihr Wille zur Ewigkeit muss sich auf diese ausdehnen bis hin zur Lust an der Ewigkeit des Daseins selbst, was immer dieses auch für uns bereithalten mag. Zarathustras nun folgende Phänomenologie der Lust erklärt diese zu einem alles umspannenden Willen, zu jener Kraft, die auch noch dem Widrigsten etwas Ekstatisches abzugewinnen weiß. Die Lust will deshalb »Honig« und »Hefe«, die »trunkene Mitternacht« und das »vergüldete Abendroth«, sie will »Gräber« und »Gräber-Thränen-Trost«, sie ist »durstiger, herzlicher, hungriger, schrecklicher, heimlicher als alles Weh«, sie will »Liebe« und »Hass«, sie ist »überreich, schenkt, wirft weg, bettelt«, die Lust ist so reich, dass sie »nach Wehe durstet«, nach der »Hölle« und nach der »Welt«, ja, sie sehnt sich sogar nach den »Missrathenen« und dem »Missrathenen«, denn »alle Lust will sich selber«, darum will sie auch das »Herzeleid«! Hier wird deutlich: Der Lust geht es in einem radikalen Sinn um sie selbst. Sie ist nicht Mittel zum Zweck, kein Instrument, sondern reines, pures, selbstzweckhaftes Dasein. Und deshalb kann Zarathustra diese Eloge schließen mit der noch einmal alles bekräftigenden Formel: »Lust will aller Dinge Ewigkeit, will tiefe, tiefe Ewigkeit!« (KSA 4, 403) Sie will die Ewigkeit aller Dinge, weil sie sich selbst will.

Das klingt nicht nur euphorisch. In dieser Selbstauslegung kehren die zentralen Begriffe dieses *Mitternachtsliedes* wieder: die Mitternacht selbst, das Weh, der Schmerz, der Tod, das Grab, das Herzeleid. Lust wird hier als eine Konfiguration beschrieben, die nicht nur das Schöne will, sondern die alles will. Die

Lust ist stärker als der Schmerz, die Lust will nicht wie dieser vergehen, sie will bleiben, zugreifen, alles umfassen. Man darf dies so lesen, dass es nichts gibt, was dem Menschen nicht zum Gegenstand seiner Lust, zum Objekt seiner Begierde werden könnte. Es stimmt nicht, wie es eine lange und große Tradition seit Platon behauptet, dass wir nur das Schöne begehren. In Platons *Gastmahl*, bei dem betrunkene Athener Intellektuelle legendäre Lobreden auf Gott Eros hielten, erzählte Sokrates, was er von einer weisen Priesterin, Diotima, von den Geheimnissen des Begehrens erfahren hatte: Wir begehren das Schöne – aber das Schöne kann uns in mannigfacher Form entgegentreten. Man kann einen schönen Körper begehren, man kann mehrere schöne Körper begehren, man kann eine schöne Seele begehren, man kann eine schöne Form des Wissens begehren und man kann letztlich die reine Idee der Schönheit selbst begehren. Aber immer, sobald wir begehren, unterstellen wir die Schönheit des Begehrten. Nietzsche verkehrte diese Konzeption in ihr Gegenteil. Es ist nicht das Schöne, das wir begehren, sondern wir werden alles, was wir begehren, als schön bezeichnen. Wir können auch das Hässliche, das Kranke, das Missratene, den Hass, die Schmach begehren, aber wir werden es zu etwas Schönem umdeuten. Begehren ist der Wille der Lust, der imstande ist, sich alles zu unterwerfen.

Etwa in der Zeit, als Nietzsche den vierten Teil des *Zarathustra* geschrieben hat, notierte er sich mehrmals folgenden Gedanken: »Der Wille zum Schein, zur Illusion, zur Täuschung, zum Werden und Wechseln ist tiefer, ›metaphysischer‹ als der Wille zur Wahrheit, zur Wirklichkeit, zum Sein: die Lust ist ursprünglicher als der Schmerz; der letztere ist selbst nur die Folge eines Willens zur Lust (– zum Schaffen, Gestalten, zu-Grunde-richten, Zerstören) und, in der höchsten Form, eine Art der Lust ...« (KSA 13, 226) Lust und Schein, Lust und Illusion, Lust und Fiktion werden hier enggeführt, das Entscheidende dabei: Diese Lust an Täuschungen und Selbsttäuschungen aller Art ist »tiefer« – und wieder ein »tief« – als der Wille zur Wahrheit und stärker als die Erfahrung des Schmerzes. Das erinnert noch einmal an jene Überlegungen Nietzsches, die dem Ästhetischen, also der Welt des Scheins, einen ontologischen Vorrang vor der Welt des Leidens einräumten. Die Ewigkeit der Lust wäre an die Erfahrung einer Fiktionalität gebunden, die alle Wirklichkeit überbieten kann. Modell für diese umfassende Lust wäre nicht die einfache Befriedigung physischer Bedürfnisse, sondern die Möglichkeit ihrer Übersteigerung durch Phantasie, Bild, Gesang und Gedicht. Deren Faszinationskraft erlaubt die Ahnung einer Lust, die nicht vergehen will. Überraschenderweise hat schon Immanuel Kant diese Beobachtung gemacht: »Wir weilen bei der Betrachtung des Schönen, weil diese Betrachtung sich selbst stärkt und reproduziert.«[168] Das Ästhetische, der Schein offeriert die Erfahrung einer Lust, die sich aus sich selbst speist und deshalb nicht aufgebraucht werden kann.

In der Lust offenbart sich eine unbändige Freude am Schein, an der Illusion, an der Täuschung und Selbsttäuschung. Daraus speist sich aber auch jene Kraft, die es uns erlaubt, die unterschiedlichsten Schmerzerfahrungen, die Erfahrung der Endlichkeit zu überbieten. Deshalb kann diese Lust sich über alle Bedingtheiten des Daseins hinwegsetzen und aller Dinge Ewigkeit einfordern. Es wäre dann keine gelebte, sondern eine fingierte Ewigkeit, es wäre die Ewigkeit der Kunst. In ihrem wunderbaren Buch *Vita activa oder Vom tätigen Leben* hat Hannah Arendt diesen Gedanken aufgegriffen. In Kunstwerken leuchtet »die Beständigkeit der Welt« auf, das »Währen selbst, in dem sterbliche Menschen eine nicht-sterbliche Heimat finden«.[169] Die Realität dieses Währens ist, gemessen an Zarathustras tiefer Ewigkeit, vielleicht bescheiden. Kunstwerke, die einige Jahrhunderte, wenn es hochkommt, Jahrtausende überdauern, genügen schon diesem Anspruch. Und dennoch liegt etwas Lustvoll-Tröstliches in dem Gedanken, dass wir uns noch immer in Werken zuhause fühlen können, deren Schöpfer seit langer Zeit von dieser Erde verschwunden sind.

Entscheidend dabei ist, dass in der Idee der Hervorbringung oder Ästhetisierung einer Welt schon dieser Wille zur Ewigkeit durchschimmert. Dahinter verbirgt sich die ethische Konnotation der ewigen Wiederkehr: Die Lust, die aller Dinge Ewigkeit will, diese vor dem Vergehen bewahren möchte, spricht damit auch eine besondere Anerkennung aus. Was gibt es Schöneres, als zu sagen: Du gefällst mir. Du sollst bleiben. Für immer. Nachdem alles mit Lust besetzt werden kann, ist damit eine Wertschätzung aller Dinge ausgesprochen. Man könnte diese ästhetische Konzeption von Ewigkeit als großen Einspruch gegen die Vergänglichkeit und Endlichkeit des Daseins deuten. Dieser Einspruch kann in zweifacher Weise geschehen: Einmal protestieren alle Verfahren der Ästhetisierung gegen die Hinfälligkeit und Kontingenz des Daseins. Die Bedeutung von Kunst liegt weniger darin – wie nicht nur in Zeiten von Pandemien gerne behauptet wird –, dass sie ein Lebensmittel sei, sondern vielmehr im Anspruch, uns über die Misslichkeit eines in jeder Hinsicht beschränkten Daseins, also über das Leben selbst, hinwegzuhelfen. Zum anderen liegt in der Fähigkeit, Lust zu empfinden, eine radikale Absage an die Zeit und damit an die Vergänglichkeit des Lebens. Nicht nur will alle Lust Ewigkeit, nicht nur will alle Lust die Ewigkeit aller Dinge, auch die Ewigkeit will die Lust. Ohne diese wäre sie nichts, nicht einmal ein blasser Gedanke. Nur die Vorstellung der ewigen Verdammnis, die Hölle als unendlicher Schmerz, vermag eine ähnliche Faszinationskraft zu entwickeln. Aber jeder, der einmal eine grandiose Höllendarstellung gesehen hat, weiß um die Lust, die gerade in dieser radikalen Negativität liegt. Nur lustvoll ausgemalte Höllen sind von Dauer.

Wenn Ewigkeit unmittelbare Gegenwärtigkeit bedeutet, dann drückt sich der Wille zu dieser Ewigkeit in einem Begehren aus, das sich an allem entzünden, das sich an allem begeistern, das noch im Kleinsten etwas Bewundernswertes, noch im Hässlichsten etwas Schönes wahrnehmen kann. Dieser Reichtum der Lust, von dem Nietzsche hier spricht, ist imstande, das Leben in all seinen Facetten, in den positiven und in den negativen, in den gesunden und in den kranken, in den wohlgeratenen und in den missratenen, in den positiven Affekten wie der Liebe und in den negativen Affekten wie dem Hass zu umfassen. Die Lust ist das Medium, das es den Menschen erlaubt, noch gegensätzliche und einander zutiefst widersprechende Erfahrungen zu synthetisieren. Was Karl Marx dem Geld zutraute, gilt in vielleicht noch höherem Maße für die Lust: »[Das Geld] ist die Verbrüderung der Unmöglichkeiten, es zwingt das sich Widersprechende zum Kuß.«[170] Vielleicht erklärt dies auch den für viele so unverständlichen Zusammenhang von Lust und Geld. In unserem Begehren erleben wir die Welt reichhaltig, weil dieses Begehren so wie das Geld als universelles Tauschmittel keine Grenzen kennt. In allen anderen Formen unseres Daseins erfahren wir uns und die Welt als zutiefst beschnitten. Nur in der Lust werden wir der Vielfalt gerecht – nicht in der Moral. Diese kennt nur Gut und Böse, die Lust kennt auch das Jenseits davon. Und deshalb bedeutet Lust nicht nur schaffen und gestalten, sondern ebenso zugrunde richten und zerstören. Die Lust hat eine destruktive Komponente, der Hass ist eine Form der Liebe, der Schmerz eine Möglichkeit der Lust. Das, so Zarathustra, sollten seine Gefährten lernen und mit ihm in diesen Rundgesang, in das *Mitternachtslied*, einstimmen, dessen Name »Noch ein Mal« lautet, dessen Sinn aber ist: »In alle Ewigkeit«:

Oh Mensch! Gieb Acht!
Was spricht die tiefe Mitternacht?
»Ich schlief, ich schlief –,
»Aus tiefem Traum bin ich erwacht: –
»Die Welt ist tief,
»Und tiefer als der Tag gedacht.
»Tief ist ihr Weh –,
»Lust – tiefer noch als Herzeleid:
»Weh spricht: Vergeh!
»Doch alle Lust will Ewigkeit –,
»– will tiefe, tiefe Ewigkeit!« (KSA 4, 404)

Nach dem finalen Durchgang durch diese Verse stellt sich ein letztes Mal die Frage: Wer spricht hier eigentlich? Wer ist diese tiefe Mitternacht, von der es hieß, sie kann auch der Mittag sein? Was ist das für eine Glocke, die hier schlägt? Eine Kirchenglocke? Eine Sterbeglocke? Eine Hochzeitsglocke? Wer spricht hier? Wer ist aus einem Schlaf erwacht, aus einem Traum? Wer hat geträumt? Ist die tiefe Mitternacht tatsächlich nur eine Allegorie der dunkelsten Stunde? Oder könnte es sein, dass diese Mitternacht eine Metapher ist für ein ganz anderes Subjekt, das spricht, aber nicht genauer definiert wird? Ist die Mitternacht ein Bild für eine ganz bestimmte Form des Erwachens und des Träumens? »Lerntet ihr nun mein Lied?«, (KSA 4, 403) fragt Zarathustra am Ende seine Gefährten, und auch wenn diese offensichtlich nicht ganz verstanden haben, worum es geht, und Zarathustra bedauernd feststellen muss, dass sie nicht seine »rechten Gefährten« sind, (KSA 4, 405) ist dieses Lied eine Lehre in einem größeren Sinn, es ist das Konzentrat einer Philosophie.

Eine Philosophie? Die Frage, wen die Mitternacht symbolisiert, erfährt eine eigentümliche Beantwortung im Großen Festsaal der Universität Wien, der 1365 gegründeten, ehrwürdigen Alma Mater Rudolphina. Wie das? Im Jahr 1894 erteilte das k. k. Ministerium für Kultus und Unterricht den Malern Gustav Klimt und Franz Matsch den Auftrag, die Decke des Festsaals der neuen, von Heinrich von Ferstel gebauten Wiener Universität mit allegorischen Darstellungen der vier klassischen Fakultäten – Philosophie, Medizin, Jurisprudenz, Theologie – auszustatten. Franz Matsch schuf das Sinnbild der Theologie, die drei anderen Fakultäten gestaltete Gustav Klimt zwischen 1896 und 1900. Vor ihrer geplanten Anbringung an der Decke des Festsaals hatte Klimt die Bilder in einer Ausstellung in der Secession zur Besichtigung freigegeben: Sie lösten einen Sturm der Entrüstung aus. Und dies nicht nur, weil einige dieser allegorischen Figuren nackt waren, sondern auch, weil man den Eindruck hatte, Klimt habe den Gedanken moderner Wissenschaft, dem sich die Universität verpflichtet fühlte, nicht verstanden. Diese Einwände trafen auch Klimts allegorische Darstellung der Philosophie. Die Bilder wurden schließlich abgelehnt und von dem Kunstsammler August Lederer und seiner Frau Serena gekauft. Nach dem »Anschluss« wurden der Besitz der Familie Lederer und damit auch die Gemälde »arisiert«, am Ende des Zweiten Weltkrieges verbrannten sie bei einem Bombardement. Den Festsaal der Universität Wien zieren heute Reproduktionen der ursprünglichen Gemälde. Nebenbei: Die von der Zerstörung verschont gebliebene *Theologie* von Franz Matsch hängt in den Räumlichkeiten der Katholisch-Theologischen Fakultät.

Was hat das Schicksal von Klimts Universitätsbildern mit unserem *Mitternachtslied* zu tun? Ganz einfach: Nietzsches Gedicht ist für diese großartigen Gemälde und ihre traurige Geschichte mitverantwortlich. Zumindest ist dies die aufregende These des amerikanischen Kulturwissenschaftlers Carl E. Schorske, die er Ende des zwanzigsten Jahrhunderts in seinem berühmten, wun-

Gustav Klimt: Die Philosophie (Fakultätsbild)

derbaren und immer noch lesenswerten Buch *Fin-de-siècle Vienna* aufgestellt hat. Aus guten Gründen kommt Schorske zu dem Schluss, dass Gustav Klimt, als er die Allegorie der Philosophischen Fakultät, also die »Philosophie«, malte, eine Visualisierung von Nietzsches *Mitternachtslied* aus dem *Zarathustra* versucht hatte. Die Gestalt der Philosophie in Klimts Gemälde erinnert, so Schorske, an die »dunkel rhapsodische Sprache von Zarathustras trunkenem Lied der Mitternacht«, sie eröffnet damit eine neue Sicht der Welt für die junge, intellektuelle Generation dieser Jahre, eine Sicht der Welt, »die zugleich die Lust bejaht und unter der tödlichen Auflösung der Schranken des Ich und der Welt leidet, welche die Lust so will«.[171]

Klimt zeigt in seiner Darstellung der Philosophie den Menschen in seinem ewigen Wechsel und Wandel von Entstehen und Vergehen – Kindheit, Jugend, Alter und Tod –, eingebettet in eine allegorische Darstellung kosmischer Strukturen. Nahezu im Zentrum taucht ein rätselhaftes, vielleicht sphinxartiges Gesicht auf, und am unteren Bildrand sieht man ein zum Teil verhülltes Gesicht einer Frau. Die vertikale Figurengruppe, gleichsam aus der Tiefe auftauchend, anfangs aber sehr zweifelnd, sehr bescheiden noch, mag das Werden und Sterben des Lebens symbolisieren. Das Wissen aber, die moderne Rationalität und logische Klarheit der Vernunft, also das, was die Auftraggeber gerne ins Zentrum gerückt hätten, ist nach unten verbannt, in das Antlitz einer Frau, der Blick ist eher zweifelnd nach oben gerichtet, während die tiefe Wahrheit und Weisheit, die Philosophie selbst, in einem rätselhaft leeren, noch unkonturierten, geheimnisvollen Gesicht aus der Dunkelheit hervorbricht.

Wenn die These stimmt, dass Gustav Klimt sich zu diesem Gemälde durch Nietzsches »Oh Mensch! Gieb Acht! Was spricht die tiefe Mitternacht?« hatte inspirieren lassen, und die allegorisierte Mitternacht als Symbol der Philosophie aufgefasst hat, dann wird verständlich, warum die Vertreter einer positivistischen, am neuzeitlichen Rationalismus orientierten Wissenschaft mit dieser vieldeutigen, enigmatischen Darstellung der Philosophie nicht einverstanden sein konnten. Umgekehrt gilt aber auch: Wenn Gustav Klimts künstlerische Intuition den Gehalt von Zarathustras *Mitternachtslied* adäquat erfasst hat, dann spricht in diesen Versen die ursprüngliche und urgründliche Philosophie selbst zu uns, eine Weisheit, die den Zusammenhang von Lust und Ewigkeit, von Schmerz und Ekstase, von Tiefe und Oberfläche wenigstens dunkel erahnt. Die Mitternacht erweist sich als Allegorie der Philosophie, mit dem »Oh Mensch! Gieb Acht!« erhebt diese ihre warnende Stimme, und sie ist bereit, demjenigen ein Geheimnis zu offenbaren, der Ohren hat zu hören.

Ein Letztes. Die Verse des *Mitternachtsliedes* werden im wahrsten Sinn des Wortes eingeläutet von Glockenschlägen. Die Mitternachtsglocke ist selbst in Zarathustras Eigendeutung dieses Liedes immer thematisch, seit der Väter Tage klingen ihre Schläge nach. Was aber ist das für eine Glocke, die uns hier die Stunde schlägt? Glocken und Glockenschläge haben den Atheisten Nietzsche stets begleitet und sind mehrmals zum Gegenstand von Reminiszenzen und Erinnerungen geworden. Während eines Aufenthaltes in Genua, im März 1876, kritzelt Nietzsche folgende rätselhafte Sätze in ein Notizbuch: »Glockenspiel Abends in Genua – wehmütig schauerlich kindisch. Plato: nichts Sterbliches ist grossen Ernstes würdig.«[172] Dieser Eindruck war offenbar so einprägsam, dass er auch in den ersten Band von *Menschliches, Allzumenschliches* Eingang gefunden hat: »In Genua hörte ich zur Zeit der Abenddämmerung von einem Thurme her ein langes Glockenspiel: das wollte nicht enden und klang, wie unersättlich an sich selber, über das Geräusch der Gassen in den Abendhimmel und die Meerluft hinaus, so schauerlich, so

kindisch zugleich, so wehmuthsvoll. Da gedachte ich der Worte Plato's und fühlte sie auf einmal im Herzen: alles Menschliche insgesammt ist des grossen Ernstes nicht werth; trotzdem – –«
(KSA 2, 354) Dass Kirchenglocken den Pastorensohn wehmütig stimmen können, überrascht nicht; dass sie den Altphilologen an Platon und dessen Kritik der flüchtigen Erscheinungsformen des Daseins erinnern, verwundert auch nicht wirklich; entscheidend aber ist das nun hinzugesetzte, offene »trotzdem«. Es gibt den Einspruch gegen diese Schläge, gegen diese Einsicht; es gibt das Ja.

Ob diese Glocke in Genua für Nietzsche tatsächlich eine »Glocke des Nihilismus« war,[173] die nun im *Mitternachtslied* auf die »azurne Glocke« des Mittags trifft, wie es eine ingeniöse Deutung von Paolo D'Iorio nahelegt,[174] bleibe einmal dahingestellt. Die Bedeutungsvielfalt von Glocken auszuloten ist auf jeden Fall verlockend. Glocken, zumal Kirchenglocken, können zu unterschiedlichsten Anlässen ertönen, ihr Symbolgehalt in der Kultur und Literatur war Nietzsche stets gewärtig, und die Mischung von Wehmut und Schauer, das kindliche, nein: kindische Berührtsein von Glockenklängen und Glockenspielen mag man allenthalben bis heute nachvollziehen können. Und es stimmt wohl, dass seit den Sterbeglocken, die er als Kind beim Begräbnis seines Vaters gehört hat, diese Klänge für ihn einen melancholischen Grundton gehabt haben müssen. Die Verse des *Mitternachtsliedes*, die Gedanken an die Lust, die Ewigkeit will, sind so den Schlägen der Mitternachtsglocke entgegengesetzt, kontrapunktieren diese, beugen sich nicht dem Unerbittlichen.

Und doch könnte alles auch ein klein wenig anders sein. Friedrich Nietzsche, wir erinnern uns, hat seinen *Zarathustra* einmal als Symphonie bezeichnet. Das war nicht nur metaphorisch gemeint, zumindest der junge Nietzsche hatte sich auch als Musiker verstanden, er spielte Klavier und komponierte. Zwar fanden seine Kompositionen keinen Anklang, Hans von Bülow, Wagners Lieblingsdirigent und damals noch mit Wagners späterer Ehefrau Cosima verheiratet, soll sich ziemlich verächtlich über Nietzsches musikalische Versuche geäußert haben, aber diese verraten vielleicht doch einiges, was in jungen Jahren das Denken und Fühlen des späteren Umwerters aller Werte umgetrieben hatte. Abgesehen davon gibt es neben Nietzsche nur wenige Philosophen, die auch Musik geschrieben haben, darunter Jean-Jacques Rousseau, der einige respektable Opern schuf, und Theodor W. Adorno, der bei Alban Berg Komposition studiert hatte. Was Nietzsche betrifft, so gibt es eine Komposition von ihm, die er selbst sehr gemocht hat, so sehr, dass er sie mehrmals überarbeitete und Freunden und Verwandten gegenüber lobte: »Ein sehr hübscher Scherz!« (KSB 3, 240) Das Stück trägt den Titel: *Nachklang einer Sylvesternacht mit Prozessionslied, Bauerntanz und Mitternachtsglocke*.[175] Ein Gedanke, so naheliegend und so selten gedacht: Die Mitternachtsglocke ist die Neujahrsglocke, ist die Silvesterglocke – sie läutet das neue Jahr ein. Sie ist nicht eine beliebige Mitternachtsglocke – »Was spricht die tiefe Mitternacht?« –, sondern markiert die wichtigste Mitternacht des Jahres, die Zäsur des Jahreswechsels. Der Jahreswechsel ist immer beides: Aufbruch und Wiederkehr. Wohl beginnt ein neues Jahr, mit diesem dreht sich jedoch das Rad der Monate, der Tage, der Jahreszeiten unerbittlich weiter, um stets zu sich zurückzukehren. Wir haben hier den späteren Gedanken der ewigen Wiederkehr des Gleichen im musikalisch verdichteten Rhythmus des Jahreswechsels schon antizipiert. Der junge Nietzsche hat dieser Komposition eine inhaltliche Gliederung mitgegeben, drei Teile sind es, die er markierte. Das Stück beginnt mit einem *Prozessionslied*. Eigentlich eine seltsame Bezeichnung, die an die Schwere und Getragenheit, um nicht zu sagen Tiefe einer Trauerprozession erinnert. Dieses wird abgelöst von einem *Bauerntanz*. Unschwer lassen sich Anklänge an das Rauschhafte des dionysischen Tanzes mithören, an die Vitalität unmittelbarer Lust, die sich hier kräftig Ausdruck verschafft. Und der letzte Teil dieser Komposition zitiert die Mitternachtsglocke, das Symbol des Jahreswechsels, des Neubeginns, aber auch der Wiederkehr des Alten. In dieser Komposition spricht der junge Nietzsche in einer anderen Tonart zu uns, in einem anderen Medium, und auch wenn der Tonsetzer bei weitem nicht die Souveränität aufwies wie später der Schriftsteller, so können wir doch in diesem Versuch das Widerspiel von Schmerz und Lust, von Vergänglichkeit und Dauer, von Sterblichkeit und unbändigem Ja-zum-Leben-Sagen erspüren. Wir können in diesem musikalischen Frühwerk die Mitternachtsglocke, die ein neues Jahr einläutet und damit dieses Noch-einmal unterstreicht, schon hörend erahnen. Die spätere finale Anrufung der tiefen Ewigkeit erfolgt allerdings vor dem letzten, dem entscheidenden, dem zwölften Glockenschlag.

Zwölf!

DEM ZWÖLFTEN GLOCKENSCHLAG, der die Nacht und das alte Jahr besiegelt und den Tag und das neue Jahr einläutet, dem dumpfen Vibrieren, mit dem Welt und Mensch, Ach und Weh, Schmerz und Lust, Tiefe und Ewigkeit verklingen, folgt kein Vers. Der letzte Schlag der Totenglocke, der Mittagsglocke, der Mitternachtsglocke, der Neujahrsglocke, der Ewigkeitsglocke bleibt stumm. Nicht einmal ein Seufzer begleitet diesen zwölften Schlag. Wie auch! In ihm klingt das aushauchende »Es ist vollbracht!«[176] mit dem sangesfrohen »Fanget an!«[177] zusammen. Ob dies hohl oder hell, noch einmal wuchtig auftrumpfend oder melancholisch verebbend an unsere Ohren dringt – wir wissen es nicht. Der letzte Ton eines großen Geläutes verhallt unbeschrieben, unkommentiert, ungedeutet, ungehört. Für alle Zeiten.

Nachklang

SO VIEL NACHKLANG war nie. Friedrich Nietzsches *Mitter-nachtslied* hat deutliche Spuren hinterlassen, vor allem in der Musik. Gedichte und Texte von Friedrich Nietzsche erfreuten und erfreuen sich unter Komponisten einer außerordentlichen Beliebtheit, eine in den 70er Jahren des vorigen Jahrhunderts er-stellte Dokumentation der Nietzsche-Vertonungen verzeichnet mehr als zweihundert Werke,[178] und seitdem ist der Faden der musikalischen Anverwandlungen dieses umstrittenen Philo-sophen nicht gerissen. Nur ein Beispiel: Manfred Trojahns er-folgreiche Oper *Orest*, im Jahr 2011 uraufgeführt, stellt über wei-te Strecken eine Auseinandersetzung mit Nietzsches Dionysos-Dithyramben dar.[179] Das *Mitternachtslied* sticht allerdings auch in diesem Zusammenhang hervor, kaum ein deutschsprachiges Gedicht wurde so oft vertont. In allen musikalischen Genres und über die Kontinente verstreut finden sich Beispiele für die Faszi-nation, die dieser exzeptionelle lyrische Text ausübt. Vom späten 19. Jahrhundert bis in die unmittelbare Gegenwart reicht der Rei-gen der Auseinandersetzung mit diesen Versen. Vertonungen, die der klassischen Musik zuzurechnen sind, zählen ebenso dazu wie popkulturelle Adaptionen, Genies haben sich ebenso von Nietzsche inspirieren lassen wie Liebhaber und Dilettanten, auf klassischen Tonträgern findet man diese Kompositionen und Interpretationen ebenso wie auf Youtube, bei Streaming-Diens-ten und in sozialen Netzwerken. Unmöglich, auch nur annä-hernd einen Überblick über diesen vielfältigen und vielgestaltigen Umgang mit Nietzsches *Mitternachtslied* zu geben, aber einige ausgewählte Hinweise seien doch gestattet, zumal jeder dieser Versuche, gleich welcher ästhetischen Qualität, eine spezifische Deutung darstellt, seine je eigenen Akzente setzt, in denen sich auch der Geist der jeweiligen Entstehungszeit widerspiegelt. Versuchen wir also eine eher atmosphärische und durchaus emotional gehaltene Annäherung an diese musikalischen Adaptionen unseres *Mitternachtsliedes*.

Mit Gustav Mahlers Verwendung des *Mitternachtsliedes* im vierten Satz seiner 1886 beendeten und 1902 uraufgeführten *Dritten Symphonie* wurde die naheliegende Engführung von Nietzsche und Musik nicht nur paradigmatisch realisiert, sondern auch eine Lesart des Gedichtes inauguriert, die bis heute unser Verständnis dieser Verse grundiert. Mahler hat dabei – was oft übersehen wird – Nietzsches Text nicht unverändert übernommen, sondern im Sinne seines musikalischen Programms in einigen kleinen, aber entscheidenden Punkten modifiziert. Verse, die Mahlers kompositorische Intentionen stützen, werden wiederholt, damit bekräftigt und unterstrichen, so das anhebende »O Mensch!« und das darauf folgende »Gib acht!«, auch die Zeilen »Tief ist ihr Weh« und »Weh spricht: Vergeh« erklingen zweimal. Mahler hat zudem strukturell in Nietzsches Text eingegriffen, er setzt in dieses konzentrierte Lied, in dem die Reime dicht gedrängt aufeinander verweisen, eine deutliche Zäsur, ein Innehalten im Wort, während die Musik nachdenklich ausschwingend weiterströmt. Danach setzt die Stimme noch einmal mit einem zarten »O Mensch« an. Damit teilt Mahler das kompakte *Mitternachtslied* im Grunde in zwei Strophen. Im Geiste von Mahlers Musik nimmt Nietzsches Lied folgende Gestalt an:

O Mensch! O Mensch!
Gib acht! Gib acht!
Was spricht die tiefe Mitternacht?
Ich schlief, ich schlief –
Aus tiefem Traum bin ich erwacht: –
Die Welt ist tief,
Und tiefer als der Tag gedacht.

O Mensch! O Mensch!
Tief! Tief!
Tief ist ihr Weh –,
Tief ist ihr Weh!
Lust! Lust! – Tiefer noch als Herzeleid:
Weh spricht: Vergeh
Weh spricht: Vergeh
Doch alle Lust will Ewigkeit –,
Will tiefe, tiefe Ewigkeit!

Diese Struktur erlaubt es erst gar nicht, die Schläge von Nietzsches Mitternachtsglocke zu komponieren. Mahler, der ansonsten keine Scheu hatte, Glocken aller Art bis hin zum Gebimmel von Kuhglocken in seinen Symphonien zu verwenden und auch als »Klangsymbol der Ewigkeit« einzusetzen,[180] verzichtet an dieser Stelle auf zwölf präzise, rhythmisierte Schläge zugunsten eines geheimnisvollen, dunklen Fließens, das die Anrufung von Lust und Ewigkeit zu einem großartigen musikalischen Zeitstrom werden lässt. Da Mahler Nietzsches *Also sprach Zarathustra* gut kannte und später die Musikalität dieses Buches hervorhob,[181] ist davon auszugehen, dass dies eine bewusste Entscheidung war und nicht auf eine oberflächliche Textkenntnis zurückzuführen ist. Immerhin wäre es denkbar, dass Mahler zum Zeitpunkt dieser Komposition Nietzsches *Mitternachtslied*

nur in seiner populären Fassung zugänglich gewesen war, losge-
löst aus dem Zusammenhang des *Zarathustra*.

Gustav Mahlers Nietzsche-Vertonung wurde kanonisch. Das
Gefühl einer Epoche schien sich ebenso darin zu verdichten wie
die Anrufung des ewigen Rätsels Mensch, im überwältigenden
Aussingen der Ewigkeit war diese selbst für einen ungeheuren
musikalischen Moment greifbar geworden. Manche hellhörige
Zeitgenossen Mahlers hatten gegen diese Adaption des *Mitternachtsliedes* sehr wohl noch Vorbehalte gehabt. Der einflussreiche Musikkritiker Paul Bekker, der sich stark für die von
ihm so genannte »Neue Musik« einsetzte und Mahler durchaus
schätzte, nannte den vierten Satz der *Dritten Symphonie* eine »ei-
genmächtige Vergewaltigung«[182] von Nietzsches Dichtung. Bekker hatte dies allerdings mit Blick auf eine andere Vertonung des
Mitternachtsliedes geschrieben, die für ihn den Geist des *Zarathustra* wesentlich angemessener erfasste: Im Jahr 1904 wurde
der Komponist und Dirigent Oskar Fried mit der Uraufführung
seines Werkes *Das trunkene Lied* schlagartig berühmt. Fried, der
selbst ein Verehrer und bedeutender Interpret der Werke von
Gustav Mahler war, hatte Teile von Zarathustras Reden an seine
Gefährten für Chor und Orchester gesetzt, das Werk kulminiert
in dem als Doppelfuge komponierten *Mitternachtslied*. Fried
hatte versucht, dem literarischen Kontext der Dichtung und ihren philosophischen Implikationen gerecht zu werden. Damit,
so Bekker, »berührte Fried das innerste Wesen seiner Zeit, taste-
te er […] an ihre geheimsten Regungen«.[183] Leider hat der Ruhm
dieses Werkes die Zeiten nicht überdauert. Fried selbst musste
nach einer vielversprechenden internationalen Dirigentenkar-
riere aufgrund seiner jüdischen Herkunft und seiner politischen
Ansichten vor den Nationalsozialisten fliehen und starb 1941 in
der Sowjetunion unter nicht ganz geklärten Umständen. Erst allmählich wird er als Komponist wiederentdeckt, sein *Trunkenes*

Lied op. 11 hat den Weg in die Konzerthäuser und Aufnahmestudios jedoch noch nicht gefunden.

Ein wenig besser ging es einem anderen Tonsetzer, der sich dem *Mitternachtslied* zugewandt hatte. Nahezu zeitgleich mit Oskar Fried entdeckte der englische Komponist Frederick Delius Nietzsches *Also sprach Zarathustra.* Ähnlich wie Fried rückte Delius dieses Werk in das Zentrum einer voluminösen Nietzsche-Vertonung, der er ursprünglich den deutschen Titel *Eine Messe des Lebens* gegeben hatte. Heute ist dieses 1905 komponierte, 1909 in London unter Thomas Beecham uraufgeführte Werk unter der Bezeichnung *A Mass of Life* bekannt. Bemerkenswert ist, dass Fried und Delius einander seit 1905 persönlich kannten und schätzten, Fried hatte zumindest den Plan, Delius' *A Mass of Life* zu dirigieren.[184] Inwieweit sich die beiden auch über ihre Annäherungen an Nietzsche ausgetauscht hatten, entzieht sich unserer Kenntnis.

Delius' groß angelegte Kantate für Sopran, Alt, Tenor, Bariton, Chor und Orchester stellt eine Weiterentwicklung seiner Vertonung des *Mitternachtsliedes* für Männerchor und Orchester (*Midnight Song*) aus dem Jahr 1898 dar, nun aber wird Zarathustras Rundgesang unmittelbar eingebettet in eine musikalische Auseinandersetzung mit zentralen Stellen aus *Also sprach Zarathustra.* Abgesehen von der daraus ableitbaren Beobachtung, dass Nietzsches internationaler Ruhm noch zu seinen Lebzeiten einsetzte, deutet Delius den *Zarathustra* insgesamt als eine Apotheose des Lebens, als eine Feier der Erde, als ein dionysisches Bekenntnis zur Welt, als tiefe Sehnsucht nach Ewigkeit. Das *Mitternachtslied* wird am Ende des zweiten Teils dieser Zarathustra-Vertonung vom Bariton im Wechsel mit dem Chor vorgetragen und schließlich, wie es Zarathustra fordert, vom Chor und den Solisten, also den »höheren Menschen«, wiederholt. Es bildet jedoch nicht den Schlusspunkt der Komposition, sondern wird gefolgt und finalisiert von Zarathustras Apotheose der Lust und der Ewigkeit, in die alle einstimmen: »Alle Lust will aller Dinge Ewigkeit! [...] O Glück! O Schmerz! O brich Herz! Lust will Ewigkeit! Lust will aller Dinge Ewigkeit! Will tiefe, tiefe Ewigkeit.«[185] Während Gustav Mahler das *Mitternachtslied* dem Programm seiner Symphonie unterwirft, unterwirft Fredrick Delius seine Musik dem Programm des *Zarathustra*. Er weist dem *Mitternachtslied* eine zentrale Stellung zu, ohne es zu isolieren. Delius umgibt in dieser *Messe des Lebens* Nietzsches Denken bewusst mit einer sakralen Aura, die ekstatische Feier des Lebens, der Wille zur Lust wird als säkularer, nahezu heidnischer Gegenentwurf zum liturgischen Geschehen einer christlichen Messe konzipiert. Damit sind wesentliche Züge von Nietzsches *Zarathustra* erfasst, das spätromantische Pathos der Musik erlaubt allerdings keine ironische Distanzierung mehr, wie sie zumindest der vierte Teil von *Also sprach Zarathustra* sehr wohl kennt.

Nietzsches *Mitternachtslied* kann auch jenseits des *Zarathustra* als eigenständiges Gedicht aufgefasst werden, das durch seinen poetischen Charakter seiner Vertonung harrt. Mit wenigen Ausnahmen dominiert dieser Ansatz die musikalischen Deutungen dieser Verse. Etliche Komponisten, in deren Œuvre das Lied eine zentrale Stellung einnimmt, haben auch Gedichte Friedrich Nietzsches vertont, das *Mitternachtslied* ist fast immer dabei. So hat sich der erst heute allmählich wieder entdeckte deutsch-niederländische Komponist Julius Röntgen, ein entfernter Verwandter des berühmten Physikers Wilhelm Röntgen, in seiner letzten Schaffensperiode der Gattung des Liedes zugewandt und 1928 einige Texte von Friedrich Nietzsche vertont, darunter das »O Mensch! Gib Acht!«, wieder unter dem ausdrucksstarken Titel *Das trunkene Lied*. Dass eine Auswahl von Röntgens Liedkompositionen auf CD unter dem Titel *Alle Lust will Ewigkeit* erschienen ist,[186] spricht noch einmal für die fast zur Formel gewordene Eindringlichkeit dieser Zeile. Röntgens Fassung des *Mitternachtsliedes* für Bariton und Klavier beginnt unvermittelt und setzt einen deutlichen Akzent auf das eindringlich wiederholte »Gib Acht!«. Die in der Tonhöhe hörbar modulierte Stimme der Mitternacht verkündet eine Botschaft, auf die insistierend, ja warnend aufmerksam gemacht wird. Der Ton könnte fast als harsch empfunden werden. Die Botschaft der Ewigkeit hingegen lässt Röntgen dann repetitiv, tröstlich und nachdenklich ausschwingen.

Ebenfalls für Stimme und Klavier setzte Erich Zeisl Nietzsches *Trunkenes Lied.* Zeisl, der musikalisch hochbegabte Sohn eines Wiener Kaffeehausbesitzers, fühlte sich einer spätromantischen Tradition verpflichtet, wegen seiner jüdischen Herkunft musste er 1938 vor den Nationalsozialisten fliehen und ging nach Paris, wo er unter anderem eine Bühnenmusik zu Joseph Roths *Hiob* komponierte. Später emigrierte er in die USA, wo er sich als Musiklehrer und Filmkomponist verdingte, ohne wirklich reüssieren zu können. Zeisl zählt zu den tragischen, vertriebenen und vergessenen Künstlern der ersten Hälfte des zwanzigsten Jahrhunderts. Ein Schwerpunkt seines kompositorischen Schaffens war das Lied, und er vertonte einige Gedichte Nietzsches, was unter Bedachtnahme auf die Zeit und seine Lebensumstände doch eine gewisse Bedeutsamkeit aufweist. Die Faszinationskraft, die Nietzsches lyrische Texte auf Verfolgte des NS-Regimes ausübten, bedürfte vielleicht überhaupt einmal einer genaueren Betrachtung. Ahnten die Musiker, dass Nietzsches Ambivalenz und Radikalität eine ideologische Vereinnahmung sinnwidrig erscheinen lassen mussten? Ist im Insistieren auf Nietzsche auch ein ästhetischer Protest gegen dessen politischen Missbrauch zu spüren? Zeisls Komposition von Nietzsches *Mitternachtslied* für Bariton und Klavier entstand 1931, sie gehört zu den intensivsten musikalischen Deutungen dieses Gedichts, in deren Verlauf sich das anhebende dunkle, mahnende »O Mensch! Gib Acht!« in einen hellen Gestus der Lust, die alle Ewigkeit will, transformiert.[187]

Knapp drei Jahrzehnte nachdem sich Erich Zeisl Nietzsche zugewandt hatte, integrierte der amerikanische Dirigent und Komponist Lukas Foss das *Mitternachtslied* in eines seiner anspruchsvollsten künstlerischen Projekte. Lukas Foss, eigentlich Lukas Fuchs, hatte als Kind mit seinen Eltern vor den Nazis aus Berlin fliehen müssen und in Amerika eine beachtliche Karriere als Komponist und Dirigent gemacht. Ähnlich wie Gustav Mahler vertonte er Nietzsches Text nicht als autonomes Lied, sondern bettete diesen in einen größeren programmatischen Kompositionszusammenhang ein, der selbst von Nietzsche inspiriert erscheint, aber auch andere literarische Quellen nützt: *Time Cycle*.[188] In diesem »Zeitzyklus« mag die Idee der in sich kreisenden Zeit, der Wiederkehr und Wiederkunft zwar anklingen, es handelt sich aber generell um eine subtile musikalische Auseinandersetzung mit dem Phänomen der Zeit. Die Texte, die Foss diesem siebenteiligen Werk für Kammerorchester und Singstimmen zugrunde legte, stellen selbst höchst konzentrierte Thematisierungen des Problems der unerbittlich vergehenden Zeit dar. Eröffnet wird das 1960 unter Leonard Bernstein uraufgeführte Werk mit dem berühmten Gedicht *We're Late* von W. H. Auden, das mit den rätselhaften Versen endet: »What happens to the living when we die? / Death is not understood by Death; nor You, nor I.«[189] Nach einem Interludium folgt ein die Tragödie der Zeiterfahrung aufs Äußerste verknappender Vierzeiler des Altphilologen und Lyrikers A. E. Houseman, den Foss nahezu als Scherzo konzipierte: »When the bells justle in the tower / The hollow night amid, / Then on my tongue the taste is sour / Of all I ever did.«[190] Das Ticken der Uhr und die Glockenschläge markieren in diesen Abschnitten die tiefe Verlorenheit eines Menschen,

dem sein Leben schal geworden ist. Die Nacht ist als Erfahrungsraum dabei omnipräsent. Diese großartigen Dokumente eng-
lischsprachiger Lyrik kontrastiert Foss nach einem weiteren Interludium mit zwei deutschsprachigen Texten, die trotz aller for-
malen Gegensätzlichkeit subkutan aufeinander verweisen: Franz
Kafkas »Tagebucheintrag vom sechzehnten Januar 1922« und
Friedrich Nietzsches »O Mensch, gib Acht«. Kafkas Notiz über
einen nächtlichen Zusammenbruch beschwört die Unmöglichkeit des Wachens, die Unmöglichkeit des Schlafens, die Unmöglichkeit des Lebens und stellt resignierend fest: »Die Uhren stimmen nicht überein, die innere jagt in einer teuflischen oder dä-
monischen oder jedenfalls unmenschlichen Art, die äußere geht
stockend ihren gewöhnlichen Gang«.[191] Gegen diese Differenz
von subjektiver, innerer Getriebenheit und der Gleichmäßigkeit
der objektivierten Zeit bringt Kafka die Literatur in Stellung, die
»Wildheit« der poetischen Dynamik wird zum »Ansturm gegen
die letzte Grenze« stilisiert,[192] zur Aufhebung der Zerrissenheit
in der Zeit.

Nietzsches *Mitternachtslied*, so ließe sich das Arrangement
dieser Texte durch Lukas Foss deuten, verweist auf diese Differenzen, beschwört die Nacht und das helle Bewusstsein des
Schmerzes und eröffnet mit der Einheit von Lust und Ewigkeit
dann doch eine Perspektive des Lebens. Ungebrochen aber ist
diese nicht. Über die warnende Anrufung des Menschen und die
somnambule Tönung der aus dem Schlaf erwachten Mitternacht
findet diese kraftvolle Deutung zu einer fast traurig-trotzigen
Beschwörung der Ewigkeit, die geradezu einen bedrohlichen
Charakter annimmt. Foss weiß die Idee der Glockenschläge ein-
zubeziehen, in seiner eigenen Übersetzung von Nietzsches *Mitternachtslied*, die er der Partitur vorangestellt hat, sind die zwölf
Glockenschläge aus dem dritten Buch von *Also sprach Zarathustra* demonstrativ vermerkt.[193] Die Schläge der Zeit bleiben so un-

erbittlich wie der Takt der Musik. Foss hatte es den Dirigenten seines Werkes freigestellt, die Musiker, die gerade nicht im Einsatz waren, »the twelve numbers of the clock strokes« in der Sprache des Landes, in dem die Aufführung stattfindet, zischend mitwispern zu lassen.[194] Man ahnt, dass es von dem Begehren der Lust nach Ewigkeit zur ewigen Verdammnis nur ein kleiner Schritt sein könnte. Vielleicht ist dies aber nur die Kehrseite eines grimmigen Humors, der in diesem Werk aufblitzt. Dass Nietzsches Lied, das entstehungsgeschichtlich betrachtet der älteste Text ist, das Finale dieser Komposition bildet, kann als zusätzliche Pointe dieses *Time Cycle* gewertet werden: Die Zukunft liegt in der Vergangenheit, die Ewigkeit, die uns die Stunde schlägt, liegt hinter uns.

Eine der bemerkenswertesten Auseinandersetzungen mit Nietzsches *Mitternachtslied* stammt von dem französischen Komponisten Pascal Dusapin, dem die Salzburger Festspiele im Jahr 2019 einen Schwerpunkt gewidmet hatten. Dusapin, ansonsten eher bekannt für spektakuläre Opernprojekte, hatte sich 2009 in enger Abstimmung mit dem Sänger Georg Nigl entschlossen, einen Zyklus von Gedichten und Texten Friedrich Nietzsches, die ihn seit Jahrzehnten begleiteten, zu vertonen.[195] Dusapin löst damit das *Mitternachtslied* zwar aus dem Kontext von *Also sprach Zarathustra*, assoziiert es aber einem reichhaltigen und stimmungsvollen nietzscheanischen Textgewebe, das von kindlichen Versen aus Nietzsches erster »Autobiographie«, die er mit vierzehn Jahren verfasst hatte, über das berühmte »Nachtlied« aus dem *Zarathustra* sowie Versen aus den *Idyllen aus Messina* bis zu Fragmenten aus dem Nachlass reicht. Und ein Satz – oder sollte man besser sagen: Vers? – aus Nietzsches späten Aufzeichnungen vom Sommer 1888 kehrt nahezu leitmotivisch drei Mal wieder: »Ist für solchen Ehrgeiz / Diese Erde nicht zu klein?«[196] Diese heterogene, aber dennoch äußerst sinnige Zu-

sammenstellung wird durch das »O Mensch! Gib Acht!« ein-
geleitet und präludiert. Das *Mitternachtslied* bildet so den ton-
gebenden Auftakt zu diesem Zyklus, den Dusapin für die CD-
Edition mit den Worten *O Mensch!* ›*… die Höhen, die Nacht, der
Tod …*‹ überschrieben hat.[197]

Dusapins Zugang zu Nietzsche könnte als zutiefst melancholisch bezeichnet werden. Im *Mitternachtslied* dominiert das
»Weh« den musikalischen Bogen dieser Deutung, und die Ewigkeit der Lust erscheint demgegenüber als geradezu minimalisti-
scher, resignativer Trost, der über die Tiefe des Herzeleids kaum
hinwegzuhelfen vermag. Dass Dusapin diesen Zyklus mit einem
von Nietzsches berühmten Dionysos-Dithyramben beschließt,
erscheint nur folgerichtig: »– oh Nacht, oh Schweigen, oh tod-
tenstiller Lärm! … / Ich sehe ein Zeichen –, / aus fernsten Fernen / sinkt langsam funkelnd ein Sternbild gegen mich …«[198]

Ganz andere Zeichen und wohl auch mehr Lust möchte eine
Vertonung vermitteln, die der österreichische Liedermacher
Guntram Pfluger Mitte der achtziger Jahre vorlegte. Der Sänger
greift zur Gitarre und versammelt unter dem nietzscheanisch
anmutenden, jedoch auf François Villon anspielenden Titel *Nur
der, der lebt, der kann zugrunde gehen*[199] einige beschauliche
Songs, darunter unser »Oh Mensch! Gib Acht!«[200] Die Anrufung
von Lust und Leid, von Schmerz und Ewigkeit klingt nun wie die
alternative, kritische, jugendbewegte Begleitmusik zu einem
kurzen Leben, die akzentuierte Lust will trotz allem nicht so
recht vom Fleck kommen, und auch wenn alles immer so weiter
gehen könnte, ist man froh, dass die Ewigkeit nach zwei Minuten
schon wieder vorbei ist.

Mehr Zeit für Nietzsches *Mitternachtslied* gönnen sich der
Schauspieler Rufus Beck und der Komponist Klaus Buhlert. Als
Stilmittel wählen sie die mit Musik und rhythmischen Elemen-
ten unterlegte und verfremdete Deklamation. Unter dem Titel

Nietzsche. TagNachtTraum haben Beck und Buhlert im Jahr 2000 lyrische Texte Friedrich Nietzsches zu einem dichten Wortgesang verwoben, zentral darin und als leitmotivisches Thema das *Mitternachtslied*, diesmal eigenwillig, aber korrekt als *Zarathustras Rundgesang* bezeichnet.[201] Dreimal setzen Beck / Buhlert an, mit leichten Variationen werden die Verse traktiert, zweimal – und das ist bemerkenswert – werden die zwölf Glockenschläge dominant durchgezählt, mit antizipierendem Echo, die dritte Version entlässt *Zarathustras Rundgesang* in einen leichtfüßigen, beschwingten Rap, der dem Lied alle Schwere nimmt.

Man kann die Schläge der Glocken und den Rhythmus der Ewigkeit noch anders intonieren. Zeitgemäß. Modern. Am Stand der Technik. 2011 veröffentlichte der Produzent Johannes Heil im Rahmen seines Projektes *Heiliger Bimm Bamm* eine elektronische Version des *Mitternachtsliedes* im Stil von Minimal-Techno, diesmal wieder unter dem Titel *Das Trunkene Lied*. Nietzsche hat in der Technoszene generell einen guten Namen, die Formation HEPHAISTOS etwa gab einem ihrer elektroakustischen, von harten Beats gekennzeichneten Stücke den Titel *Zarathustra's Fall*.[202] Die synthetisch erzeugten dröhnenden Rhythmen und Klänge lassen auch bei Johannes Heil keinen Zweifel daran, dass die Ewigkeit technoid geworden ist, die elektronisch verzerrte Stimme, die Nietzsches Lied mehrmals deklamiert, macht deutlich, dass diese stampfende Monotonie unser aller Schicksal ist, eine akustische Schleife, die nie enden müsste und doch einmal abbricht.[203]

Eine weitere Auseinandersetzung dieser Szene mit Nietzsche stammt von der berüchtigten slowenischen Formation LAIBACH, die sich wie einst Richard Strauss an eine musikalische Version von *Also sprach Zarathustra* gemacht hat.[204] Wie bei Strauss werden auch für diesen Verschnitt aus Techno, Industrial, breiten symphonischen Klängen und akustischen Reizen einige wenige Kapitelüberschriften aus *Also sprach Zarathustra* zur Kennzeichnung der einzelnen Abschnitte verwendet, zudem rezitiert die tiefe Stimme von Milan Fras mit gefährlich-komischem Unterton und slawischem Akzent Worte und Satzfetzen aus dem *Zarathustra.* Wohl wird das *Mitternachtslied* in dieser Nietzsche-Adaption nicht direkt angesprochen, aber ein Abschnitt, *Das Nachtlied II,* passt wahrlich gut in die Welt der alten Mitternachtsglocke. Man könnte diesen Track unmittelbar mit der Verszeile »Ich schlief, ich schlief« assoziieren, denn in der Tat realisiert diese Nummer die Bewegung des Schlafes, und Milan Fras schnarcht dazu dermaßen bedrohlich, dass schlagartig klar wird, wie gefährlich es sein kann, einen Gefährlichen zu wecken. Das Verhängnis beginnt im Moment des Aufwachens. Das erinnert auch musikalisch an des Drachen Fafner schlaftrunkenes Grummeln in Richard Wagners *Siegfried,* und die Versuchung liegt nahe, diese Konstellation auch dem *Mitternachtslied* zu unterstellen: Wer garantiert uns, dass das lyrische Ich, das bei Nietzsche aus einem tiefen Traum erwacht, freiwillig die Augen aufschlug? Was aber, wenn die Beschwörung von Lust, Leid und Ewigkeit Ausdruck eines gestörten Schlafes ist?

Ganz ohne bedrohliche Momente kommt eine weitere aktuelle Vertonung des *Mitternachtsliedes* aus. Sie stammt von der Sängerin und Komponistin Friederike Weyrauch und schlägt in der Realisation mit dem Ensemble SILBERTAU fast einen mittelalterlichen Ton an. Nach einer selbst getexteten, wohl die Stimmung vorbereitenden Introduktion – »Tief in der Nacht bin ich erwacht, / ging durch samtene Dunkelheit, / schlafende Seelen schwebten sacht, / Träume, die tanzten so nah, so weit« – ertönt Nietzsches *Trunkenes Lied,* gesetzt für hohen Sopran und begleitet von Flöte, Violine, Gitarre und Cello.[205] Elemente des Volksliedes paaren sich mit klassischen Formen und wiegenden Rhythmen. Aus dem glühenden Verehrer und ebenso glühenden Feind Richard Wagners, aus dem letzten Jünger des Dionysos wird nun der Stichwortgeber für eine idyllische Spielmannsmusik, der ein schräger Reiz nicht abzusprechen ist.

Wie viele aktuelle Versuche einer Annäherung an Nietzsches *Mitternachtslied* findet sich auch die letztgenannte Version nur mehr im Netz. Alles versammelt sich dort, alles kehrt in diesem wieder. Die Zeit ist im fortschrittstrunkenen digitalen Universum in einem nahezu archaischen Sinn wieder zyklisch geworden, sie kreist um sich, Endlosschleifen ohne Unterbrechungen oder Zäsuren. Ohne Ende ist deshalb auch das Leben des *Mitternachtsliedes* in den Weiten des World Wide Web. Wer sich darin ein wenig herumtreibt, wird auf unzählige Deklamationen und Rezitationen stoßen, von Amateuren und von professionellen Künstlern, von Menschen im reiferen Alter und von Pubertierenden, mit inspirierter Musikbegleitung oder als brüchige Solostimme, untermalt mit stimmigen Bildern und Videos, meist betont einfühlsam, ein wenig schwülstig und fast immer mit gehörigem Pathos. Und da nichts im Netz verlorengeht, ist für die Ewigkeit dieser Anrufungen der Ewigkeit zumindest für einige Zeit gesorgt. Nietzsche hatte nicht ahnen können, was es heißt, dem Vergessen wirklich entrissen zu sein und unwiderruflich in den Datenwolken sein Unwesen treiben zu müssen. Diese Technologie beglückt uns nicht nur mit bislang ungeahnten Zugriffsmöglichkeiten auf die Dokumente unserer Kultur, sondern sie demonstriert auch, was es bedeutet, dass schon lange nicht mehr das Begehren der Menschen, wohl aber die Lust der Datenkraken aller Dinge Ewigkeit will. Vielleicht wäre es an der Zeit, mit Nietzsches *Mitternachtslied* gegen diese Tendenz eines verwirrten Zeitalters anzusingen, auch wenn es dazu notwendig sein sollte, eine kleine Änderung im Text vorzunehmen, um im Geiste Nietzsches darauf zu beharren: »*Unsere* Lust will Ewigkeit, will tiefe, tiefe Ewigkeit!«

Anmerkungen

1   Vgl. dazu: Heinrich Meier: Was ist Nietzsches Zarathustra? Eine philo-
    sophische Auseinandersetzung, München 2017
2   Friedrich Nietzsche wird im Text zitiert nach: Friedrich Nietzsche:
    Sämtliche Werke. Kritische Studienausgabe (KSA), hrsg. von Giorgio
    Colli und Mazzino Montinari, München 1980 und: Friedrich Nietz-
    sche: Sämtliche Briefe. Kritische Studienausgabe (KSB), hrsg. von
    Giorgio Colli und Mazzino Montinari, München 1986
3   So in Briefen an Ernst Schmeitzner am 6.2.1884 und an Franz Over-
    beck, ebenfalls am 6.2.1884 (KSB 6, S. 474 f.)
4   Hans Werder (i. e. Anna von Bonin): Tiefer als der Tag gedacht.
    Roman, Berlin 1901
5   Vgl. dazu die vorzügliche Arbeit von Werner Stegmaier: Oh Mensch!
    Gieb Acht! Kontextuelle Interpretation des Mitternachts-Lieds aus
    Also sprach Zarathustra. In: Nietzsche-Studien, Band 42/2013, Heft 1,
    S. 85–115
6   Jens Malte Fischer: Gustav Mahler. Der fremde Vertraute, Wien 2003,
    S. 343
7   Vgl. dazu das letzte Kapitel dieses Buches: Nachklang
8   Kinski spricht Werke der Weltliteratur: Hauptmann & Nietzsche.
    Deutsche Grammophon CD (2013)
9   Arthur Schopenhauer: Ueber Lerm und Geräusch. Parerga und
    Paralipomena II, Zürich 1988, S. 552
10 Werner Stegmaier: Zarathustras philosophische Auslegung des
    Mitternachts-Lieds. In: Katharina Grätz / Sebastian Kaufmann (Hrsg.):
    Nietzsche zwischen Philosophie und Literatur. Von der *Fröhlichen
    Wissenschaft* zu *Also sprach Zarathustra*, Heidelberg 2016, S. 430
11 Heinrich von Kleist: Amphitryon, Sämtliche Werke und Briefe,
    München 1982, Bd. 1, S. 320
12 Günther Anders: Die Weltfremdheit des Menschen. Schriften zur
    philosophischen Anthropologie, München 2019, S. 48
13 Anders, Weltfremdheit, S. 48

14 Karl Marx: Zur Kritik der Hegelschen Rechtsphilosophie. Einleitung.
In: Karl Marx / Friedrich Engels: Werke (MEW), Berlin 1970, Bd. 1, S. 378

15 Yuval Noah Harari: Homo Deus. Eine Geschichte von Morgen,
München 2018

16 Bernhard Waldenfels: Hyperphänomene. Modi hyperbolischer
Erfahrung, Berlin 2012

17 Roberto Simanowski: Rating, Ranking, Social Scoring sind verpönt –
doch ist es nicht eigentlich ein Glück, vermessen zu werden? In: Neue
Zürcher Zeitung, 3.10.2020 (https://www.nzz.ch/meinung/rating-
ranking-social-scoring-sind-verpoent-doch-ist-es-nicht-eigentlich-
ein-glueck-vermessen-zu-werden-ld.1544313, abgerufen am 17.10.2020)

18 So z. B. in *Die fröhliche Wissenschaft*, § 276: »*Amor fati*: das sei von nun
an meine Liebe! Ich will keinen Krieg gegen das Hässliche führen.
Ich will nicht anklagen, ich will nicht einmal die Ankläger anklagen.
Wegsehen sei meine einzige Verneinung!« (KSA 6, 521)

19 Günther Anders: Musikphilosophische Schriften. Texte und
Dokumente, München 2017, S. 112 ff.

20 Eva Illouz: Warum Liebe weh tut, Berlin 2012

21 Elisabeth Bronfen: Tiefer als der Tag gedacht. Eine Kulturgeschichte
der Nacht, München 2008

22 Hans Hintz: Liebe, Leid und Größenwahn. Eine integrative Untersuchung zu Richard Wagner, Karl May und Friedrich Nietzsche,
Würzburg 2007

23 Karl May: Winnetou II. Karl Mays Werke, Historisch-kritische
Ausgabe IV/13, Zürich 1991, S. 35

24 Immanuel Kant: Kritik der praktischen Vernunft. Werke VII,
Frankfurt / M.. 1974, S. 300

25 Günther Anders: Die Antiquiertheit des Menschen II, München 1980,
S. 254

26 Johann Wolfgang von Goethe: Um Mitternacht. In: Goethe: Werke,
Hamburger Ausgabe, München 1978, Bd. 1, S. 372 f.

27 Eduard Mörike: Um Mitternacht. In: Mörike: Sämtliche Werke,
München 1981, Bd. 1, S. 100 f.

28 Friedrich Rückert: Kindertotenlieder, hrsg. von Hans Wollschläger,
Nördlingen 1988

29 Friedrich Rückert: Werke, hrsg. von Annemarie Schimmel, Frankfurt /
Main 1988, Bd. 1, S. 234 f.

30 Ernst Peter Fischer: Durch die Nacht. Eine Naturgeschichte der
Dunkelheit, München 2015, S. 157

31 Bronfen, Tiefer als der Tag gedacht, S. 474

32 Richard Wagner: Tristan und Isolde. Handlung in drei Aufzügen. In: Wagner: Dichtungen und Schriften, Frankfurt/M 1983, Bd. IV, S. 49

33 Wagner, Tristan und Isolde, Dichtungen und Schriften IV, S. 78

34 Thomas Mann: Joseph und seine Brüder I: Die Geschichten Jaakobs. Frankfurt/M.. 1983, S. 7

35 Karl Marx: Der achtzehnte Brumaire des Louis Bonaparte, In: Karl Marx/Friedrich Engels: Werke (MEW), Berlin 1970, Bd. 8, S. 115

36 https://www.studis-online.de/Studieren/nightliner.php (abgerufen am 2.11.2020)

37 Hartmut Rosa: Resonanz. Eine Soziologie der Weltbeziehung, Berlin 2016

38 Elias Canetti: Masse und Macht, München 1994, S. 360

39 Günther Anders: Die Positionen Schlafen – Wachen. Relativierender Exkurs (1928). In: Anders: Die Weltfremdheit des Menschen, S. 118–136

40 Richard Wagner: Parsifal, Dichtungen und Schriften, Frankfurt/M.. 1983, Bd. IV, S. 283

41 Psalm 127 (Lutherbibel 1912)

42 Eva Kocziszky: Der Schlaf in Literatur und Kunst. Konzepte im Wandel von der Antike zur Moderne, Berlin 2019, S. 17

43 Hugo von Hofmanntshal: Elektra. In: Hofmannsthal: Gesammelte Werke, Frankfurt/M.. 1979, Dramen II, S. 216

44 Kocziszky, Schlaf, S. 19

45 Plutarch: De Superstitione 3, 166 C. Zit. nach Kocziszky, Schlaf, S. 19

46 Jean-Luc Nancy: Vom Schlaf. Zürich/Berlin 2013, S. 13

47 Nancy, Vom Schlaf, S. 13

48 Richard Wagner: Der Ring des Nibelungen. Dritter Tag: Götterdämmerung, Dichtungen und Schriften, Frankfurt/M.. 1983, Bd. III, S. 272

49 Arthur Schnitzler: Anatol. Stuttgart 1970, S. 18

50 Anders, Schlafen – Wachen, S. 118 ff.

51 Anders, Schlafen – Wachen, S. 123

52 Anders, Schlafen – Wachen, S. 124

53 Friedrich Rückert: Ich bin der Welt abhanden gekommen. In: Rückert: Werke 1, S. 105

54 Wilhelm Müller: Die Winterreise und andere Gedichte, Frankfurt/M. 1986, S. 43

55 Anders, Schlafen – Wachen, S. 127

56 Anders, Schlafen – Wachen, S. 128

57 Anders, Schlafen – Wachen, S. 128

58 Friedrich Hölderlin: Hyperions Schicksalslied. In: Hölderlin: Sämtliche Werke und Briefe, München 1992, Bd. I, S. 745

59 Sören Kierkegaard: Die Krankheit zum Tode, Gütersloh 1982, S. 8

60 Nancy, Vom Schlaf, S. 31

61 https://orf.at/stories/3167230 / (abgerufen am 29.5.2020)

62 Nachtwachen. Von Bonaventura, Stuttgart 1980, S. 143

63 Georg Büchner: Dantons Tod, 1. Akt, *Ein Zimmer. Robespierre. Danton. Paris.* In: Büchner: Werke und Briefe, Gütersloh 1980, S. 24

64 Sigmund Freud: Jenseits des Lustprinzips. Studienausgabe, Frankfurt/ Main 1982, Bd. III (Psychologie des Unbewußten), S. 248

65 Sigmund Freud: Die Traumdeutung, Studienausgabe II, S. 552

66 Werner Hofmann: Goya. Traum, Wahnsinn, Vernunft, München 1981, S. 14

67 Arthur Schopenhauer: Die Welt als Wille und Vorstellung II/1, Zürich 1988, S. 665 f.

68 Arthur C. Clarke: 2001: Odyssee im Weltraum. München 2016, S. 163

69 Schopenhauer, Die Welt als Wille und Vorstellung II/4, S. 675

70 Schopenhauer, Die Welt als Wille und Vorstellung II/4, S. 671

71 Sigmund Freud: Neue Folge der Vorlesungen zur Einführung in die Psychoanalyse: Angst und Triebleben, Studienausgabe I, S. 540

72 Schopenhauer, Die Welt als Wille und Vorstellung, II/1, S. 11

73 Karl Marx / Friedrich Engels: Die deutsche Ideologie. In: Karl Marx / Friedrich Engels: Werke (MEW), Berlin 1970, Bd. 3, S. 30

74 Hans Blumenberg: Arbeit am Mythos, Frankfurt/M 1979, S. 14

75 Freud, Traumdeutung, Studienausgabe II, S. 524; vgl. dazu Reinhard Gasser: Nietzsche und Freud. Berlin New York 1997, S. 104

76 Fischer, Durch die Nacht, S. 159 f.

77 Vgl. dazu: Christian Moser / Linda Simonis (Hrsg.): Figuren des Globalen: Weltbezug und Welterzeugung in Literatur, Kunst und Medien, Göttingen 2014

78 Johannes 18,36 (Lutherbibel 1912)

79 Max Weber: Wissenschaft als Beruf. Politik als Beruf, Stuttgart 1995, S. 14

80 Vgl. dazu Hendrik Birus: Goethes Idee der Weltliteratur. Eine historische Vergegenwärtigung. In: Manfred Schmeling (Hrsg.): Weltliteratur heute. Konzepte und Perspektiven. Würzburg 1995, S. 5–28

81 Goethe, Werke 12, S. 364

82 Vgl. dazu: Michael Köhlmeier / Konrad Paul Liessmann: Wer hat dir
   gesagt, dass du nackt bist, Adam? Mythologisch-philosophische Verführungen: Meisterschaft, München 2016, S. 151

83 Immanuel Kant: Kritik der Urteilskraft. Werke X, Frankfurt / M. 1977,
   S. 177

84 Georg Wilhelm Friedrich Hegel: Phänomenologie des Geistes. In:
   Hegel: Werke Bd. 3, Frankfurt / M. 1970, S. 442 ff.

85 John Irving: Garp oder wie er die Welt sah, Reinbek 1979 (Im Original:
   The World According to Garp)

86 Georg Wilhelm Friedrich Hegel, Vorlesungen über die Ästhetik I. In:
   Hegel: Werke Bd. 13, Frankfurt / M. 1970, S. 103

87 Schopenhauer, Die Welt als Wille und Vorstellung II/4, S. 675 f.

88 Anders, Weltfremdheit, S. 11 ff.

89 Günther Anders: Die Antiquiertheit des Menschen I, München 1956,
   S. 239

90 Theodor W. Adorno: Minima Moralia. GS 4, Frankfurt / M. 1980, S. 107

91 Georg Lukács: Die Zerstörung der Vernunft II, Darmstadt 1980, S. 87

92 Gilles Deleuze: Die Falte. Leibniz und der Barock, Frankfurt / M. 2000,
   S. 11

93 Theodor W. Adorno: Philosophische Terminologie 1, Frankfurt / M.
   1973, S. 136

94 Theodor W. Adorno, Philosophische Terminologie 2, Frankfurt / M.
   1974, S. 177

95 Vgl. dazu: Sigmund Freud: Massenpsychologie und Ich-Analyse.
   Studienausgabe IX, S. 68

96 So der österreichische Skirennläufer und Speed-Spezialist Johannes
   Kröll (https://www.derstandard.at/story/2000116338597/oesv-ski-
   rennlaeufer-johannes-kroell-ich-habe-es-eingesehen, abgerufen am
   27.8.2020)

97 Leo Kaplan: Das Problem der Magie und die Psychoanalyse,
   Baden-Baden 1927

98 Diana Pflichthofer: Spiel und Magie in der Psychoanalyse. Setting,
   Rahmen, Regeln, Wiesbaden 2015

99 Wagner, Tristan und Isolde, Dichtungen und Schriften IV, S. 82

100 Sigmund Freud: Eine Schwierigkeit der Psychoanalyse (1917).
    Gesammelte Werke Bd. 12, Frankfurt/M 1999, S. 11

101 Richard Wagner: Lohengrin. In: Wagner: Dichtungen und Schriften,
    Frankfurt / M.. 1983, Bd. II, S. 162

102 Psalm 130 (Lutherbibel 1912)

103 Adorno, Philosophische Terminologie 1, S. 137

104 Adorno, Philosophische Terminologie 2, S. 164

105 Theodor W. Adorno: Jargon der Eigentlichkeit. GS 6, Frankfurt / M.
     1973, S. 419

106 Vgl. dazu auch: Diana Aurenque: Die medizinische Moralkritik
     Friedrich Nietzsches. Genese, Bedeutung und Wirkung, Wiesbaden
     2018, S. 117

107 Vgl. dazu Jochen Schmidt: Kommentar zu Nietzsches *Morgenröthe*.
     Historischer und kritischer Kommentar zu Nietzsches Werken,
     Band 3/1, Berlin 2015, S. 377

108 Friedrich Hölderlin: An die Parzen, Sämtliche Werke und Briefe 1,
     S. 188 – Vgl. dazu: Konrad Paul Liessmann: Und mehr bedarfs nicht.
     Rede zur Eröffnung der Salzburger Festspiele 2016, München 2016
     (E-Book)

109 Johann Wolfgang von Goethe: West-östlicher Divan. In: Goethe:
     Werke 2, München 1978, S. 19

110 Marianne Fritz: Die Schwerkraft der Verhältnisse, Frankfurt / M. 1978,
     S. 33

111 Joseph von Eichendorff: Mondnacht. In: Werke, München 1981, Bd. 1,
     S. 272

112 Theodor W. Adorno: Philosophie der neuen Musik. Frankfurt / M.
     1975, GS 12, S. 126

113 Adorno, GS 12, S. 125

114 Karl May: Im Lande des Mahdi I. Karl Mays Werke, Historisch-
     kritische Ausgabe IV/9, Radebeul 2014, S. 151

115 Vgl. dazu: Karim Akerma: Handbuch Antinatalismus, Berlin 2017

116 Friedrich Hölderlin: Hälfte des Lebens, Sämtliche Werke und Briefe 1,
     S. 445

117 Immanuel Kant: Grundlegung zur Metaphysik der Sitten: »Es ist über-
     all nichts in der Welt, ja überhaupt auch außer derselben zu denken
     möglich, was ohne Einschränkung für gut könnte gehalten werden,
     als allein ein *guter Wille*.« (Werke VII, S. 18)

118 Schopenhauer: Die Welt als Wille und Vorstellung II/4, S. 669

119 Thomas Metzinger: Die mitfühlende Superintelligenz, die Böses
     schafft. In: *Neue Zürcher Zeitung*, 2.12.2017 (https://www.nzz.ch/
     feuilleton/die-mitfuehlende-superintelligenz-die-boe-
     ses-schafft-ld.1334142?reduced=true, abgerufen am 27.10.2020)

120 Adorno, GS 4, S. 123

121 Sören Kierkegaard: Entweder – Oder, München 1975, S. 27

122 Friedrich Hölderlin: Sokrates und Alcibiades, Sämtliche Werke und Briefe 1, S. 196

123 Theodor W. Adorno, Karl R. Popper u. a.: Der Positivismusstreit in der deutschen Soziologie, Darmstadt 1978, S. 45

124 Wagner, Götterdämmerung, Dichtungen und Schriften III, S. 249

125 Johann Wolfgang von Goethe: Faust II, V. 6216 ff., In: Goethe: Werke 3, S. 191 f.

126 Aron Ronald Bodenheimer: Warum? Von der Obszönität des Fragens, Stuttgart 1984, S. 20

127 Immanuel Kant: Das Ende aller Dinge. Werke XI, Frankfurt / M. 1964, S. 180, Fußnote

128 Aribert Reimann / Robert Schumann: 6 Lieder op. 107. Schumann Quartett; Anna Lucia Richter, Sopran. Berlin Classics CD (2018)

129 https://www.oxfordlieder.co.uk/song/329 (abgerufen am 31.7.2020)

130 William Shakespeare: Hamlet, I V/7, übersetzt von A. W. v. Schlegel, Werke in vier Bänden, Salzburg 1982, Bd. 1, S. 287

131 Rammstein: Herzeleid. Vertigo CD (1995)

132 Sören Kierkegaard: Tagebücher, Düsseldorf/Köln 1968, Bd. III, S. 63

133 Vgl. dazu Dieter Borchmeyer / Jörg Salaquarda: Nietzsche und Wagner. Stationen einer epochalen Begegnung, 2 Bde., Frankfurt / M. 1994

134 Wagner, Parsifal, Dichtungen und Schriften IV, S. 299

135 Wagner, Parsifal, Dichtungen und Schriften IV, S. 312

136 Wagner, Parsifal, Dichtungen und Schriften IV, S. 313

137 Wagner, Parsifal, Dichtungen und Schriften IV, S. 314

138 Wolfram von Eschenbach: Parzival 113, 11–14, Stuttgart 1981, S. 194 f. (»Allen unweiblichen Wesens bar, nährt sie ihn selbst an ihren Brüsten. Es schien ihr fast, als hätte sie Gahmuret wieder in die Arme geschlossen.«)

139 Matthäus 16,22: »Was hülfe es dem Menschen, so er die ganze Welt gewönne und nähme Schaden an seiner Seele?« (Lutherbibel 1912)

140 Byung-Chul Han: Palliativgesellschaft. Schmerz heute, Berlin 2020

141 Vgl. dazu: Roberto Simanowski: Todesalgorithmus. Das Dilemma der künstlichen Intelligenz, Wien 2020

142 Vgl. dazu: Ulrike Guérot: Begräbnis der Aufklärung? Zur Umcodierung von Demokratie und Freiheit im Zeitalter der digitalen Nicht-Nachhaltigkeit, Wien 2020

143 Vgl. dazu Hans Hintz: Liebe, Leid und Größenwahn. Eine integrative Untersuchung zu Richard Wagner, Karl May und Friedrich Nietzsche, Würzburg 2007, S. 560 ff.

144 Johannes 15,1 (Lutherbibel 1912)

145 Markus 14,22 ff. (Lutherbibel 1912)

146 Wagner, Parsifal, Dichtungen und Schriften IV, S. 331

147 Wagner, Parsifal, Dichtungen und Schriften IV, S. 331

148 Marx / Engels: Die deutsche Ideologie, MEW 3, S. 28

149 Sören Kierkegaard: Die Wiederholung / Drei erbauliche Reden 1843, Gütersloh 1979, S. 70 f.

150 Anders, Die Antiquiertheit des Menschen II, S. 115

151 Johann Wolfgang von Goethe: Faust I, V. 1700. In: Goethe: Werke 3, S. 57

152 Goethe: Faust II, V. 11589, In: Goethe: Werke 3, S. 349

153 Vivetta Vivarelli: Das Mitternachtslied im ›Zarathustra‹ und die Nacht des ›Tristan‹: Reime und Schlüsselworte. In: Christian Benne / Claus Zittel (Hrsg.): Nietzsche und die Lyrik. Ein Kompendium, Stuttgart 2017, S. 313

154 Vivarelli, Das Mitternachtslied, S. 314

155 Wagner, Tristan und Isolde, Dichtungen und Schriften IV, S. 53; vgl. dazu auch: Vivarelli, Das Mitternachtslied, S. 311

156 Wagner, Tristan und Isolde, Dichtungen und Schriften IV, S. 84

157 Schopenhauer, Die Welt als Wille und Vorstellung 1/IV, S. 419

158 »Progress, far from consisting in change, depends on retentiveness. When change is absolute there remains no being to improve and no direction is set for possible improvement: and when experience is not retained, as among savages, infancy is perpetual. Those who cannot remember the past are condemned to repeat it.« (Georges Santayana: The Life of Reason, Spotlight Books 2020, S. 277)

159 Goethe, Faust II, V 12110 f. In: Goethe: Werke 3, S. 364

160 Wagner, Parsifal, Dichtungen und Schriften IV, S. 295

161 Prediger 1,10 (Lutherbibel 1912)

162 Müller, Die Winterreise, S. 43

163 Kant, Grundlegung zur Metaphysik der Sitten, Werke VII, S. 51

164 Anders, Die Antiquiertheit des Menschen I, S. 47

165 Freud, Jenseits des Lustprinzips, Studienausgabe III, S. 231 – Vgl. dazu: Konrad Paul Liessmann: Die Kunst der Wiederholung und ihre Rituale. In: Oliver Decker / Christoph Türcke (Hrsg.): Ritual. Kritische Theorie und psychoanalytische Praxis, Gießen 2019, S. 7–20

166 Aurelius Augustinus: Bekenntnisse, Stuttgart 1977, S. 331

167 Ludwig Wittgenstein: Tractatus logico-philosophicus. Logisch-philosophische Abhandlung, Frankfurt / M. 1977, S. 113

168 Kant, Kritik der Urteilskraft, Werke X, S. 138 – Auf diese Stelle machte mich Lambert Wiesing aufmerksam, dem dafür herzlich gedankt sei.

169 Hannah Arendt: Vita activa oder Vom tätigen Leben, München 1981, S. 155

170 Karl Marx: Ökonomisch-philosophische Manuskripte (1844), In: Karl Marx / Friedrich Engels: Werke (MEW), Berlin 1970, Erg. Bd. 1, S. 567

171 Carl E. Schorske: Wien. Geist und Gesellschaft im Fin de siècle, Frankfurt / M. 1982, S. 217 f.

172 Zit. nach Paolo D'Iorio: Friedrich Nietzsche in Sorrent, Berlin 2020, S. 104

173 D'Iorio, Friedrich Nietzsche in Sorrent, S. 124

174 D'Iorio, Friedrich Nietzsche in Sorrent, S. 131

175 Nachklang einer Sylvesternacht. Friedrich Nietzsche: Lieder – Piano Works – Melodrama. Dietrich Fischer-Dieskau, Bariton; Aribert Reimann, Klavier; Elmar Budde, Klavier. Philips CD (1995)

176 Johannes 19,30 (Lutherbibel 1912)

177 Richard Wagner: Die Meistersinger von Nürnberg. Dichtungen und Schriften, Frankfurt / M. 1983, Bd. IV, S. 315

178 David S. Thatcher: Musical Settings of Nietzsche Texts: An Annotated Bibliography (I-III). In: Nietzsche-Studien 4 (1975), S. 284–323; Nietzsche-Studien 5 (1976), S. 355–383; Nietzsche-Studien 15 (1986), S. 440–452

179 Vgl. Konrad Paul Liessmann: Der verschwindende Gott. Das Libretto als Textgewebe und semantisches Netz. Am Beispiel von Manfred Trojahns Orest. In: Pia Janke / Christian Schenkermayr / Susanne Teutsch (Hrsg): Libretto: Zukunftswerkstatt Musiktheater, Wien 2020, S. 236–244

180 Constantin Floros: Gustav Mahler II: Mahler und die Symphonik des 19. Jahrhunderts in neuer Deutung, Wiesbaden 1977, S. 319

181 Constantin Floros: Gustav Mahler I: Die geistige Welt Gustav Mahlers in systematischer Darstellung, Wiesbaden 1977, S. 69 f.

182 Paul Bekker: Oskar Fried. Sein Werden und Schaffen, Berlin 1907, S. 35

183 Bekker, Fried, S. 35

184 Lewis Foreman: Oskar Fried: Delius and the Late Romantic School. In: The Delius Society Journal 86/1985, S. 10

185 Frederick Delius: A Mass of Life. Prelude and Idyll. Naxos CD (2012), Booklet S. 17

186 Julius Röntgen: Alle Lust will Ewigkeit. Robbert Muuse, Bariton; Micha van Weers, Klavier. Challenge Classics CD (2016)

187 Erich Zeisl: Lieder. Wolfgang Holzmair, Bariton; Cord Garben, Klavier. cpo CD (2005)

188 Lukas Foss: Time Cycle. Song of Songs. Adele Addison, Sopran; The Columbia Orchestra; Leonard Bernstein. Soundmark CD (2011)

189 Lukas Foss: Time Cycle. Four Songs for Soprano and Orchestra, Partitur, New York MCMLX, S. 13 ff.

190 Foss, Time Cycle, Partitur, S. 22 ff.

191 Foss, Time Cycle, Partitur, S. 40 f.

192 Foss, Time Cycle, Partitur, S. 53 f.

193 Foss, Time Cycle, Partitur, S. 3

194 Foss, Time Cycle, Partitur, S. 55

195 Vgl. dazu: Pascal Dusapin à propos de O Mensch! Universal Music Publishing Classical 2011 (https://www.youtube.com/watch?v= OaqKt-bbyak)

196 Pascal Dusapin: O Mensch! Inventaire musical non raisonné de quelques passions Nietzschéennes. Paris 2011, S. IV ff.

197 Pascal Dusapin: O Mensch! »…die Höhen, die Nacht, der Tod …«. Georg Nigl, Bariton; Vanessa Wagner, Klavier. col legno CD (2012)

198 Dusapin, O Mensch, S. IX

199 »Nur der, der lebt, lebt angenehm« heißt es in François Villons *Ballade vom angenehmen Leben auf dieser Welt*, die auch Bertolt Brecht als Vorlage für die *Ballade vom angenehmen Leben* aus der *Dreigroschen-oper* diente.

200 Guntram Pfluger: Nur der, der lebt, der kann zugrunde gehen. Mega Tongesellschaft LP (1985); Hellywood Music CD (2017)

201 Nietzsche. TagNachtTraum. Interpret: Rufus Beck, Musik: Klaus Buhlert. Patmos CD (2000)

202 Diesen Hinweis verdanke ich meinem techno- und philosophieaffinen Neffen Felix Guntsche, dem an dieser Stelle dafür herzlich gedankt sei.

203 Johannes Heil: Heiliger Bimm Bamm. Starkstrom Schallplatten (2012)

204 Laibach: Also sprach Zarathustra. Mute CD (2017)

205 Friederike Weyrauch: Das trunkene Lied. (https://www.youtube.com/watch?v=_77FyoEIFf8)

Bildnachweis